일본은 왜? 한국은 어디로?

일본은 왜?
한국은 어디로?

김영기 · 문병도 외 지음

흥익출판사

CONTENTS

서론

서론

현대경영학의 대가인 미국의 짐 콜린스는 성공한 기업이 몰락해가는 과정을 5단계로 나눴다. 첫 번째 단계는 오만이다. 성공에 도취되어 자만에 빠지는 것이다. 이후 그 기업은 원칙 없이 사업을 확장하고(2단계), 위험신호를 무시하며(3단계), 막바지에는 지푸라기라도 잡으려고 처음의 성공했던 모습을 되살리려 허둥대지만(4단계), 종국에는 망하거나 하찮은 회사로 전락한다(5단계).

일본 제조업의 자존심이자 상징인 도요타의 리콜 사태가 발생한 후 많은 사람들이 공통적으로 지적한 것은 도요타가 빠진 1등 기업의 자만심이었다. 이른바 '1등의 함정'이다. 하지만 지난 세월을 돌이켜보면 도요타 사태를 단순히 오만함만으로 치부하기엔 무리가 있다. 오히려 그들에게 서서히 다가왔던 위기의 그늘을 무시한 결과라는 게 논리적으로 설득력을 지닌다.

그 경고의 시발점은 지난 수십 년 동안 경제적으로 미국과 함께 지구촌의 양대 축을 세워오면서 G2로 군림해왔던 거함(巨艦) 일본에 관한 것이었다. '잃어버린 10년'으로부터 시작된 일본의 추락은 가랑비에 옷 젖듯이 서서히 진행돼왔고 도요타 리콜 사태로 그 정점을 이룬 것이다.

지구촌이 일본의 경제적 부를 경외의 눈으로 지켜보는 모습을 보면서, 일본인과 일본기업들은 자신들의 추락을 인정하려 들지 않았다. 소니가 삼성에 IT산업의 선두주자를 내주었듯이 많은 일본기업들은 그렇게 추락의 첫 단계인 자만에 휩싸였다. 자신들의 국기에 새겨져 있는 태양이 영원히 저물지 않을 것으로 믿었던 것일까?

하지만 오만은 영원할 것 같은 초강대국도 가차없이 흔든다. 두 세기 전, 영국의 역사가인 에드워드 기번이 저술한 역저《로마제국쇠망사》나 우리 시대의 학자인 폴 케네디가 저술한《강대국의 흥망》을 굳이 떠올리지 않더라도, 지구상에 영원한 강국은 없는 것이다. 지난 20년 동안 일본이라는 거대 국가가 그려온 궤적을 들여다보는 작업은 그래서 의미가 있다.

하지만 우리가 오늘의 일본을 추락의 궤적에서만 바라보는 것 역시 참으로 오만한 일이다. 일본의 핵심기업과 대부분의 일본인들이 물밑에서 또 한 번의 퀀텀점프(대약진)를 향해 뛰고 있다. 많은 전문가들이 일본의 앞날을 놓고 제2의 잃어버린 10년, 심지어 잃어버린 20년을 운운하지만 일본은 그리 호락호락한 존재가 아니다.

오히려 지금의 우리가 경계해야 할 부분은 ㈜대한민국이다. 우리의 대표기업들과 한국인들은 치열한 지구촌의 경쟁구도 속에서 생명력을 이어갈 수 있을 만큼 충분히 준비되어 있는가? 이런 질문을 우리 자신에게 끊임없이 던져야 하고, 그 답을 찾는 일을 게을리하지 말아야 한다.

삼성의 휴대폰이 프리미어리그의 강자인 첼시의 유니폼을 통해 세계에 광고되고, 현대자동차가 광활한 미국 땅을 휘젓고 다닌다고 해서 대한민국이 일본을 뛰어넘은 것처럼 생각하는 것은 정말로 착각이다.

지구촌 반대편에서는 여전히 삼성을 대한민국이 아닌 일본의 기업으로 여기고, 대한민국이라는 나라를 분단의 상징이자 언제 터질지 모르는 뇌관으로 치부하는 현실을 과연 대한민국 국민들은 깊이 인식하고 있는가? 일본의 고령화를 보면서 늙은 국가라고 비아냥대고 있는 사이에, 한국이 지구상에서 가장 빨리 늙어가고 있는 현실을 직시하고 있는가?

이 책은 바로 그런 반성에서 시작되었다. 일본이라는 나라를 완벽하게 조망하는 작업은 참으로 힘든 일이지만, 그 속에서 한국이 처한 현실과 우리 앞에 다가오고 있는 위기의 그늘을 작은 공간에서나마 경고하고 싶었다.

'영원한 1등은 없다'는 너무나 섬뜩하고도 단순한 진리, 그리고 '영원한 강대국은 없다'는 지극히도 추상적이지만 가장 현실적인 주제. 오늘을 살고 있는 한국인들이 반드시 명심하고 되새겨야 할 교훈이다.

대표 집필 김영기

제1부

세계 1등의
자존심이
무너지다

1장

일본의 자존심
도요타의 좌절

경찰관의 사망, 미국이 분노하다

"렉서스가 의미하는 것은 무엇인가? 생계유지와 생활수준의 향상, 번영, 그리고 근대화 등 오늘날 세계화 체제에서 벌어지고 있는 인간 욕망의 전개 모습 그대로이다. 렉서스는 오늘날 우리가 더 높은 생활수준을 추구하기 위해 반드시 갖춰야 할 글로벌시장의 발아와 성장, 금융기관, 그리고 컴퓨터기술 등의 대표 격이다."

두 차례나 퓰리처상을 수상한 뉴욕타임스의 칼럼니스트이자 국제문제 평론가인 토머스 프리드먼은 세계적인 베스트셀러《렉서스와 올리브나무》에서 도요타가 생산하는 렉서스를 이렇게 표현했다.

이렇듯 렉서스는 도요타가 미국시장을 겨냥해서 만든 고급 세단이라는 의미를 뛰어넘어 글로벌 소비시장의 상징물로 존재해왔다. 도요타는 일본의 소규모 방직기 제조업체에서 1930년대에 자동차 제조업에 뛰어드는 모험을 통해 세계 최고 업체로 올라섰고, 2차 세계대전 이후에는 일본경제의 부흥을 이끈 선두주자이기도 했다.

20세기 말에는 미국 청소년들이 성인이 되면 가장 먼저 갖고 싶은 물건인 자동차시장에서 최고의 품질과 브랜드를 인정받은 대표적인 명품 브랜드가 되었다. 그런 도요타가 21세기를 불과 10년도 채 넘기지 않아 자신들을 오늘날의 성공으로 이끈 바로 그 땅에서 추락의 길로 들어서고 있다.

2009년 9월 29일, 전 세계를 금융위기로 몰고 간 리먼브러더스가 파산하면서 미국경제를 양축에서 떠받치고 있던 월스트리트(금융)와 디트로이트(자동차)가 추락한 지 한 해를 갓 지난 시점에 미국 전역에서 요란한 굉음이 울리기 시작했다. 비상벨의 대상은, 공교롭게도 미국이 아니라 그들의 경제적 정적(政敵)인 일본이었다. 그것도 일본의 자존심이요, 최고 품질의 대명사로 불리던 도요타가 대규모 리콜을 실시할 것이라고 발표한 것이다. 일본의 심장에 구멍이 생기는 순간이었다.

모든 자동차회사들이 크고 작은 결함으로 리콜을 실시해왔지만, 이번의 도요타 리콜 사태는 상황이 달랐다. 이날 도요타는 미국에서 시판되고 있는 승용차 캠리 등의 바닥 매트가 가속페달에 걸려 사고를 일으킬 우려가 있다며 무려 380만 대를 회수한 후 무상으로 수리해주겠다고 밝혔다. 이는 도요타가 미국의 심장부에 발을 디딘 이후 가장 큰 규모의

- **5대 자동차회사의 리콜 현황(2010년 2월 현재)**

1) 도요타

	첫번째 리콜	두 번째 리콜	세 번째 리콜
리콜 이유	바닥 매트 결함	가속페달 결함	브레이크 결함
모델	캠리 등 13종	캠리 등 8종	푸라우스 등 4종
지역	미국, 캐나다 등	미국, 영국, 러시아, 중국	일본, 한국, 미국 등
대수	575만 대	445만 대	30만 대

2) 혼다

	첫번째 리콜
리콜 이유	창문 스위치 결함
모델	피트, 재즈, 시티
지역	미국, 브라질, 일본
대수	83만 대

3) 폭스바겐

	첫번째 리콜
리콜 이유	베어링 결함
모델	뉴골, 보이지
지역	브라질
대수	19만 대

4) 푸조/시트로앵

	첫번째 리콜	두 번째 리콜
리콜 이유	가속페달 결함	전조등 결함
모델	푸조 107	푸조 307
지역	프랑스	브라질
대수	10만 대	1만 3,700대

5) 포드

	첫번째 리콜
리콜 이유	브레이크 결함
모델	머큐리, 퓨전
지역	미국
대수	1만 7,600대

리콜로, 2005년에 운전대의 결함을 이유로 실시한 90여만 대의 리콜과는 비교될 수 없는 것이었다.

리콜 대상에는 2007년 이후 출시된 캠리 모델은 물론이고, 2004년 이후에 나온 프리우스와 아발론 최신 모델부터 타코마, 툰드라, 렉서스의 IS250, ES350 등 7개 차종이 포함되는 등 도요타가 자랑해온 상당수 차종이 총망라되고 있었다. 하지만, 도요타의 리콜 사태가 단순한 제품 결함에서 파생된 게 아니라는 점에서 이번 사태는 초기부터 심상치 않은 기운을 띠기 시작했다.

도요타의 리콜이 발표되기 한 달 전인 2009년 8월 28일, 미국 캘리포니아 주의 고속도로순찰대 소속 경관인 마크 세일러가 가족들과 함께 차량을 몰고 도로를 달리고 있었다. 그가 몰던 차량은 도요타의 핵심 차종 중 하나인 2009년형 렉서스 ES350이었다. 한참을 달리던 중 자동차가 갑자기 가속이 붙기 시작했다. 잠시 후 차량의 속도는 시속 180km까지 치솟았고, 결국 사고로 그를 포함한 일가족 4명은 즉사하고 말았다.

이 사건으로 미국 전역이 들썩이기 시작했다. 당국은 도요타의 차량 안전 문제를 정면으로 파고들기 시작했다. 그 해 10월, 미국 교통안전국(TSA)은 도요타 픽업트럭 툰드라의 2000~2001년형 모델 11만 대를 대상으로 제동장치 고장 등을 초래할 수 있는 차체 부식 문제 조사에 들어갔다.

그러는 동안, 리콜 사태는 더욱 확산되어 갔다. 도요타는 미국에서 판매중인 프리우스 등의 바닥 매트 문제에 더해서 가속페달 등 차량 본체에 대한 리콜까지 검토하기 시작했는데, 당시 일본 언론들은 도요타가

7개 차종 380만 대의 차량 모두를 대상으로 가속페달을 교체해주는 데 따른 비용만 400억 엔에 달할 것으로 전망했다.

리콜이 진행되던 와중에도 도요타와 미국 교통안전국과의 신경전은 계속되었다. 초기에 도요타는 자사의 차량에는 전혀 문제가 없다는 주장을 꺾지 않았다. 품질 왕국을 표방해온 도요타로서는 자신들의 차량에 문제가 있다는 미국의 공격을 도저히 인정할 수 없었던 것이다.

하지만 미국 고속도로안전관리국(NHTSA)은 도요타를 거세게 몰아붙이면서, 리콜 사태의 원인이 된 가속페달 문제에 대해 도요타가 소비자들에게 잘못된 정보를 주고 있다고 비난했다. 고속도로안전관리국은 도요타가 효과적으로 결함 문제를 해결할 때까지 이 문제는 결코 마무리되지 않을 것이라며 사태의 장기화를 예고했다. 물론 도요타는 여전히 항전의 자세를 이어나갔다.

가속페달의 결함, 도요타를 벼랑 끝으로 몰다

리콜 사태 파문이 결정적으로 확대되기 시작한 것은 가속페달 결함 때문이었다. 2009년 11월 25일, 도요타는 결국 미국시장에 출시된 렉서스와 프리우스 등 8개 모델 426만 대의 가속페달을 리콜하기로 결정했다. 426만 대는 도요타가 2009년에 미국에서 판매할 계획이던 170만 대의 두 배를 훌쩍 넘는 규모였으니, 도요타 경영진에게는 엄청난 결단이라고 할 수 있었다.

도요타가 이 같은 결정을 하게 된 이유는 단순했다. 리콜을 통해 '안전제일'이라는 이미지를 강조함으로써 사전에 문제 확산을 차단하겠다는 의도였다. 하지만 이는 너무나 순진한 생각이었다. 아니, 도요타가 여전히 자만에서 깨어나지 못했다는 표현이 옳았는지도 모른다. 도요타라는 절대 품질의 브랜드에 대한 믿음이 깨지자 미국인들은 도요타가 생각하는 것과는 전혀 다르게 움직이기 시작했다.

미국의 언론들도 도요타의 리콜 사태를 다시 보기 시작했다. 로스앤젤레스타임스는 도요타가 잇따른 리콜 사태로 수억 달러의 물질적인 손실과 함께 브랜드 이미지에 커다란 타격을 입을 것이라는 전망을 내놓았고, 미국 전역의 언론들도 도요타의 리콜 사태 의혹들을 봇물처럼 쏟아냈다. 11월 29일, 로스앤젤레스타임스가 도요타의 리콜 실시 원인이 회사 측의 주장대로 운전석 바닥 매트가 앞으로 쉽게 미끄러져 가속페달을 누르기 때문이 아닐 수 있다고 보도한 것은 사태의 본질을 확 바꿔놓는 계기가 되었다.

이날, 로스앤젤레스타임스는 10년 전에 도입해서 지금까지 사용한 '전자식 스로틀 제어장치(ETCS-i)'의 결함이 진짜 원인이라고 보도했다. 바닥 매트가 아니라 자동차 시스템 상의 결함이라는 내용이었다. 로스앤젤레스타임스는 미국 고속도로안전관리국에 접수된 수천 건의 교통사고를 면밀히 검토한 결과, 도요타의 급발진 건수가 전자식 스로틀 제어장치를 도입한 최근 10년간 급격히 늘어났다며 의혹을 제기했다.

실제로 미국 소비자 전문 간행물인 〈컨슈머 리포트〉를 보면, 로스앤젤레스타임스가 제기한 의혹이 막연한 부풀리기만은 아님을 확인할 수 있었다. 2009년 들어 8월까지 고속도로안전관리국에 접수된 총 128건의 급발진 케이스 중에서 도요타는 가장 많은 52건으로 전체의 41%를 차지했던 것이다. 물론 2위인 포드의 36건에 대해서 미국인들은 별로 관심을 갖지 않았다.

어떤 사태가 발생하더라도 시간이 지나면 사람들의 기억에서 멀어지는 법이다. 2009년이 지나면서 도요타 리콜 사태도 자연스럽게 잠잠해지는 듯했고, 도요타도 조금씩 안심하기 시작했다. 하지만 그것은 막연한 기대였을 뿐, 사태는 또 한 번의 전환점을 맞는다. 2010년으로 접어들기 무섭게 추가적인 리콜 사태가 연이어 터져 나왔던 것이다. 그것은 도요타의 존립 자체를 흔드는 폭풍이었다.

2010년 1월 21일, 도요타는 가속페달 결함으로 인한 문제를 해결하기 위해 미국에서 판매된 8개 모델 총 230만 대를 추가로 리콜하겠다고 밝혔다. 리콜 대상은 2009~2010년형 라브4와 코롤라, 매트릭스, 2005~2010년형 아발론, 2007~2010년형 캠리와 툰드라, 2010년형 하이랜더, 2008~2010년형 세콰이아 등 총 8개 차종이었다. 불과 석 달 만에 리콜 대상이 걷잡을 수 없이 늘어난 것이다.

하지만 문제는, 리콜의 대상이 아니라 도요타가 리콜을 결정한 이유였다. 도요타는 일부 모델에서 가속페달이 누르기 힘들거나, 눌려 있거나, 제자리로 돌아오는 데 오랜 시간이 걸리는 문제가 발생할 수 있어 리콜을 실시한다고 밝혔던 것이다. 그러면서 도요타는 이 같은 가속페달 잠김 현상이 발생하는 것은 이전에 회사의 주장대로 페달이 앞좌석 매트에 걸리기 때문이 아니라 가속페달 장치가 닳은 경우에 생길 수 있다고 설명했다. 사실상 차량 부품의 결함을 시인한 것이다.

도요타의 고백에 시장은 매우 민감하게 반응했다. 이날 일본 증시는 도요타 리콜 발표와 버락 오바마 대통령의 금융규제안 발표 등 악재가 겹쳐 터지면서 2.56%나 급락했다.

도요타는 미국에 이어 유럽에서도 약 200만 대의 리콜을 결정했고, 급기야 미국에서는 리콜 대상인 8개 모델의 판매와 생산이 중단됐다. 이어 2월 1일부터는 이들 모델의 생산도 멈추기로 했다. 도요타의 밥 커터 부회장의 당시 발언에는 사태의 심각성이 고스란히 드러나 있다.

"문제가 완전히 해결될 때까지 이러한 조치가 필요하다."

그러나 뒤늦은 고백에도 불구하고 사태의 끝은 여기가 아니었다. 도

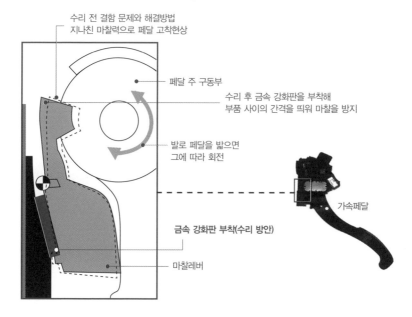

• 도요타 가속페달 불량 원인 및 수리방법

수리 전 결함 문제와 해결방법
지나친 마찰력으로 페달 고착현상

페달 주 구동부

수리 후 금속 강화판을 부착해
부품 사이의 간격을 띄워 마찰을 방지

발로 페달을 밟으면
그에 따라 회전

금속 강화판 부착(수리 방안)

가속페달

마찰레버

요타는 렉서스와 사이언 등은 이번의 생산 중단에 영향을 받지 않으며, 하이브리드카인 프리우스도 계속 판매될 것이라고 소비자들을 안심시켰다. 그러나 도요타의 이 같은 장담은 채 한 달이 가지 못했다. 그동안 도요타의 기세에 눌려 있던 경쟁업체들이 들불처럼 일어나기 시작한 것이다. 적군의 수세는 아군이 공세를 펼칠 최대의 기회였다. 특히 미국기업들이 필사적으로 달려들었다. 금융위기로 반죽음 상태까지 몰렸던 미국의 자동차업체들에게 도요타 사태는 하늘이 준 기회나 다름없었다.

미국 자동차업체들은 2009년에 이른바 빅3로 불리는 제너럴모터스(GM), 포드, 크라이슬러 가운데 2개 회사가 파산보호신청을 하는 사상 최대의 수모를 당했다. 말 그대로 자동차 종주국의 몰락이었다. 미국 대표 자동차업체들의 몰락은 기본적으로 글로벌 경기침체와 업계의 경쟁력 상실이 주된 원인이었지만, 도요타를 위시한 일본업체들의 대대적인 공습을 제대로 막아내지 못한 탓이기도 했다.

미국업체들은 자국 언론을 등에 업고 감정적일 정도로 그 기회를 이용했다. 극단적으로 표현하면 하이에나에 비견할 정도였다. 선봉은 GM이 나섰다. GM은 도요타 차량을 가진 고객이 2월까지 자사의 차를 구입할 경우엔 1,000달러를 할인해주고, 차량 구입비도 60개월간 무이자로 대출해주는 파격적인 유인책을 제공하겠다고 밝혔다. 그뿐만이 아니었다. 글로벌 렌터카업체인 에이비스(AVIS)는 고객의 안전을 내세우며 도요타 차량 2만 대를 렌터카 대상 목록에서 삭제했다. 렌터카 소비자들의 접근을 아예 차단한 셈이다.

이런 와중에도 도요타 사태는 가라앉기는커녕 오히려 확대 재생산되

• 도요타자동차 리콜 현황(단위 : 엔)

〈도요타자동차 주가 추이〉

2010년 2월 9일
하이브리드 차량
(브레이크 결함) 리콜 발표

2009년 8월 24일
전기스위치 결함으로
중국에서 68만 8,000대 리콜

2010년 1월 27일
아키오 도요타자동차 사장
공식사과

2009년 1월 28일
좌석벨트나 배기시스템 이상으로
135만여 대 리콜

2010년 1월 27일
기술결함으로 미국
판매량 급감

2009년 5월
연간 430억 달러
순손실 예상 발표

2009년 9월 30일
가속페달이 바닥매트에
걸리는 현상으로 미국에서
380만 대 리콜

2010년 1월 29일
가속페달 결함으로
유럽에서 170만 대 리콜

1월 2월 3월 4월 5월 6월 7월 8월 9월 10월 11월 12월 1월 2월
(2009년)   (2010년)

〈도요타자동차 리콜 대수〉

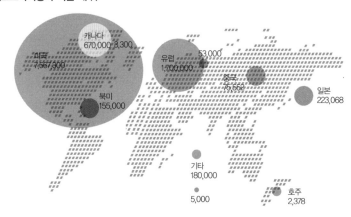

캐나다
670,000 8,300

미국
1,567,300

유럽
1,700,000

53,000

중국
75,552

일본
223,068

북미
155,000

기타
180,000

5,000

호주
2,378

■■■ 하이브리드 차량(2월 9일)
■■■ 일반차량(2009년 9월 30일~2010년 2월 9일)

었고, 이제는 말 그대로 브레이크 없는 상황으로 이어지기 시작했다. 도요타는 대규모 추가 리콜을 단행한 지 일주일 만에 두 번째 추가 리콜을 발표하기에 이르렀다. 2010년에만 두 번째였다.

이번에도 역시 원인은 가속페달 결함에 따른 것이었다. 미국에서 판매된 차량 110만 대가 그 대상으로 불과 한 달 사이에 미국에서만 무려 340만 대의 차량을 리콜하는 것이었다. 미국에서의 리콜 사태는 유럽과 중국 등 세계 전역으로 퍼져 나갔다. 미국과 캐나다 등 북미지역에서만 800만 대에 달하고, 유럽을 포함한 전 세계적으로는 1,000만 대를 넘을 수도 있다는 관측이 나왔다.

언론들은 도요타의 전 세계 리콜 규모를 연간 생산, 판매 대수 등과 비교하는 등 하루가 멀다 하고 대서특필했다. 그러다 이번에는 미국의 정치권까지 이 문제의 해결을 위해 직접 나서기 시작했다. 미 의회가 도요타 리콜 사태에 대한 조사에 착수하면서 청문회를 열겠다고 밝힌 것이다. 2010년 2월 10일, 미 하원의 감독정부개혁위원회가 이번 사태와 관련된 청문회를 연 데 이어 미 하원 에너지상업위원회까지도 청문회의 대열에 나서기 시작했다. 언론과 정치권이 전방위적으로 도요타를 포위하기 시작한 것이다.

도요타의 미래를 리콜하다

미국의 거센 포격에 일본의 자존심도 더 이상은 어쩔 수 없었다. 2010년 2월 2일, 도요타는 결국 공식 사과를 하게 된다. 도요타의 사사키 신이치(佐佐木眞一) 부사장은 일본 나고야의 도요타 본사에서 세계의 도요타 고객들에게 큰 심려를 끼친 데 대해 진심으로 사죄드린다며 고개를 숙였다. 이는 2009년 9월 이후 계속된 일련의 리콜 사태와 관련해서 도요타가 행한 첫 번째 공식 사과였다.

그는 이 자리에서 리콜 대상 차량은 캐나다 27만 대를 포함 북미에서 8개 차종에 248만 대, 유럽 171만 대, 중국 8만 대 등 모두 445만 대라며 이달 중순부터 무상 수리에 들어간다고 밝혔다. 하지만 그는 일본 내에서 생산 판매된 차량에 대해서는 자국의 부품업체인 덴소(天祖)의 것을 사용했다며 리콜 대상 부품과는 구조가 전혀 다른 만큼 대상이 아니라고 선을 그었다. 일본 내 생산 차량의 품질에 대해서는 문제가 없다는 점을 밝힌 것이다. 하지만 며칠 후, 도요타는 이들 차량의 리콜까지 발표하게 된다.

도요타의 공식 사과에도 불구하고 미국의 반응은 오히려 격화되었다. 레이 러후드 미국 교통장관이 AP통신과의 인터뷰에서 밝힌 부분이 이를 극명하게 보여준다.

"도요타는 가속페달에 문제점이 드러났을 때, 문제를 덮으려는 안이한 태도를 보이다가 미국정부의 압력에 못 이겨 리콜에 나서게 되었다. 도요타가 안전불감증에 가까운 태도를 보인 것이다."

첫 번째 공식 사과가 있은 지 불과 하루 만인 2010년 2월 3일, 도요타는 다시 한 번 끔찍한 사건을 맞이하게 된다. 도요타의 미래로까지 평가받고 있는 간판 하이브리드카 프리우스가 브레이크에 문제가 있다는 소비자 불만이 크게 터져 나오면서, 일본 국토교통성이 회사에 자체 조사를 지시했다고 아사히신문과 AP통신 등이 보도한 것이다.

미국 고속도로안전관리국에 따르면, 미국과 일본의 소비자들은 프리우스가 길가의 패인 곳이나 미끄러운 노면을 저속으로 주행할 경우 브레이크가 순간적으로 작동하지 않는 사례들을 신고하고 있었다. 특히 이 같은 불만이 가장 많이 접수되는 모델은 2010년 신형 프리우스로, 이 차종은 모두 일본에서 생산되어 2009년 5월부터 판매된 것이었다.

이러한 혼란의 한복판에서, 도요타는 2010년 2월 4일 실적 발표를 했다. 2009 회계연도의 실적 전망치를 당초의 2,000억 엔 적자에서 800억 엔 흑자로 상향 조정한다고 발표했던 것이다. 평소 같았으면 이 같은 실적 전망 상향 조정은 큰 뉴스가 되었겠지만, 이를 주목하는 언론은 아무도 없었다. 도요타는 2009년 회계연도의 마지막 달인 2010년 3월까지 리콜에 따른 직접적인 손실비용을 최대 1,800억 엔, 판매 감소액은 700억~800억 엔으로 전망했다. 실적 발표는 앞으로 발생할 추가적인 리콜에 대한 비용은 전혀 반영하지 않은 것이었다.

2010년 2월 5일, 도요타는 프리우스의 브레이크에 결함이 있다는 지적에 대해 설계상 문제가 있다고 시인했다. 이에 미국 고속도로안전관리국은 도요타에 프리우스 조사를 지시했고, 일본 국토교통성 당국은 리콜 검토를 주문했다. 그리고 마침내 도요타는 일본과 미국에서 판매한 프리우스 27만 대를 리콜하기로 결정한다. 이는 도요타의 미래를 리콜하게 된 것과 다름이 없었다.

언론은 또 다시 대서특필했다. 미국 등 해외에서 현지업체의 부품을 사용한 것이 아니라 일본 본토에서 생산한 차량이, 그것도 현존하는 세계 최고의 하이브리드카로 손꼽히는 차량이 리콜 대열에 합류했다는 점에서, 그 충격은 지금까지의 것들과는 비교할 바가 아니었다. 도요타의 자존심이 완전히 무너지는 순간이었다.

마침내 도요타 창업주의 손자인 도요다 아키오(豊田章男) 사장이 나섰다. 도요다 사장은 이날 나고야 본사에서 프리우스의 브레이크 이상에 대해 가능한 빨리 대응할 수 있는 방법을 찾도록 지시했다며 최근 대량 리콜 사태로 고객들에게 심려와 폐를 끼친 데 대해 진심으로 사죄한다고 말했다. 이는 도요타의 두 번째 공식 사과로, 최고경영자가 직접 나섰다는 점에서 세계 1등을 자부해온 도요타로서는 참을 수 없는 굴욕이었다.

이 외중에 도요타는 프리우스와 동일한 브레이크 시스템을 채택한 사이(SAI)와 고급 세단 렉서스 IS250s 모델에 대해서도 리콜을 실시하기로 했다고 일본 언론들이 전했다. 실제로 도요타는 2010년 2월 9일 이들 두 개의 모델과 신형 프리우스와 플러그인 하이브리드 프리우스 등 총 4개 모델 43만여 대에 대한 리콜을 공식 발표했다. 이번 리콜도 전 세계에서 실시되었고, 대상 하이브리드 차량의 규모는 일본에서 4개 차종 22만 3,068대, 미국과 유럽 등에서 20여만 대 등 모두 43만 7,000대에 달했다.

이날, 도요다 아키오 사장은 두 번째 공식 사과를 했다. 그가 이번에 공식 사과를 한 것은, 미국 하원의 도요타 리콜 사태 관련 청문회를 염두에 둔 사전 진화라는 관측이 우세했다. 도요다 사장이 사태 해결을 위해 미국을 방문할 계획을 밝힌 점도 이를 뒷받침한다. 도요다 사장은 이날 미국의 워싱턴포스트지에 사죄의 뜻을 밝히는 기고문을 실으며, 미국정부 및 소비자 달래기에 몸소 나섰다.

그러나 정작 주말에 미 워싱턴 D.C 등 동부 해안지역에 폭설이 내린 탓에 의회는 예정된 일정을 대거 취소했고, 이 때문에 하원 감독정부개혁위원회의 청문회도 24일로 연기되었다. 하원 에너지상업위원회가 25일 청문회를 여는 점을 감안하면 이틀 연속 청문회가 열리게 되는 셈이다. 이어 상원의 상업과학교통위원회도 2010년 3월 2일 청문회를 열겠다고 나섰다.

미 상하원이 동일 사건에 대해서 비슷한 시기에 연거푸 청문회를 여는 초유의 상황이 발생한 것이다. 이는 외견상 미 정치권의 관심이 그만큼 커진 것이기는 하지만, 도요타에 대해 파상적인 공세를 이어가겠다는 미국의 의지가 드러나는 것이기도 했다.

2009년 9월부터 시작된 도요타의 리콜 사태는 이처럼 무한 확장을

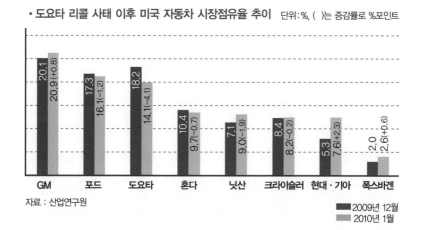

• **도요타 리콜 사태 이후 미국 자동차 시장점유율 추이** 단위:%, ( )는 증감률로 %포인트

	GM	포드	도요타	혼다	닛산	크라이슬러	현대·기아	폭스바겐
2009년 12월	20.1	17.3	18.2	10.4	7.1	8.4	5.3	2.0
2010년 1월	20.9(+0.8)	16.1(-1.2)	14.1(-4.1)	9.7(-0.7)	9.0(-1.9)	8.2(-0.2)	7.6(+2.3)	2.6(+0.6)

자료 : 산업연구원

거듭해갔다. 도요타의 전 차량에 대한 문제가 지금도 꾸준히 제기되고 있고, 미국 언론과 정치권이 집요하게 문제 제기를 계속하고 있는 점을 감안하면 사태가 어디까지 이어질지는 아무도 모른다.

아니, 어쩌면 지금보다 더 큰 파장을 일으킬 사건이 아직 모습을 드러내고 있지 않은지도 모른다. 도요타의 시련이 절망으로 바뀔지, 아니면 극적으로 새로운 돌파구를 찾아 잃어버린 자존심을 찾을 수 있을지에 대한 답은, 지금 이 순간 도요타 자신도 모른다.

도요타, 무엇이 문제였을까?

(1) 글로벌 아웃소싱의 실패

일본 제조업의 역사인 도요타가 품질의 대명사로 평가받아온 것은 독특한 생산 시스템을 적용한 결과라는 게 중론이다. 지구의 모든 경영인들이 격찬했던, 그리고 지구의 제조업 역사를 바꿔 놓았던 이른바 '도요타 웨이(way)'가 그것이다.

도요타 경영진은 팀별 생산 과정에서 팀원 중 누구라도 결함을 발견하면 조립 라인을 즉시 멈출 수 있는 권한을 부여했다. 결과는 곧바로 이어졌다. 생산 공정 결함이 크게 줄어드는 효과로 이어진 것이다. 또한 도요타 경영진은 노동자들의 현장 경험을 높이 평가하고, 이들의 제안에 상금을 주는 식으로 장려하여 지속적인 개선 작업이 가능하도록 했다.

2007년에만 일본 도요타 본사 공장에서 6만여 명의 직원이 66만 건의 제안을 내놓아 대부분 채택되었다. 도요타는 이처럼 자동차업체는 물론이고 제조업 전반에서 벤치마킹의 대상으로 군림해왔다. 효율성을 극대화한 도요타만의 생산방식은 자동차 생산 과정에서 상상을 초월할 정도로 조립 시간을 단축했을뿐더러 재고량까지 줄이는 등 혁신의 대명사로 불렸다.

GM이 1대의 자동차를 만드는 데 40시간이 걸릴 때, 도요타는 18시간이 걸렸다. GM이 2주일 분의 부품 재고를 확보해놓을 때, 도요타는 2시간 분의 재고만을 갖춰놓았다. 포드식의 대량생산 체제와는 반대되는 이러한 도요타만의 생산방식은 '린(Lean)', 또는 '적기(Just in Time)'라고 불린다.

이러한 고효율의 생산방식은 비용절감 효과를 극대화함으로써 2008년에 자동차업계의 후발주자인 도요타로 하여금 GM을 제치고 생산 대수 기준으로 세계 최대 자동차업체로 등극할 수 있게 했다. 이를 계기로, 극히 일부 명품 수제 자동차를 제외한 전 세계 대부분의 자동차회사들이 원가절감을 위해 도요타 생산방식을 따르게 되었다.

하지만 오늘날의 도요타를 만든 원가절감 방식은 역설적으로 몰락을 자초하는 양날의 칼이 되고 말았다. 아마도 도요타의 그 누구도, 아니 그 어떤 생산의 달인이라도 이런 상황을 맞이할 것이라고는 생각하지 못했을 것이다. 사태가 터진 지금에서야 대규모 리콜 사태의 근본적인 원인은 바로 가혹할 수준의 원가절감이라는 분석을 내놓을 뿐이다.

도요타는 2000년대 이후 미국 대륙을 중심으로 본격적으로 몸집을 불리면서 일본만의 회사가 아닌 글로벌 기업으로 거듭나기 위해 몸부림을 쳐왔다. 이를 위해 해외 생산의 확대는 필수적이어서, 현지 업체로부터의 부품 조달 증대도 자연스럽게 뒤따라왔다. 이는 단순히 원가절감만이 아니라 현지 인력에게 일자리를 제공하고, 현지 부품업체와도 깊은 협력관계를 맺게 했다. 외국회사가 아니라 현지회사라는 친근함을 심어주기 위함이었다. 이른바 현지화 전략이다.

그들의 전략은 잘 들어맞는 듯했다. 실제로, 현재 미국 전역에 반(反)도요타 기류가 확산된 와중에도 도요타 생산공장이 있는 켄터키 주 조지타운은 여전히 도요타에 대해 신뢰를 보내고 있다.

도요타는 1986년, 55억 달러를 들여 최대 규모의 해외공장을 이곳에 세웠다. 당시 인구 1만 명에 불과했던 이 작은 마을은 도요타 공장이 세워지면서 2만 5,000명의 주민이 살고 있는 중견 마을로 탈바꿈했다. 특히 도요타 공장에서 일하는 주민이 8,000여 명에 달하기 때문에 도요타의 기여는 절대적이었다. 이들에게 도요타는 절대 외국기업이 아니며, 도요타의 운명은 곧바로 자신들의 일자리와 직결되기 때문에 여느 미국인들처럼 격앙된 반응을 보일 수 없는 것이다.

이 같은 생산과 부품 조달의 현지화는 이른바 글로벌 아웃소싱 개념으로 볼 수 있다. 일본의 도요타 본사에서 기본적인 차량 설계 및 경영전략 등 총체적인 것들을 맡고, 실제 생산과 판매 및 마케팅은 현지화된 지사들을 통해 수행하는 것이다. 이는 효과적으로 비용을 줄일 수 있는 사업구조이자, 일국의 회사가 아닌 글로벌 회사가 되기 위한 필수불가결한 사업전략이다.

하지만 지금 이 순간, 바로 그러한 글로벌 아웃소싱의 실패한 대표적 사례로서 도요타라는 이름이 거론되는 상황으로 바뀌고 말았다. 몸집 불리기를 위해 핵심 영역을 제외한 여타 영역들의 아웃소싱은 불가피하지만, 이 경우 관리 감독의 손길이 깊게 미치지 못하는 것은 당연하다. 특히 대표적 제조업 분야인 자동차산업은 품질 확보를 위해서 무엇보다 철저한 생산관리가 핵심인데 일본 본사가 미국 내 공장이나 미국업체들의 수많은 부품들을 일일이 체크하기는 물리적 여건상 불가능했던 것이다.

이 점에서 도요타의 글로벌 아웃소싱 방식은 잠재적인 문제점을 안고 있었고, 이것들이 일련의 악재와 겹치면서 한꺼번에 폭발한 셈이다. 작금의 리콜 사태는 어쩌면 세계 최대의 자동차회사가 구조적으로 언젠가는 한번쯤 겪었어야 할 위기를 앞당겨 맞고 있다는 표현이 옳을 것이다.

⑵ 초심을 잃어버린 대가

도요타의 추락은 과연 그들의 생산방식에서만 기인한 것일까? 전문가들은 도요타가 오늘의 참담한 상황에까지 이르게 된 데는 또 다른 요인에 있다고 말한다. 그것은 바로 도요타의 잃어버린 초심(初心)이다.

도요타가 명품인 렉서스를 세상에 내놓은 것은 1989년이다. 벌써 20년이 넘었다. 당시 도요타는 미국시장에서 지금의 현대·기아자동차보다 훨씬 못한 대접을 받고 있었다. 도요타 역시 미국시장 진출 초기에는 싸구려 차라는 오명에서 자유롭지 못했다. 오죽했으면 미국인들이 도요타를 두고 '토이오토(Toy-Auto, 장난감차)'라고 비아냥댔을까.

도요타의 최고 명품 브랜드인 렉서스는 이런 분위기 위에서 출발했다. 이름도 지극히 평범했다. 말 그대로 럭셔리 세단(Luxury Sedan)의 이니셜을 딴 것으로, 이것만 봐도 도요타가 자신들의 이미지를 벗어나기 위해 얼마나 부심했는지를 알 수 있다.

직원들도 달라졌다. 렉서스가 출범할 당시 영업점 직원들이 갖고 다니던 이른바 《렉서스의 맹세(THE LEXUS COVENANT)》라는 책자에는 도요타가 가졌던 초심이 그대로 녹아 있다.

"렉서스는 고객 한 분 한 분을 집안의 손님처럼 모시겠다. 우리가 그렇게 할 수 없다고 생각하면 이룰 수 없겠지만, 우리는 할 수 있고 그렇게 할 것이다."

하지만 도요타의 싸구려 이미지를 하루아침에 벗겨내는 것은 말처럼 그리 쉬운 일이 아니었다. 출시된 지 1년여 만에 크루즈컨트롤(일정한 속도를 설정해놓으면 노면 상태에 관계없이 속도를 유지하는 기능) 장치에 문제가 발생했다. 하지만 그때의 도요타는 지금과는 달랐다. 무려 8,000여 명에 이르는 고객들에게 결함 내용을 상세히 알렸고, 심지어 구입 가정을 일일이 방문해서 자동차를 다시 찾아와 수리한 후에 세차까지 깔끔하게 마치고 원래 있던 자리에 그대로 가져다주었다. 뿐만 아니었다. 연료통에 휘발유까지 가득 채워줬으니 고객들이 어떤 감흥을 느꼈을지는 더 설명하지 않아도 알 수 있다. 오늘날의 도요타는 그렇게 탄생했다.

그로부터 20여 년이 흐른 지금, 도요타는 분명 초심을 잃어버렸다. 사실 도요타자동차의 브레이크에 문제가 있다는 지적은 지난 2007년부터 미국 소비자들 사이에서 끊임없이 제기되어왔다. 하지만 도요타는 이를 무시했다. 고객 감동을 최우선으로 삼았던 초기의 경영방식을 잊어버린 것이다. 당시 미국 언론이 사건을 부각시키지 않은 덕분에 적당히 은폐하고 넘어갈 수 있었고, 도요타 경영진은 내심 안도의 한숨을 쉬었을 것이다. 하지만 그것이 바로 도요타의 달라진 점이었다.

오늘날 리콜 사태를 계기로 언론은 예전의 사건들까지 낱낱이 들춰내며 감정적으로 보도하기 시작했고, 도요타는 기술적인 문제와 함께 양심까지 버렸다는 이중 비판에서 벗어나지 못하고 있다. 이번 리콜 사태의 도화선이 된 캘리포니아 주에서의 경관 일가족 사망 사고에 대해서, 도요타는 가속페달 결함 가능성을 철저히 부인해왔다. 잃어버린 양심이 화를 키운 셈이다.

위기관리를 위해서는 문제가 불거지기 전에 미리 징후를 포착해서 위험요소를 제거하는 게 고객 감동 경영을 표방하는 모든 기업의 태도이다. 하지만 도요타는 이러한 가장 기본적인 정신을 스스로 저버렸다. 미국 언론은 도요타의 잃어버린 양심을 집요하게 물고 늘어졌다. 2010년 2월 9일, 월스트리트저널은 다음과 같은 제목의 기사를 실었다.

'비밀투성이의 문화가 도요타를 몰락시켰다(Secretive Culture Led Toyota Astray).'

이 기사에 따르면, 도요타는 2008년 12월 영국 등 유럽에서 차량 폭주 현상이 발생하자 수개월 간의 조사 끝에 가속페달 부품 때문이라는 사실을 알아냈다. 도요타는 결국 페달을 새로 설계했지만, 같은 부품이 사용된 미국에서는 이를 극비에 부쳤다. 미국에서도 비슷한 문제에 대한 불만이 있기는 하지만, 가속페달이 원래 위치로 돌아오지 않는다는 것과 관련된 구체적인 불만이 그때까지 보고되지 않았기 때문이라는 게 도요타의 설명이었다.

겸손을 잃어버린 태도는 다가오는 위기 징후를 무시하는 결과로 이어졌다. 사실, 도요타에게는 그동안 경고가 많이 있었다. 글로벌 생산 능력을 1,000만 대까지 늘렸음에도 2009년의 판매량은 오히려 13%가 줄어들었다. 2002년에 진출한 세계 최고의 자동차 경주대회(F1)에서는, 지난 8년 동안 139경기에 출전해서 단 한 차례도 정상에 오르지 못했다. 미국 고속도로안전보험연구소(IIHS)가 전 세계에서 생산된 2010년식 차종을 대상으로 선정한 '가장 안전한 차'에 도요타 모델은 찾아볼 수 없었다. 도요타의 위기는 스스로가 자초했다고 해도 과언이 아닌 셈이다.

(3) 미국에서의 언론 대응 실패

도요타는 이번 사태의 주된 원인이 부품 결함에 있다는 사실이 밝혀지자, 가속페달을 공급한 미국 부품업체인 CTS에게 잘못을 전가했다. 이는 문제에 대해 전혀 책임지지 않겠다는 모습으로 비춰졌고, 기업 이미지를 스스로 크게 손상시키는 결과를 낳았다.

가뜩이나 억측으로 가득한 악의적 기사로 도요타 비판에 열을 올리고 있는 미국 언론들의 입장에서 볼 때, 미국 부품업체에게 사태의 책임을 전가하는 도요타의 모습은 '우리를 마음껏 짓밟아주세요!'라는 요청이나 다름없었을 것이다. 겸손을 잃은 도요타는 언론 대응에서도 실패한 셈이다.

도요타의 신뢰가 땅에 떨어지면서, 이제는 그 누구도 도요타에 대한 악의적인 보도를 부정적으로 받아들이기 힘들게 되었다. 특히 자국의 자동차산업 붕괴가 도요타로 대표되는 일본 자동차업계 때문이라고 여기는 미국 자동차업계 관계자들은 이를 반기며 부추기기 시작했다.

2009년 8월, 도요타는 미국 캘리포니아 주에 GM과 합작으로 세운 공장을 2010년 3월에 폐쇄하기로 결정했다고 밝혔다. 미국에서 최악의 재정 적자로 신음하는 캘리포니아에는 자동차 생산공장이 모두 사라지는 초유의 사태가 발생하는 셈이었다. 경제단체인 '이스트 베이 경제개발연맹'은 이 공장이 문을 닫으면 직접 고용 인원인 4,600명을 포함해서 각종 협력업체에 고용된 총 3만여 명이 일자리를 잃을 것으로 추정했다.

공장의 직원들은 물론이고 캘리포니아 주정부까지 나서서 도요타의

• 자동차 업계의 글로벌 생산능력

메이커	10년 1월	09년 1월	1월 증감율	1월 M/S
BMW 그룹	15,439	14,344	7.6	2.2
크라이슬러	57,143	62,157	−8.1	8.2
다임러	15,447	12,223	26.4	2.2
포드	116,277	93,044	25.0	16.6
GM	146,315	128,198	14.1	20.9
혼다	67,479	71,031	−5.0	9.7
현대 · 기아	52,626	46,608	12.9	7.5
이스즈	−	165	−	−
재규어 랜드로버	2,589	2,567	−2.6	0.4
마세라티	101	96	5.2	0.0
마즈다	15,694	15,420	1.8	2.2
미쓰비시	4,170	4,730	−11.8	0.6
닛산	62,572	53,884	16.1	9.0
포르쉐	1,786	1,658	7.7	0.3
스바루	15,611	12,194	28.0	2.2
스즈키	2,040	3,650	−44.1	0.3
도요타	98,796	117,287	−15.8	14.1
폭스바겐	24,614	17,559	40.2	3.5
기타	291	304	−4.3	0.0
합계	698,990	657,209	6.4	100.0

결정을 비난하고 나섰지만, 도요타는 아직 GM의 회생이 불투명한 상황에서 홀로 경기침체에 따른 판매부진을 버텨가며 공장 운영을 강행할 수는 없다고 맞서고 있다. 이유야 어쨌든, 미국인들의 입장에서 볼 때 도요타는 미국에서 수많은 자동차를 팔면서도 일자리는 줄이는 악덕기업의 이미지로 비칠 수밖에 없는 셈이다.

그렇다고 미국 내 도요타 공장 직원과 판매상들은 도요타를 마냥 비난할 수도 없는 딜레마에 처해 있다. 도요타를 욕하고 싶지만 실제로 도요타가 망하면 자신들은 일자리를 잃거나 판매 실적이 나빠질 뿐이다. 추락에 추락을 거듭하는 도요타를 그저 반갑게만 느낄 수 없는 게 미국의 현실이고, 그것은 또한 도요타 사태를 전혀 다른 방향으로 몰고 갈 수 있는 요인이 되기도 한다.

도요타 웨이는 퇴로를 찾을 것인가

도요타 창업주의 4세로, 게이단렌(經團連) 회장을 역임한 도요다 쇼이치로(豊田章一郞) 명예회장의 장남인 도요다 아키오 사장은 2009년 6월 25일, 53세의 나이에 창업주 가문 출신으로는 14년 만에 위기에 처한 도요타의 수장으로 회사를 맡았다.

아키오 사장은 취임 당시 '대정봉환(大政奉還: 1867년 일본 막부가 천황에게 국가통치권을 돌려준 일)에 비견되면서 '도요타 웨이'의 부활을 노렸다. 2009년 10월, 아키오 사장은 일본 기자클럽에서의 강연을 통해 미국 경영학자 짐 콜린스의 '5단계 패망론'을 빌려 이렇게 말했다.

"현재 도요타는 대기업이 패망에 이르는 5단계 중 이미 4단계에 도달해 있다. 지금 구세주에게 매달려야 할 만큼 절박한 상황이다. 도요타의 재도약을 위한 전 직원의 분발을 촉구한다."

당시만 해도 도요타가 성공에 대한 자만심, 원칙 없는 확장, 리스크 무시 등 대기업 몰락 5단계 중 3단계를 거쳐 외부의 힘을 빌려 회생 방안을 찾는 4단계에 도달했다는 그의 말을 현실로 받아들이는 사람은 그리 많지 않았다.

콜린스의 표현대로라면 5단계 마지막은 '망하거나, 망하지 않더라도 별 볼일 없는 기업으로 명맥을 유지하는 것'인데, 세계 자동차시장을 지배해온 천하의 도요타가 패망의 길을 걷고 있다는 그의 말은 비약하면 '언어도단'이라 해도 과언이 아니었다. 오너 가문이 수사적으로 행하는 경고문 정도로 받아들였던 것이 사실이고, 아마도 그 말을 했던 아키오 자신도 그리 생각했을 것이다.

하지만 지금의 아키오 주변은 여전히 출구를 찾기 힘든 짙은 안개로 휘감겨 있다. 아키오 자신이 말한 패망론이 점차 현실로 다가오고 있는지도 모른다. 아니, 급가속 추정 사망사고 등에 따른 수십 건의 소송 때문에 치러야 할 배상금만 수조 원에 이를 것으로 예상되는 점을 감안하면 웬만한 기업은 벌써 두 손을 들고 말았을 것이다.

사방을 둘러싸고 있는 칠흑 같은 어둠. 아키오 사장과 도요타자동차는 이 속에서 빠져나가기 위해 발버둥을 치고 있다. 굴욕을 무릅쓰면서까지 리콜 사태와 관련해 수차례에 걸쳐 공개 사과를 하고, 넓은 영토를 자동차로 침식시켰던 미국을 향해 머리를 조아리고 있다.

아마도 그의 몸짓은 미국인을 향한 일본인의 사죄요, 일본경제가 세계인에 보내는 부활의 다짐일지도 모른다. 아키오의 다짐이 '도요타 웨이'의 재탄생으로 이어질 것인가, 아니면 패망론의 5단계로 영원히 주저앉을 것인가. 전 세계는 지금 이 순간 도요타의 변신을 지켜보고 있다.

| 2장 |

일본 내수시장의 상징,
백화점의 붕괴

일본 쇼핑의 상징, 긴자 세이부백화점의 폐업

도쿄의 중심지 긴자에 위치한 세이부백화점 유라쿠조(有樂町)점은 우리나라에서 한때 유행했던 무박 2일의 도쿄 쇼핑 여행코스로 잘 알려진 곳이다. 유라쿠조점은 맞은편에 있는 소니 전시관과 함께 긴자 거리의 랜드마크 빌딩이자 일본 젊은 여성들의 패션 아이콘이었다. 2009년 12월 25일, 크리스마스 특수에 한창 들떠 있어야 할 세이부백화점 유라쿠조점이 문을 닫았다. 한때 일본 내수 소비의 힘으로 불렸던 긴자 거리의 유명 백화점이 허무하게 사라진 것이다.

도요타가 수출을 중심으로 한 글로벌 경제를 장악하는 일본의 자존심이라면, 세이부백화점은 경제의 두 바퀴 수레 중 하나인 내수의 상징이었다. 때문에 세이부의 몰락은 일본 내수의 붕괴를 의미하는 것이자 일본이 처한 경제사회적 현상의 압축판이기도 하다. 저출산 고령화에 따른 소비계층의 위축, 그리고 디플레이션으로 대표되는 잃어버린 10년의 세월 속에서 굳게 닫힌 일본인들의 지갑과 얼어붙은 경제인으로서의 마음을 압축하는 것이기 때문이다.

세이부의 몰락은, 일본의 백화점들이 생존을 위해 변신을 도모한 것이 참담한 실패로 귀결되었다는 점에서 또 다른 충격을 준다. 위탁판매 형식의 일본 백화점은 오랫동안 우리나라 백화점들의 이상적인 모델로 여겨져왔다. 하지만 오랜 불황과 합리적인 지식 소비자의 등장으로 할인점이나 온라인 같은 새로운 유통망에 소비자를 빼앗기면서, 백화점들은 자구책을 마련하기 위해 몸부림을 쳐왔다.

하지만 불황의 늪은 변화를 두려워하는 일본의 백화점들을 가차 없이 끌어당겼고, 마침내 폐점이란 최악의 상황으로 치닫게 만들었다. 세이부백화점 유라쿠조점의 폐업은 경기침체의 거대한 경제 현상 속에서 일개 경제 주체의 힘만으로는 회복으로 돌아설 수 없다는 현실적 한계를 극명하게 드러낸 것이다.

1984년에 문을 연 세이부백화점은 미쓰코시, 마쓰야백화점과 함께 도쿄 쇼핑거리 긴자의 주인공이었다. 그중에서도 특히 세이부는 고급 패션의류 등을 취급하면서 유행과 문화의 총본산으로 불리며 젊은 여성 고객들의 발길이 끊이지 않는 대표적 점포 가운데 하나로 군림했었다.

하지만 1만 5,700m^2의 매장 면적은 도심 표준 백화점의 절반 정도밖에 안 될 정도로 협소한 데다 주변에 포진한 저가 캐주얼 의류전문점과의 경쟁이 가열되면서 2005년부터 실적이 악화되어 왔다.

세이부의 모회사 세븐&아이홀딩스의 백화점 부문인 소고&세이부는 2009년 3~11월까지의 분기에만 22억 4천만 엔의 영업손실을 기록했다. 전년 같은 기간에는 96억 엔의 영업이익을 올렸지만 1년 만에 적자로 돌아선 것이다.

세븐&아이홀딩스는 2009년 8월부터 소고 신사이바시 본점과 9월에는 세이부 삿포로점을 폐쇄하는 등 산하 백화점에 대한 구조조정을 계속하고 있는데, 유라쿠조점이 문을 닫으면서 세이부백화점 산하에는 이제 14개 점포만 남게 된다.

세이부의 적자와 긴자거리 점포의 폐점은 일본 백화점업계의 냉엄한 현실이다. 사치품과 고급 의류로 특화된 일본 백화점은 나아질 줄 모르는 내수 소비에 열면 열수록 손해인 것이다. 일본 백화점협회의 자료에 따르면, 2009년에 일본의 백화점 매출은 모두 6조 5,842억 엔으로 2008년 대비 10.1% 줄었다. 5년 전보다는 16%, 10년 전보다는 25% 감소했다. 매출 감소가 벌써 13년째 진행형인데, 이는 공교롭게도 일본경제의 침체와 흐름을 같이하고 있다.

특히 2009년 12월 매출은 7,420억 1,246만 엔에 그쳐 22개월 연속 감소세를 이어가고 있는데, 현재 추세라면 수년 안에 5조 엔 이하로 연매출 규모가 줄어들 것이라는 전망도 나온다. 일본의 백화점들은 90% 이상이 적자를 기록하고 있다. 업계 1위 백화점인 미쓰코시도 전년 대비 8.2% 매출이 감소했고, 줄지어 지역 점포를 닫고 있다.

전문가들은 이렇게 일본의 백화점들이 줄지어 문을 닫는 이유로 저출산과 고령화로 소비계층이 줄어들고, 디플레이션까지 겹치면서 고품질 고가격을 추구하는 백화점이 갈수록 설 땅이 좁아지고 있다는 사실을 지적한다. 1999년에 311개로 최고치를 기록한 백화점의 점포수는 해마다 감소해서, 2009년 말에는 271개로 줄어들고 말았다.

한때 최고의 매출을 기록했던 이세탄 미쓰코시와 제이프론트 리테일링도 이미 일부 지역의 백화점 문을 닫았다. 전문가들은 백화점업계의 고정비용 절감이 절실하다며 앞으로도 문 닫는 백화점이 더 나올 것이라고 전망하고 있다.

변화를 두려워 한 일본 백화점들

일본의 백화점들은 불황이 닥쳤을 때 둔감했다. 교과서적으로 고급화, 전문화 등에만 집중했을 뿐 근본적인 변화를 두려워했다. 물론 불황이 장기화되면서 변화의 필요성을 절감한 일부 백화점들이 다양한 판매 전략을 선보이긴 했지만 불황의 늪은 예상보다 길고 깊어서 백화점업계를 몰락의 수렁으로 몰아넣었다.

불황에 대응하는 백화점들이 선택하는 변화의 폭도 매우 한정되었다는 것 역시 몰락의 한 원인이었다. 2006년 긴자의 브랭땅백화점 별관은 전체적인 마케팅 전략의 변화보다는 인테리어 차별화를 불황 탈출 전략으로 삼았다. 그동안 백화점들은 일반적으로 소비자들이 좋아하는 명품 브랜드와 인지도가 높은 내셔널 브랜드를 동시에 입점시킴으로써 기존

인테리어와의 충돌을 자초하곤 했다.

　브랭땅은 백화점 이미지를 우선에 두고 전체 인테리어에 일관된 재료와 마감으로 통일감을 부여하느냐, 아니면 입점 브랜드 각각에게 충분히 콘셉트를 표현할 수 있는 넓은 공간과 인테리어의 자유를 허락하느냐 하는 두 가지 안 중 하나를 선택하는 문제를 놓고 갑론을박을 거듭하면서 부질없이 시간을 보냈다. 그런 가운데 매출은 격감했다.

　이세탄을 비롯한 대다수 일본 백화점들은 불황 탈출의 전략으로 전문 백화점을 선택했다. 전문 백화점은 지역에 따른 인구 통계적 특성과 소비자 분석을 통해 특정한 성별이나 연령, 카테고리의 제품을 집중적으로 제공하는 형태로 일본에서 발달하고 있다.

　전문 백화점을 전개하는 대표적인 백화점으로는 OI(마루이)가 있는데, 트렌디하고 힙한 젊은이들을 타깃으로 하는 남녀 캐주얼관인 OI Jam, 젊은 층을 포함한 폭넓은 연령을 타깃으로 하여 중고가 상품을 제공하는 OI City, 남성 전문관 OI Men, 스포츠 전문관 Field를 운영하고 있다. 특히 유동인구가 많은 신주쿠와 시부야 지역 곳곳에서 OI 표시를 찾을 수 있어 소비자들은 필요에 따라 보다 선별된 상품들이 구비돼 있는 전문 백화점을 찾아가 쇼핑을 할 수 있다.

　하지만 특정 타깃을 대상으로 하는 전문 백화점은 예상보다 길어진 경기불황의 여파로 인해 몇 년 지나지 않아 한계에 이르고 말았다. 내셔널 브랜드와 소수 해외 명품 브랜드 위주로 이루어진 마루이의 경우, OI Men과 Field는 남성과 스포츠라는 한정된 상품으로 8층 규모의 건물을 채우려다 보니 품질이나 디자인 수준이 떨어지고 소수의 유명 브랜드에 의존하는 경향을 보이며 소비자들의 외면을 받고 말았다.

이세탄 배우기에서 롯데 배우기로

한국의 롯데백화점 이철우 사장은 일본 소매업협회와 니혼게이자이(日本經濟)신문 주최로 일본 국제전시장 도쿄 빅사이트에서 열릴 유통교류 포럼의 연사로 초청을 받았다. 올해로 20회를 맞는 이 포럼의 연사로 한국인이 초청된 것은 이번이 처음이다. 백화점 왕국으로 불리던 일본의 자존심이 구겨지는 셈이다. 하지만 역시 일본인은 냉정하다. 쓰치다 겐지 일본 소매업협회 부장은 이렇게 말하고 있다.

"한국의 백화점들이 경기침체 상황에서도 활기를 띠게 된 비결을 일본 백화점 리더들이 직접 들어보기 위해 이철우 사장을 초청했다. 미쓰코시백화점 등 일본 백화점을 모태로 출발한 롯데백화점이 이제는 일본 백화점의 역할 모델이 되었다."

세계적인 불황의 상황에서도 한국과 일본의 백화점업계가 이처럼 명암이 엇갈리게 된 이유는 무엇일까? 유통 전문가들은 경제 상황 등 거시적 요인도 있지만 시장 변화에 대한 백화점들의 대응과 혁신 노력에서 차이가 컸기 때문이라고 분석한다. 일본 백화점들이 최고의 자리에 안주한 반면, 한국의 백화점들은 외환위기나 카드대란 같은 사태에 대응하면서 끊임없이 변화하며 경쟁력을 키워왔다는 것이다. 백인수 롯데백화점 유통전략연구소장은 다음과 같이 말한다.

"국내에서는 최신 유행상품을 백화점이 가장 먼저 내놓지만, 일본은 가두점이나 전문관에서 먼저 선보인다. 일본 백화점들은 패션 트렌드의 주도권을 상실했다."

국내 백화점들은 명품 유통을 사실상 장악하고 있으며 스포츠, 아웃도어, 영 패션 등 트렌드 상품군에서도 막강한 영향력을 행사하고 있다. 반면에 일본 백화점들은 명품은 가두점에, 영패션은 쇼핑몰에, 스포츠는 전문점에 각각 밀리고 있다.

또한, 일본 백화점시장은 이미 포화상태에 이르렀지만 내부적인 경쟁

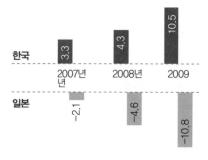

• 한 · 일 백화점 성장률(단위 : %)

한국   2007년 3.3   2008년 4.3   2009 10.5

일본   -2.1   -4.6   -10.8

단위 : (%) 전년 대비
자료 : 롯데백화점 유통전략연구소

• 한 · 일 백화점 차이점

구분	일본	한국
유통업 형태	세분화 · 다양화된 전문점 위주	백화점(고가), 대형할인점(저가), 양분화
소비자	현금 선호도 높고 절약형 소비 체득	신용카드 사용 보편화 고가제품 수요 증가
업체 대응	인건비↑ 판촉비↓	인건비↓ 판촉비↑
	영업이익률 고객흡수 요인 급강	문화마케팅 등 쇼핑의 만족도 높여 고객 증가
외부환경	45만 명(점포당 상권규모)	60만 명
	세계화 엔화 강세 등으로 소비자 해외구매 증가	외국인 수요 적극 흡수

에 의한 퇴출 등이 없었고, 이것은 곧바로 불황의 직격탄을 맞는 결과로 이어졌다. 점포당 인구를 보면 일본은 45만 명인 데 반해서 한국은 60만 명 수준이다. 매출액 대비 마케팅비 비중도 인건비가 비싼 일본이 1% 미만인 반면에 한국은 4~5%에 달해 우주여행 같은 초대형 경품행사가 가능하다

무시할 수 없는 유통업체, 유니클로

일본 백화점업계가 내리막을 걷는 데 가장 큰 역할을 한 것이 '유니클로'라는 말이 있다. 옷은 백화점이나 전문점에서 사야 한다는 인식을 깨버린 유니클로는 화려한 색과 저렴한 가격으로 하라주쿠 젊은이들의 마음을 빼앗으며 일본 유통업계의 신화가 되었다. 유니클로를 말하면서 사장인 야나이 다다시(柳井正)를 빼놓을 수가 없다. 의류소매업의 가업을 물려받은 야나이 사장은, '모두가 건너면 두렵지 않다'는 일본인들의 전통적인 사고방식을 송두리째 바꾼 경영자로 유명하다.

유니클로는 매장에서 손님을 맞는 방법부터 바꿨다. 일본 의류매장의 일반적인 모습인 '손님이 옷을 사지 않으면 돌려보내지 않겠다는 비장한 자세로 손님을 대접하는 방식'에서 부담 없이 편하게 들러서 옷을 구경할 수 있는 옷가게로 바꾼 것이다. 야나이 사장은 이렇게 기존의 판매방식을 비판한다.

"장사가 온통 파는 데만 집중돼 있다. 비즈니스는 고객이 사주어야 하는데, 일본의 가게들은 덮어놓고 파는 것에만 집중하는 자세부터가 잘

못되었다."

유니클로는 히로시마 1호점의 개장시간을 아침 6시로 정했다. 고객인 학생층이 하교할 때만 기다리지 않고 등교시간도 소비하는 시간으로 만든 파격이었다. 유니클로는 '실패는 곧 수치'라는 일본식 정서를 버린 기업으로 유명하다. 사실 유니클로는 현재 위치에 오기까지 다양한 실패를 거듭했는데, 특정 계층을 타깃으로 한 메이커 운영에 실패했고 재고관리에 문제점을 노출하면서 큰 손실을 보기도 했다. 하지만 그러한 실패에도 유니클로는 전혀 치명상을 입지 않았다. 이는 실패 때마다 좌절하기보다는 재빨리 원인을 찾고 신속히 수정했기 때문으로, 일본의 백화점업계들이 그동안 취해온 태도와는 전혀 다른 모습이다.

유니클로의 운영 방식은 SPA방식이다. SPA는 제조직 전문업체(Special store retailer of Private label Apparel)의 약자로 좋은 품질의 제품을 싼 가격에 공급할 수 있도록 중간 유통 단계를 없앤, 제조업과 유통업의 통합체를 말한다.

하지만 이러한 SPA방식은 반품과 가격조정으로 생산업체와의 갈등을 낳았다. 그러자 유니클로는 SPA이면서도 완전구매를 실행했다. 판매가 부진한 상품도 일단 구매한 다음에는 신뢰관계 유지를 위해 구매 약속을 반드시 지키고자 했다. 이를 통해 안정적인 현지 생산법인을 유지할 수 있었고, 제품의 질 또한 보장받을 수 있었다.

야나이 사장은 창립 초기에 맨 먼저 유니클로의 양적 확장을 위한 계획을 수립했다. 1984년에 1호점을 개점한 이래 1년에 한두 군데의 매장을 새로 개설했는데, 7년 뒤인 1991년에 29개의 매장을 오픈했다. 1991

년 9월, 그는 간부사원들 앞에서 이렇게 발표했다.

"지금부터 본격적으로 전국 체인사업을 전개하려고 한다. 매년 30개씩의 새로운 매장을 개설하면 3년 후에는 100개가 넘을 것이다. 그때 주식을 상장하겠다."

결국 그는 1994년 7월, 히로시마 증권거래소에 유니클로를 상장하면서 자신이 말한 것에 대해서는 그대로 실행하는 소매업계의 전설이 되었다. 유니클로가 일본 유통업계의 만성적인 불황에도 생존을 넘어 기적의 성공을 기록한 이유는 무엇일까?

2008년 글로벌 금융위기 이후 도요타는 물론이고 대부분의 가전업체도 실적이 적자로 돌아섰다. 당장의 불황으로 소비가 전혀 진작되는 않는 상태에서 소매업의 부진은 불을 보듯 뻔한 일인지도 몰랐다. 하지만 유니클로는 불황 속에서도 흑자를 이어갔다. 야나이 사장의 말 속에 그 해답이 드러난다.

"불황이 오면 1, 2개의 기업만이 실적이 좋아지고 그 밖의 기업은 모두 판매가 저조할 것이다. 그러나 호황기에는 거의 모든 상품이 잘 팔린다. 그래서 불황이야말로 정말 좋은 기회인 것이다. 다른 기업과 차이를 벌릴 수 있기 때문이다. 또한 불황이 기회가 되는 이유는, 상품 판매가 잘 안될 때야말로 상품을 파는 것이 가장 중요해지기 때문이다."

대기업으로 성장한 유니클로지만, 도전과 모험을 마다하지 않는 벤처정신 경영방식을 읽을 수 있는 대목이다. 2010년 현재 일본 유통업계는 극심한 불황이다. 다이에이의 부도는 물론이고, 세이부 등 백화점이나 대형 유통업체의 10년 넘게 이어지고 있는 매출과 이익의 감소는 더 이상 뉴스거리가 안 될 정도로 만연해 있다.

이러한 상황에서 유니클로의 약진은 주목을 받을 수밖에 없다. 하지만 이런 명백한 승리 상황 속에서도 야나이 사장은 소름이 돋을 정도로 냉철한 상황 인식을 하고 있다. 일본 유통업계의 승리자로 떠오른 유니클로에 대한 인터뷰에서 그는 이렇게 말하고 있다.

"유니클로가 불황 속에서 혼자 승리했다는 말을 많이 듣지만, 이는 사실과 다르다. 우리는 다른 기업들보다 다소 우위에 섰을 뿐이고, 다른 기업들이 우리보다 뒤처진 것일 뿐 결코 승리를 거둔 게 아니다."

일본의 내수를 지탱해온 백화점들의 대대적인 몰락은 일본경제에 드리워진 장기침체의 거울이기도 하지만, 자만에 빠진 채 소비자들의 절약 심리를 맞추지 못한 오만함의 결과이기도 하다.

| 3장 |

전설로만 남은
IT제국 소니

미국을 이긴 소니, 자만에 빠지다

1980년대 중반, 일본은 20년 넘게 세계 반도체기술을 선도해온 미국을 밀어내고 세계 1위 자리를 차지했다. 도요타가 렉서스를 무기로 자동차 종주국인 미국시장을 빼앗았듯이 일본이 반도체 종주국 미국을 2등 국가로 밀어낸 것이다. 경제대국을 향한 일본의 화려한 축포는 이렇게 자동차와 반도체를 중심으로 한 IT산업을 양축으로 해서 착착 진행되었다.

일본에 추월을 당한 미국 전자업체들의 모습은 처참했다. 곳곳에서 공장이 문을 닫고, 일자리를 떠나는 사람이 속출했다. 명실상부 세계 최고이자 최대의 반도체업체였던 인텔은 심하게 표현해 '폐허'라는 표현을 써야 할 정도였다. 당시 인텔은 미국 전역의 6개 공장을 폐쇄하여 감원 대상자만도 8,000명에 이르렀다.

오늘날 인텔은 비메모리 분야에서 여전히 세계 최대 강자 자리를 지키고 있지만, 현재 한국의 삼성전자가 선두로 질주 중인 D램시장에서 손을 뗀 것도 그 즈음이었다. 역설적인 이야기일 수 있지만, 삼성이 오늘날의 반도체 왕자로서의 영화를 누릴 수 있는 것은 당시 일본기업들이 인텔을 철저히 축출해 주었기 때문인지도 모른다.

인텔은 그나마 비메모리 분야를 통해 명맥을 유지할 수 있었지만 다른 곳들은 아예 회사의 존립조차 잃어버렸다. 당시 미국의 8개 반도체업체들 가운데 마이크론테크놀로지와 텍사스인스트루먼트(TI) 등 2곳만 살아남았다. 이렇게 미국의 반도체산업은 일본의 거센 공격에 참담하게 무너졌던 것이다.

미국 반도체회사들이 물러선 자리는 일본의 독무대나 다름없었다. 호랑이 없는 소굴에서 여우가 독판을 치는 것과 같았다. 새로운 왕자 앞에서 누구도 '메이드 인 재팬'의 위력에 도전하지 못했다. 아니 도전할 엄두를 내지 못했다는 게 더 옳은 표현인지도 모른다.

하지만 영화는 오래가지 못했다. 반도체 왕국에 올라선 일본 반도체업계는 오만한 경영을 일삼기 시작했다. 그들 스스로 생산량을 조절하고, 이를 통해 가격을 마음대로 책정해나갔다. 뿐만 아니었다. 일본 사무라이의 철저하고도 세밀한 경영은 점점 사라져 2, 3년이 멀다하고 전문경영인을 쫓아냈다.

최고경영자들이 파리 목숨으로 전락하는 상황에서 제대로 된 기술을 개발하는 것은 불가능했고, 당연히 투자도 게을리했다. 반도체산업은 특성상 수년 앞을 내다보고 선도적으로 투자해야 시장의 점유율을 유지하는 것이 불문율인데, 그 원칙을 일본기업들은 철저히 무시했다. 미국을 따라잡으려 고군분투하던 일본인들의 순수한 열정은 이제 어느 곳에서도 찾아볼 수가 없었다.

　그러는 사이에 반도체시장에 일본인들이 감히 상상도 하지 못하던 새로운 경쟁자가 나타났다. 바로 한국의 삼성이었다. 일본 산요(SANYO)의 기술을 빌려 반도체사업에 뛰어든 삼성전자는 초기엔 반도체산업이라는 말 자체를 입에 담는 것조차 초라하기 이를 데 없었지만, 삼성의 집념은 일본이 미국 반도체기업들을 물리치던 당시의 열정을 훨씬 뛰어넘고 있었다.

　삼성은 16K D램, 64K D램을 줄지어 개발하면서 수요자들에게 조용하면서도 끈질기게 다가섰다. 삼성의 열정은 일본 반도체업체들의 오만함에 지쳐 있던 PC업체 등 수요자들의 마음을 흔들기 시작하여, 시장점유율을 야금야금 집어삼켰다.

　그리고 1992년, 삼성은 마침내 일본 반도체업계를 제치고 세계 1위 자리를 차지했다. 일본이 미국 본토에 들어가 반도체시장을 장악한 것처럼, 이번에는 삼성이 D램시장에서 화려한 영화를 즐기던 일본업체들을 2류 국가로 몰아낸 것이다. 그 후 삼성은 2002년 D램은 물론 메모리 반도체 전부를 석권했다. 일본 제조업의 자존심인 도요타가 무너지기 훨씬 이전에 일본 전자산업의 자존심은 그들이 전혀 경쟁상대로 생각하지 않았던 ㈜대한민국의 삼성에게 무릎을 꿇었다.

하지만 문제는 반도체뿐만이 아니라는 데 있었다. 일본 IT산업의 몰락은 세계 1등의 또 다른 상징이었던 소니에서 절정을 이루었다. 소니는 누가 뭐라 해도 일본의 상징이었다. 반도체산업이 종주국 미국을 물리치는 동안 소니는 브라운관 텔레비전과 워크맨 신화로 세계시장을 석권하고 있었다.

소니 워크맨으로 대표되는 일본산 전자제품들은 서양인들에게 신기한 물건으로까지 받아들여지며 커다란 사랑을 받았다. 작고 편리한 것을 선호하는 일본인 특유의 기질이 전자제품이라는 영역에 고스란히 투영되었는데, 이것이 세계시장에서 그야말로 대박을 터뜨린 것이다. 미국과 유럽 등 서구권에서 일본의 소니는 최첨단 전자제품을 상징하는 아이콘으로 떠올랐다.

그러나 자만심은 결국 소니마저 흔들었다. 텔레비전의 모니터가 브라운관에서 액정표시장치(LCD)로 옮겨가고 있다는 점을 소니는 깨닫지 못했다. 1위라는 단꿈에 빠져 있는 사이, 한국의 삼성과 LG는 새로운 제품군을 끊임없이 내놓으면서 TV시장을 차지해 나갔다. 그리고 지금 세계 TV시장의 왕자는 '메이드 인 코리아'로 바뀌었다.

소니는 또한 워크맨 신화에 자만한 나머지 디지털플레이어로의 전환에 실패하면서 애플의 아이팟에게 왕좌를 넘겨주었다. 1위를 넘겨준 결과는 참담했다. 선두 자리를 한국에 빼앗긴 이후, 격차는 더욱 벌어져 세계시장에서 소니는 존재감마저 희미해졌을 정도가 되었다.

2008년 9월 리먼브러더스의 파산을 시작으로 불어닥친 글로벌 금융위기는 일본 전자산업에 다시 한 번 치명상을 안겼다. 당시 반도체산업은 수년 동안 죽느냐 죽이느냐의 이른바 치킨게임을 해오고 있었다. 그런 와중에 엄청난 공급의 출혈경쟁이 벌어졌는데, 삼성은 대규모 투자를 단행함으로써 그 기회를 놓치지 않았다. 경쟁기업들이 적자의 늪에 빠져 투자는커녕 현상유지조차 힘든 시간에 과감한 투자로 일본과의 격차를 벌려 나간 것이다.

엔고와 삼성의 거센 질주에 일본기업들은 하나둘 나가떨어졌다. 2009년 10월, 소니의 주바치 료지(中鉢良治) 부회장은 엔고로 인해 삼성전자 등 한국 경쟁사들을 상대하기가 어렵다며 깊은 한숨을 내쉬었다. 일본의 자존심인 소니가 삼성전자 때문에 장사를 못해먹겠다고 하는 이 발언은, 일본 제조업의 심장부가 한국에 침식당하는 것과 다름없다는 표현이었다. 소니의 탄식이 터져 나온 지 얼마 안 된 2009년 11월 1일, 삼성전자는 창립 40주년을 맞아 다시 한 번 일본 전자업체의 등에 비수를 꽂는 발표를 했다.

"2020년까지 매출 400조 원, IT업계 압도적 1등, 글로벌 10대 기업으로 도약하겠다."

소니 경영진이 삼성 때문에 장사를 못하겠다고 말하는 그 순간, 삼성은 10년 사이에 회사를 3배 규모로 키우겠다고 선언한 것이다. 두 회사의 이런 모습은 곧바로 결과물로 이어졌다. 삼성의 2009년 달러 표시 매출은 1,170억 달러로, 미국 휴렛패커드(HP)의 1,146억 달러와 독일 지멘스(SIEMENS)의 1,098억 달러 실적을 훌쩍 넘어서면서 명실상부한 1위로 올라섰다.

2010년 1월 30일, 미국 블룸버그통신은 일본 전자업체들과 삼성을 비교하는 기사를 실었다. 이 기사는 이날 삼성의 1위 소식을 전하면서 삼성의 순이익은 일본의 15개 전자업체 순익을 모두 합친 것보다 많을 것이라고 보도했다. 일본 전자산업의 자존심이 송두리째 무너지는 순간 이었다.

한때 세계 1위를 질주했던 일본 IT산업의 침몰 이유는 무엇일까? 그것은 엔고 현상이라는 외부 요인이 작용하기도 했지만, 경기침체를 핑계로 한 투자 위축과 자만심에 빠진 채 소극적인 세계시장 마케팅을 전개한 것이 복합적으로 작용한 결과였다.

구조조정에 기댄 수익 개선

일본 전자업체들은 지난해 하반기를 계기로 외견상 조금씩 기운을 차리는 것처럼 보였다. 9대 전자업체의 2009 회계연도 2분기(7~9월) 결산 결과를 보면 파나소닉과 도시바 등 8개 업체가 영업 흑자를 기록했다. 8개 업체 모두가 적자를 냈던 1분기와 비교하면 뚜렷한 회복세를 보인 것이다.

하지만 흑자의 원동력은 매출 증대에 따른 것이 아니라 인건비 등 고정비용의 삭감, 즉 제 살을 깎아먹은 고통의 결과였다. 그나마 수요가 회복된 부문은 평면 TV와 반도체 등 일부 고부가가치 상품에 머물렀는데, 이를 두고 본격적인 실적 개선을 보이고 있다고 하기에는 무리였다.

2009년 10월 30일, 소니의 오오네다 노부유키(大根田伸行) 최고재무

책임자(CFO)는 기자회견에서 예상보다 경비를 더욱 줄였다면서 실적 전망치를 상향 조정한 이유를 설명했다. 그의 말대로 소니는 2009년 말을 기점으로 1년간 1만 6,000명 이상의 직원을 감원하는 계획을 강력하게 추진하고 있다. 그의 발언은 결국 일반 경비를 예상보다 더 많이 줄였다는 뜻이었다.

파나소닉도 마찬가지였다. 이 회사의 오오쓰보 후미오(大坪文雄) 사장도 기존 공장의 20% 통폐합을 계획하면서 고정비 삭감 등에 힘입어 손익분기점이 낮아졌다고 지적했다. 일본업체들이 손익을 개선할 수 있었던 것은 바로 인력 감축과 외주비용 삭감 등 강도 높은 구조조정 덕분이었던 것이다.

일본의 9대 전자업체가 상반기에 줄인 고정비와 경비는 총 1조 2,000억 엔에 달했다. 이는 2008년 하반기부터의 영업손익 개선액인 8,000억 엔을 크게 웃도는 액수였다. 하지만 전망은 여전히 불확실하다. 실적 개선이 매출 증대와 채산성 증가에 따른 게 아니기 때문이다.

상반기 영업수익은 9개 업체가 모두 예상을 뛰어넘었지만 2009년 전체실적 전망을 상향 조정한 업체는 3곳뿐이었다. NEC의 야노 카오루(矢野薫) 사장이 2009년 10월부터 회복세가 둔화되고 있으며, 2010년 이후에는 꽤 어려운 상황이 될 것이라고 예상한 것은 그 반증이었다.

일본업체들은 이것이 정답이 아니라는 것을 스스로 안다. 하지만 방법이 현실적으로 없다. 결국 전자업체들은 고육지책으로 구조조정을 한층 강화한다는 계획이다. 도시바는 기타큐슈 공장의 생산 라인을 폐쇄하는 등 반도체 분야에서 몸집 줄이기를 가속화할 방침이다. 도시바는 연간 3,300억 엔 정도였던 고정비 삭감액을 4,000억 엔으로 끌어올려 모든 비용을 다시 한 번 재고할 것으로 알려졌다.

이렇게 구조조정을 단행하고 있지만, 시장에서는 여전히 그리 좋은 결과가 나타나고 있지 않다. 다행히 일본업체들의 평면 TV는 일본정부가 도입한 '에코포인트 제도'와 중국의 대대적인 내수 부양책의 일환인 가전제품 구입 시 보조금 지급 정책 등에 힘입어 수요가 살아나고 있다. 하지만 소니의 판매 대수는 여전히 계획 수준에 미치지 못하고 있고, 파나소닉도 2009년 상반기(4~9월) TV 출하량이 전년 같은 기간보다 50% 가까이 늘기는 했지만 가격 하락으로 인해 채산성이 낮아지면서 적자를 면하지 못하고 있다.

세계 경기가 회복세에 접어들었다고는 하지만, 기업의 설비투자는 여전히 위축되어 있다. 미쓰비시전기는 주력 사업인 산업기기 부문에서 적자를 이어가고 있고, 히타치도 자동차 부품 등의 매출 감소로 인해 전력과 산업 부문에서 58억 엔의 적자를 기록했다.

커져만 가는 삼성전자와의 격차

삼성과 점점 커지는 격차! 일본 언론들은 이런 제목의 기사에서 연일 그 원인을 분석하기에 바쁘다. 그렇게 해서 얻은 결론은, 기술력이 아니라 경영능력의 차이가 주된 요인이라는 것이었다. 거액의 투자를 필요로 하는 반도체와 LCD 등의 부품산업에서 그 차이가 여실히 드러났다고, 일본 언론들은 분석한다.

일본기업들은 경기가 어려워지면서 일제히 투자를 줄였지만 삼성전자는 늘렸다. 경기가 하강하는 국면에서는 제조설비 가격도 내려가기 때문에 오히려 이것은 좋은 투자 기회이기도 하다는 게 삼성의 생각이다. 대부분의 제조업이 그렇지만, 특히 전자산업은 평소에 준비하고 있다가 대규모 투자를 감행하면 경기가 바닥을 치고 살아나는 때에 생산규모에서 경쟁사를 압도하게 된다. 경기 하락기에 몸집 줄이기에 정신이 없던 업체들은 경기가 살아나더라도 예전 경쟁자들을 따라갈 엄두를 못내는 것이다.

삼성은 1990년대에 D램 생산에서 이러한 승리 패턴을 구축했으며, LCD 패널과 플래시메모리 분야에서도 이를 반복했다. 일본 언론들은 그 배경에 강력한 리더십을 발휘한 이건희 전 회장의 존재를 이유로 들었다. 전문경영인 체제로는 사실상 불가능한, 오너경영의 장점이 빛을 발했다는 것이다. 한국의 재벌기업들은 대부분 창업주의 가문이 경영 전체를 총괄하는 오너경영 체제를 고수하고 있다. 여기엔 많은 문제가 있는 것도 사실이지만 신속하고 강력한 의사결정 구조와 위기 시에 책임을 지는 문화 등이 성장 동력의 큰 축이라고 그들은 보고 있다.

일본 언론들이 지적한 또 하나는 세계화에 대한 열의의 차이로, 일본의 종합 전자업체들은 국내시장에 안주하는 경향이 강했다. 일본의 전력회사나 NTT, JR 등은 공영회사들을 상대로 안정적인 수주를 통해 어느 정도 꾸준한 수익을 낼 수 있었다. 반면에 내수시장이 작은 한국의 기업들은 사업을 시작하는 단계부터 필사적으로 세계 진출을 모색할 수밖에 없다.

구글 등 미국 실리콘밸리의 벤처 IT기업들은 창업과 동시에 세계 진출을 추진하는데 거대기업인 삼성전자도 이 같은 문화를 갖고 있다고 전문가들은 말한다. 휴대폰과 LCD-TV 등 가전제품 분야에서 세계시장 점유율을 높이고 있는 것도 조직에 세계 진출이라는 도전정신이 강하게 스며들어 있기 때문이라고 본다.

하지만 일본 전자업체들은 달랐다. 그들은 자국 제품을 사주는 국내 소비자들에 안주해서 그동안 쌓아올린 세계시장점유율을 삼성이나 LG 같은 한국업체들에게 빼앗기고 말았다. 바로 그렇기 때문에 하토야마 유키오(鳩山由紀夫) 정권이 내건 '내수 주도의 성장'은 전자업계에는 통하지 않는다는 게 전반적인 평가다. 일본의 전문가들이 일본 전자산업이 예전처럼 수출 증대에 힘을 쏟아야 한다고 강조하는 것도 이 때문이다.

근본적으로 바뀌어야 한다

삼성의 창립 40주년이 얼마 지나지 않은 2009년 11월 10일, 일본의 권위 있는 경제잡지 〈닛케이(日經) 비즈니스〉는 삼성에 몸담았던 전직 임원의 말을 빌려 일본이 삼성에 패한 이유를 설명했다. 제목은 '일본전자가 한국업체에 완패한 이유'였다.

주인공은 삼성전자에서 상무를 역임하고, 2009년 9월에 《위기의 경영, 삼성을 세계 제일 기업으로 바꾼 3가지 이노베이션(하타무라 요타로와 공저)》을 출판한 요시카와 료조(吉川良三) 씨였다. 일본강관(현재 JFE 홀딩스)를 거쳐 1994년에 삼성전자에 상무로 입사해서 디지털기술을 활용한 설계 및 개발 업무 혁신을 담당했고, 퇴직 후 귀국해 2004년부터 도쿄대학 대학원 경제학 연구과 제조경영연구센터 특임 연구원으로 일본과 해외 제조업을 비교연구하고 있는 인물이다. 그의 인터뷰 전문에는 구석구석 일본업체들의 몰락 원인이 드러나 있다.

-세계적인 경기침체로 인해 일본 전자업체들의 실적이 날로 추락하고 있는 것과는 달리 한국업체들은 호조세를 보이고 있습니다. 현 상황을 어떻게 분석하고 있습니까?

요시카와 : 일본의 전자업체 임원들과 이야기할 기회가 많지만, 나는 항상 그들에게서 '위기감은 있지만 위기의식은 없다'고 느낍니다. 세계적인 불황으로 일본업체들은 모두 힘듭니다. 상황이 좋지 않다는 것은 알고 있지만 의식과 일하는 방식을 바꾸지 않고, 그대로 경기가 좋아지기만을 기다리고 있습니다. 그렇게 해서는 부활할 수 없다고 봅니다. 반면에 한국업체들은 불과 1년 정도만에 실적이 부활되었고, 지금은 세계적인 공세를 펼치고 있습니다.

-한국업체와 일본업체의 차이는 무엇일까요?

요시카와 : 가장 큰 차이점은 상품 제조에 대한 자세라고 생각합니다. 한국업체들은 제조업이 단순히 상품을 만드는 게 아니라 고객에 대한 특정한 부가가치를 낳는 작업이라고 생각합니다. 부가가치를 상품이라고 하는 형태로 만들어 어떻게 고객들에게 보낼 것인가, 이러한 일련의 프로세스에서 차이가 있습니다.

일본업체들은 지금까지의 상품 제조 방식을 근본적으로 재검토해야 할 필요가 있습니다. 위기감은 있지만 위기의식이 없다고 말한 것은, 의식과 일하는 방식까지 대대적으로 바꾸는 개혁을 단행하는 기업이 거의 없기 때문입니다. 이대로라면 5년이 채 안 되어 일본의 전자매체들은 정말로 무너져버릴 것입니다. 존망의 위기가 바로 눈앞으로 다가와 있습니다. 상품 제조를 바꾸는 데 대해서 일본에는 저항 세력이 많습니다. 일본 제조업은 세계 톱 수준이라는 생각을 버리지 않고, 진심으로 배우려고도 하지 않고 있습니다. 지금까지의 인재 육성, 조직, IT의 사용법을 바꾸려고 하지 않는 것입니다.

-일본 전자산업이 제조 시스템을 근본적으로 바꾸기 위해서는 구체적으로 어떻게 해야 할까요?

요시카와 : 당연한 것처럼 들릴지 모르겠지만 '세계 각지의 소비자들이 무엇을 요구하고 있는가'라는 관점에서 생각하는 상품 개발이 필요합니다. 삼성전자를 예로 설명해 보자면, 삼성전자의 개발 방법을 상징하는 것이 '리버스(반전) 엔지니어링'이라는 단어입니다. 경쟁사의 제품을 사서 분석하고, 그 시장 소비자들의 요구와 대조해보며 필요한 기능을 덧붙이고 필요하지 않은 기능은 없앱니다. 일본업체들은 리버스를 단순히 흉내 내기라고 여기는 것 같지만, 그게 아닙니다. 삼성은 경쟁사의 제품을 단순 분석하는 것이 아니라 철저히 분석해서 자기들의 방식으로 다시 만들어냅니다. 시장에서 요구하는 기능을 더하거나 불필요한 것을 빼거나 해서 전혀 새로운 상품을 개발하고 있

습니다.

인도와 중남미 등 신흥국에서는 제약 조건이 다르기 때문에 상품 설계 해석도 당연히 달라집니다. 그러나 일본업체들은 기존의 방식을 유지해왔고, 삼성은 현지인들이 수용할 만한 많은 해석들을 준비해서 상품을 개발합니다. 진정한 의미의 글로벌 상품 개발을 진행해온 것이 높은 점유율로 이어지고 있는 것입니다.

-지역마다 그 소비자들의 요구에 맞는 상품을 개발하는 것이 중요하다는 것은 이해합니다만, 상품의 종류가 증가하면 개발에 시간이나 노력도 필요하고 비용도 확대될 가능성이 있습니다.

요시카와 : '서서 먹는 국수'를 파는 가게를 생각해봅시다. 단순히 우동만 먹는 사람은 적죠. 튀김이나 나물을 얹은 국수나 우동을 주문해도 2, 3분 만에 나옵니다. 그것이 가능한 이유는 면은 같은 것을 사용하고, 위에 올리는 건더기를 바꾸는 것만으로 다른 메뉴로 만들 수 있기 때문입니다. 한국업체들은 서서 먹는 국수를 파는 가게와 같은 스타일로 상품 개발을 하고 있습니다. 공통화할 수 있는 부분은 철저히 공통화하고, 건더기 부분에서 상품을 다른 형태로 만드는 것입니다. 한마디로 70%는 기존의 물건을 사용하고, 30% 부분에서 각 시장에 맞도록 변화시키고 있습니다.

일본의 제조를 생각해볼 때, 상품 개발이라는 의미에서는 지금도 여전히 세계에서 일본이 중심입니다. 확실히 해외에 많은 공장이 있죠. 최근에는 현지 판매업체 등을 경유해 정보를 수렴함으로써 현지시장을 중시하려고 합니다. 그러나 진정한 의미에서의 글로벌화는 아직 멀다고 할 수 있습니다. 삼성과 LG는 탄탄한 연구개발 거점을 현지에 만들고 있습니다. 많은 지역에서 공장장부터 사장까지 현지인을 기용하고 있습니다. 일본기업은 지금도 일본인을 현지에 파견해서 판매와 공장의 리더 자리에 앉히는 경우가 대부분입니다. LG는 한국인 사원들이 현지에 나가면 경영에 절대 관여하지 않습니다. 이 때문에 브릭스(BRICs : 브라질, 러시아, 인도, 중국) 같은 신흥국에서 일본 전자업체들이 한국업체들에 비해 뒤처지는 분야가 많아지고 있는 것입니다.

-글로벌시장을 중시한 제조에서 일본 전자업계에 약점이 많다고 하는 것은 시장점유율 하락에서 볼 수 있듯이 분명한 사실입니다. 그러나 도요타의 '도요타 생산방식' 등 지금까지 국내외에서 칭찬받아왔던 일본 방식의 제조는 어떻게 분석하고 있습니까?

요시카와 : 세계 제일의 생산성을 자랑하는 줄 알았던 도요타가 어째서 영업 적자에 빠진 것일까? 믿을 수 없어…… 어째서일까? 최근 국내외의 다양한 기업 간부들과 이야기를 해보면 자주 이러한 말을 합니다. 나의 대답은 간단합니다. 도요타는 소위 재무회계에서 세계적으로 비교되는 경영 지표를 그다지 중요시하지 않았습니다. 재무회계보다 관리회계 수법에 힘을 쏟은 것이 도요타의 생산방식입니다. 지금까지는 도요타가 많은 이익을 내는 것이 도요타 생산방식의 성공과 엮어 설명되는 경우가 많았지만, 이익과 도요타 생산방식은 엄밀히 말하면 연결되어 있는 게 아닙니다.

삼성은 애초부터 도요타 방식을 도입하지 않았고, 일단 도입했던 LG도 지금은 쓸데없다고 말하고 있습니다. 예를 들면, 지나친 제조에 따른 헛수고, 보행의 낭비 배제 등이 도요타 방식에서는 유명합니다. 도요타 방식은 다섯 발짝 걷던 것을 두 발짝으로 하고, 작업을 2분간 절약할 수 있다면 지금보다 60엔을 벌 수 있다고 하는 것입니다. 이러한 방식으로 매년 1,000억 엔 수준의 원가를 절감할 수 있다고 말하지만, 재무회계상의 이익과는 거의 관계가 없습니다.

도요타 방식의 핵심인 '저스트 인 타임(Just in Time)'으로 재고를 최소한 없앤다고 하는 이야기에도 오해가 있습니다. 미국에서는 딜러가 재고를 가지고 판매합니다. 일본처럼 프리우스를 반 년 동안이나 기다려주는 소비자는 거의 없습니다. 재고가 없으면 소비자들은 다른 가게로 가버리죠. 공장은 딜러로부터의 주문에 따라 수주 생산되기 때문에, 유럽과 미국을 중심으로 도요타는 재고를 많이 가지고 있었습니다.

-일본업체들은 자주 '과잉 품질'이라는 말을 듣습니다. 반면 일본 브랜드의 강점은 품질이기 때문에 그것을 무너뜨려서는 안 된다고 하는 의견도 있습니다.

요시카와 : 품질은 업체가 아니라 고객이 결정하는 것입니다. 지불한 대가에 따라 어느 정도의 품질을 요구하는지가 달라집니다. 가격을 세로축에 두고 품질을 가로축에 두어 그래프화해보면 당연히 품질이 높아지면 가격도 높아져 결과적으로 시장은 한정적이게 됩니다.

인도에서 팔리고 있는 1만 엔짜리 세탁기 이야기를 해보면, 일본업체 사람들은 실물을 보지도 않고 품질이 나쁘니까 쌀 거라고 말합니다. 그러나 20만 엔짜리 전자동 세탁기를 갖고 싶어 하는 사람은 인도엔 거의 없습니다. 서서 먹는 국수를 요구하는 소비자에게, 손으로 직접 만들어 맛은 있지만 1,500엔이나 하는 국수는 팔리지 않을 것입니다. 어디까지나 고객들의 시선에서 요구되는 품질을 실현한 상품을 개발 해야 합니다.

일본인들은 품질에 왈가왈부하기로 유명하지만 어째서 100엔 숍이 그토록 인기를 모으고 있는 것일까요? 100엔 숍에서 구입한 상품이 3개월 만에 부서져도 품질이 나쁘다고 불평하는 사람은 별로 없을 것 입니다. 품질은 가격에 비례한다는 것을 이해하고 있기 때문입니다. 품질을 결정하는 것은 고객이라는 사실을 잊어서는 안 될 것입니다.

4장

비상하는 일본의 자랑
JAL의 추락

매출 순위 세계 3위 항공사의 몰락

JAL(일본항공)은 말 그대로 비상하는 일본의 상징이었다. 초일류 경제 대국 일본의 위상이 고공행진을 하던 시절, JAL은 일본인들의 꿈 그 자체였다. 그만큼 일본인들은 JAL을 사랑했다.

JAL은 1951년 필리핀에서 빌린 여객기 1대와 39명의 직원으로 출발 했다. 그로부터 60년 가까이 흐른 뒤, JAL은 직원 수만 4만 8,900명에 달하는 세계적 항공사로 비약했다. 제조업에 도요타가 있고, IT산업에 소니가 있다지만 일본인들은 자신들을 실어 나르는 JAL을 어느 회사보 다도 애지중지했다.

일본인들이 그토록 사랑했던 JAL이지만 계속되는 일본경제의 추락 앞에서는 버틸 재간이 없었다. 계속된 수익성 악화에 누적된 적자를 견디지 못하고 2010년 마침내 파산의 길로 들어선 것이다. 2010년 1월 19일, JAL은 도쿄 지방법원에 회사갱생법(會社更生法) 적용을 신청했다. 우리의 법정관리와 같다. 일본에서는 JAL 같은 대형회사가 법정관리를 신청하는 일은 매우 드물 뿐만 아니라, 특히나 지난 세월 그토록 사랑을 받았던 JAL이 법정관리를 신청한 것에 일본인들은 큰 충격을 받았다.

이날 JAL이 발표한 그룹 3사의 부채는 무려 2조 3,221억 엔에 달했다. 공룡 JAL은 이미 뼛속까지 곪아 있었던 셈이다. 니시마츠 하루카(西松遙) 사장이 사임하고, JAL의 사실상 주인 역할을 해왔던 정부가 회사 재건을 위한 지원을 아끼지 않겠다고 나섰지만, JAL이 몰락하는 모습에 일본인들이 느끼는 허전함까지 달랠 수는 없는 노릇이었다.

JAL이 민영화된 것은 1987년이다. 그러나 겉모양만 사기업으로 변모했을 뿐, 여전히 정부 산하 공기업과 다를 바 없었다. 최대 주주의 지분이 3%에도 미치지 못해 강력하게 경영권을 행사할 주체가 없었기 때문에 주인 없는 회사는 결국 정부의 입김에 의해 좌지우지되었다.

JAL의 고위 임원과 경영진은 처음부터 정부 관료 출신들이 낙하산 인사로 장악했다. 그러자 당연히 정치인들이 이들을 이용하기 시작했고 선거를 위한 선심성 공약들이 마구 남발되는 가운데, JAL은 점차 기업으로서의 효율성을 완전히 상실하고 말았다. 정치인들이 남발한 대표적인 선심성 공약으로 인구가 별로 없는 지방 소도시에 공항 건설을 약속하는 것이었다. 일본 전역에 무려 99개의 공항이 생긴 것은 정치인들의 무책임한 공약이 만들어낸 산물이었다.

정치인들은 여기서 그치지 않았다. 그들은 신설 공항에 무조건 항로를 개설하라고 압박을 가했다. 그들에게는 애초부터 경영의 효율성이라는 개념이 없었기에 수익성이 지극히 낮은 노선들이 대거 생겨났고, 그 결과는 참담했다. JAL과 전일본공수(ANA) 등 일본의 양대 항공사가 운영하는 국내 노선의 70%가 적자에 빠져들고 말았다. 항공업계가 손익분기점 기준을 탑승률 60%로 보고 있는 점을 감안하면, 대부분의 비행기들이 절반도 채우지 못한 채 운행을 하고 있었던 것이다.

JAL의 몰락은 일본인 스스로 자초했다고 해도 과언이 아니다. 그들은 심하게 말해 온실 속의 화초였다. 이익이 많이 나는 국제선보다 국내선에 크게 치중한 것이 대표적인 사례다. JAL 매출의 80%는 적자에 허덕이는 국내노선에서 나온 것이 그것을 증명한다. 이는 달리 말하면, JAL에 대한 일본인들의 맹목적인 사랑이 결과적으로 그들을 몰락의 길로 내몬 것이라는 이야기가 된다.

외국 경쟁업체들이 효율성을 높이며 스스로 생존을 모색하는 동안 JAL은 저가항공 출범을 규제하고 외국 항공사 운항 점유율 제한 등 정부의 보호막을 등에 업고 명목상의 업계 1위 자리를 유지했던 것이다. 겉으로만 화려한 비행기, 하지만 속으로는 이미 녹이 잔뜩 슬어갔고, 그들이 한때 누렸던 영광은 환경의 변화에 속절없이 사라져갔다. 2009년으로 접어들면서 세계적인 경기침체로 여행객 수가 급속히 줄어들었고, 설상가상으로 신종플루 같은 특수상황까지 겹치자 비상하는 일본의 상징이었던 JAL은 끝내 추락하고 말았다.

JAL이 누려온 허울뿐인 영광은 바로 정부에 기댄 경영진들의 안이함이 만들어낸 것이었고, 결과적으로는 정부와 일본인들이 합작해서 나락으로 내몬 꼴이었다. 블룸버그통신의 아시아 전문 칼럼니스트 윌리엄 페섹이 JAL에 대해 쏘아붙인 말은 이 회사의 본래 모습을 여과 없이 드러내고 있다.

　　"JAL은 좀비기업이라고 말하기도 힘들 정도로 형편없이 망가진 기업이다."

　　한마디로 쓰레기만도 못한 회사라는 뜻으로, 기업으로서는 가장 처참한 능멸을 당한 셈이다. 일본에는 시장 경쟁력이 아닌 정부의 자금 수혈로 근근이 목숨을 이어가는 좀비기업들이 즐비한데, JAL이 그들 중에서도 대표 격이라는 것이다. 페섹의 비판은 거기서 그치지 않았다. 그는 JAL을 가리켜 '일본경제의 축소판'이라고 꼬집었다. 활력을 잃은 채 만성적인 침체 국면을 맞고 있는 일본경제는 JAL의 확대판인 셈이다.

JAL의 몰락을 재촉한 노조

　　도요타가 한참 잘 나가던 시절, 한국인들은 일본기업의 노조에 한껏 박수를 보냈다. 엄청난 수익을 내면서도 회사와 임금 동결에 합의하는 도요타 노조를 보면서 한국인들은 경외감마저 나타냈다. 도요타 노조를 배우라는 목소리가 국내의 이곳저곳에서 쏟아져 나왔다. 하지만 일본의 한쪽에서는 노조가 회사를 여지없이 갉아먹고 있었다. JAL의 몰락에 정치인과 관료가 앞장서 있었다면, 노조는 패망을 부채질한 조연이었다.

노동조합의 난립은 JAL의 몰락을 자초한 주요한 내부 요인이었다. JAL은 그동안 인수합병 등으로 몸집을 불리면서 무려 8개에 이르는 복수 노조를 만들어냈다. 승무원과 지상 근무자 등 1만여 명이 가입한 최대 노조인 JAL 노조를 비롯해서 JAL 기장조합, JAL 노조, JAL 승무원조합, JAL 유니온, JAL 기관사조합, JAL 재팬조합까지. 아무리 종업원이 많다고 하지만 이 같은 노동조합의 난립 속에서 회사가 멀쩡하게 살아 있기를 바라는 것 자체가 무리였다.

난립한 노조들은 서로 다른 목소리를 내기에 바빴다. 당연히 의견 조율이 쉽지 않았고, 회사 경영진이 아무리 과감한 구조조정을 하려고 해도 시도 자체가 애당초 불가능했다. 2009년 8월, JAL 경영진은 전체 직원의 10%인 5,000여 명의 직원을 감원하는 방안을 검토했다. 회사로서는 추락을 막기 위해 마지막으로 구조조정을 시도하는 고육지책이었다.

하지만 노조가 이를 가만히 놔둘 리가 없었다. 난마처럼 얽히고설킨 노조들은 회사의 추락에 앞서서 자신들의 잇속 챙기기에 바빴다. 노조의 강력한 반대에 직면한 경영진은 끝내 인력 감축을 포기하고 말았다. 당장의 추락을 막기 위해 나섰던 노조였지만, JAL이 법정관리를 신청하면서 결과는 참담하게 끝이 났다. 전체 인력의 3분의 1 수준인 1만 5,700명을 감축하는 최악의 결과를 맞게 되었기 때문이다.

JAL의 노조는 과연 어떤 모습을 하고 있기에 이런 상황으로까지 이어졌을까? 물론 그 같은 결과는 비단 노조의 수만 많다고 해서 생긴 것은 아니었다. JAL의 조종사 전원은 JAL 기장조합 등 노조의 막강한 영향력에 힘입어 관리직으로 규정되어 있다. 그 결과, 조종사들은 실제 비행시간과는 관계없이 높은 수준의 임금을 지급받는 전형적인 철밥통이었다. 조종사의 임금이 비행시간에 따라 결정되는 다른 글로벌 경쟁업체에 비해 경쟁력이 떨어질 수밖에 없는 대목이다.

퇴직자들의 권한도 무시할 수 없을 정도였다. 하토야마 유키오 정부는 JAL 경영진의 은퇴연금 등을 단계적으로 축소해 나가도록 주문했지만, 퇴직자들로 구성된 JAL 기업연금 모임 소속 회원들을 비롯해서 대부분의 퇴직자들이 잇따라 반발 성명을 내자 삽시간에 힘을 잃고 말았다. 회사는 생존의 기로에서 허덕이고 있는데도 노조는 자기들 밥그릇 챙기기에 몰두했고, 그런 노조의 완강한 저항에 경영진은 결국 아무런 돌파구를 찾지 못했다. 회사의 갱생은 처음부터 무리였던 셈이다.

2010년 1월 23일, 일본 공영방송 NHK는 'JAL의 몰락과 부활'이라는 주제로 JAL의 추락을 집중 조명하는 특집방송을 내보냈다. 다양한 각도에서 JAL이 끝내 몰락할 수밖에 없었던 상황이 조명되었는데 여기에 특히 주목할 만한 부분이 하나 있었다.

"일본정부가 JAL에 공적자금을 투입하기 시작한 2001년은 공교롭게도 한국에서 인천공항이 개장한 시점이었다. JAL은 최근 4년간 세 차례 연간 적자를 기록했는데, 적자의 70%가 국제노선에서 발생했다."

이 같은 지적은 경쟁력을 잃어버린 국제노선의 문제점을 적나라하게 드러내고 있다. 일본인들이 해외여행을 위해 국내 공항과 항공사를 이용하려면 도쿄 인근 하네다공항(羽田空港)으로 이동한 뒤에 다시 리무진 버스나 고속철도를 타고 나리타공항(成田空港)으로 이동해야 한다. 도쿄를 중심으로 하네다공항은 국내선 전용이고, 나리타공항은 국제선 전용으로 양분되어 운영 중이기 때문이다.

이로 인해 일본 중부 오카야마에서 영국 런던으로 이동할 경우, 자국 공항과 항공사를 이용하면 평균 15시간 40분의 이동 시간과 18만 5,300엔의 비용이 들지만 한국의 인천공항과 대한항공을 이용하면 13시간 50분과 11만 5,800엔이 들어 시간과 비용을 모두 줄일 수 있다. 요즘 같은 디플레이션 시대에 여행비용을 가장 중요한 요소로 생각하지 않을 수 없는 소비자들의 심중을 외면한, 언뜻 보아도 도저히 경쟁이 불가능한 구도인 것이다.

특히 한국이 지난 2001년 국가 전략적 차원에서 개장한 인천공항이 아시아 허브공항으로 빠르게 성장하고, 여기에 대한항공 등 한국 항공사들의 일본시장 노선 확대가 맞물리면서 경쟁력을 상실한 JAL은 더욱 깊은 나락으로 빠져들게 되었다. 일본 항공업계와 공항 시스템이 모두 한국을 비롯한 경쟁국가에 비해 뒤처져 있었던 것이다. 한국기업의 경쟁력이 일본기업의 몰락을 촉진하는 또 하나의 상황이 하늘 위에서도 발생한 셈이다.

일본정부는 이런 상황을 타개하기 위해 이제야 움직이고 있지만, 그마저 쉽지 않다. 개혁적 성향의 마에하라 세이지(前原誠司) 국토교통상은 비효율성을 타개하기 위해 하네다공항을 확장해서 국제 운항 편수를 대폭 늘리는 방안을 추진하고 있지만, 이번에는 나리타공항 측의 반발에 밀려 진척이 되지 않고 있다. 거침없이 몰락하는 과정에서도 내부의 이기적 모습이 다시 패망의 골을 한층 깊게 하는 악순환이 지금 이 순간에도 벌어지고 있는 셈이다.

새로운 구원자가 나타나다

덩치가 큰 동물일수록 한 번 쓰러지면 다시 몸을 일으키기가 힘든 법이다. 그러나 일본은 그들의 자존심인 JAL을 어떻게든 다시 일으키기 위해 구원의 신을 찾았다. 그들이 찾은 인물은 '경영의 신(神)'으로까지 추앙받는 베테랑으로, 일본의 대표적인 전자부품업체인 교세라그룹의 이나모리 가즈오(稻盛和夫) 명예회장이다. 그는 하토야마 총리와 오자와 이치로(小澤一郎) 민주당 간사장, 마에하라 교통상 등 일본 정계의 실세들과 친분이 두터운 것으로 알려진 인물이다.

일본정부가 그를 새로운 CEO로 임명한 것은 소규모 전자부품업체를 세계적인 부품업체로 키워낸 탁월한 경영 수완을 JAL의 재건 과정에서도 유감없이 발휘해줄 것으로 기대하기 때문이다. 특이한 점은 이나모리가 JAL과는 특별한 연관성이 없는 기업 출신이라는 점이다. 더욱이 그는 JAL을 흔들어왔던 관료 출신도 아니었다. 일본인들은 JAL과는 하등 이해관계가 없는 인물에게 추락한 공룡기업의 갱생을 바라고 있는 것이다.

일본인들은 그가 거센 반발이 예상되는 구조조정 과정에서 특정 집단의 이해관계에 흔들리지 않고 정부의 강력한 의지를 잘 반영할 수 있는 적임자라고 기대하고 있지만, 여전히 회의적인 시각이 사라지지 않고 있다. JAL에 뼛속까지 스며들어 있는 이해 갈등과 고질적인 관료주의적 문화를 감안하면, 오히려 이나모리 CEO에 대한 반발이 불가피할 것이라는 이야기도 있다.

일본정부는 JAL의 재생을 위해 9,000억 엔의 공적자금 지원과 3,585억 엔의 금융권 채무 탕감 등 총 1조 2,500억 엔의 지원 방안을 마련해놓은 상태다. 특히 JAL의 경영이 정상화될 때까지 지원하겠다는 결연한 의지를 나타내면서 사실상 무제한적인 지원을 선언했다. 그러면서 정부는 강도 높은 구조조정도 함께 추진하겠다고 밝혔다. JAL의 인력을 30% 가량 감축하고, 채산성이 떨어지는 국내외 노선을 대폭 정비하여 현재 229개의 총 노선을 오는 2012년까지 198개 노선으로 줄이겠다는 것이 골자다.

일본정부는 이런 지원과 구조조정을 거쳐 3년 내에 경영 정상화를 달성한다는 목표를 세워놓고 있다. 공룡 JAL의 갱생은 어쩌면 추락한 일본경제가 지독한 경기침체를 벗어나는 것과 흐름을 같이 할 것이다.

제2부

1등의 함정에
빠진
경제대국

1장

잃어버린 10년,
잃어버린 20년

잃어버린 10년의 서막

'가랑비에 옷 젖는 줄 모른다'는 속담이 딱 들어맞을 것이다. 이른바 잃어버린 10년으로 대변되는 일본의 복합 불황의 시작이 그러했다. 불황의 고통은 서서히, 그러나 뼛속 깊이 침투했다. 시간이 갈수록 낙관은 걱정으로, 불안감으로, 그러고는 마침내 패닉상태로 바뀌어갔다.

1989년 12월 29일, 닛케이 평균 주가지수는 3만 8,915엔까지 치솟았다. 단숨에 4만 선을 깰 기세였다. 하지만 1990년으로 바뀌자 먼저 주식 시장에서 경고 메시지가 떴다. 천정부지로 치솟기만 하던 주가가 살금살금 밀리기 시작한 것이다. 그러나 그 어떤 개인이나 기업, 심지어 정부조차도 이것이 10년 불황의 시작을 알리는 신호탄인지는 알지 못했다.

처음엔 일시적 숨 고르기쯤이리라 생각했다. 경제 분석가들이 거시경제를 분석할 때 소프트패치(Soft patch : 경기 상승국면에서 본격적인 후퇴는 아니지만 일시적인 어려움을 겪는 상황)라는 말을 쓰는데, 대부분의 전문가들은 당시의 주가가 소프트패치 과정에서 일어나는 단순한 하락으로만 여겼다. 과거 10년 동안 별다른 조정도 받지 않고 7배나 뛰었으니 그럴 만도 했다. 또 한 번 도약하기 위해서는 잠시 쉬어가는 편이 낫다는 목소리도 들렸다. 하지만 이것은 환상이었다.

1989년 당시 도쿄 증시의 주가 수익비율(PER : Price-Earnings Ratio)은 무려 70배에 달했다. 전형적인 버블이었다. 일본기업들이 갖고 있는 실제 가치의 7배나 되는 수준까지 치솟았음에도 일본인들은 마냥 코웃음만 쳤다. 이쯤이면 폭락을 충분히 예상할 수 있었음에도 불구하고, 주식시장에 대한 환상을 갖고 있던 투자자들은 달콤한 낙관론에서 깨어나지 못했다. 선진국 증시의 PER가 10~15배 수준인 것만 봐도 도쿄 증시

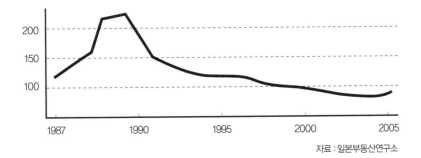

• **일본 도시 주거지역 지가 지수**

자료 : 일본부동산연구소

가 얼마나 과열돼 있는지를 알 수 있었는데도 말이다. 그러다 주가가 빠지는데도 주식시장에 대한 투자자들의 신뢰는 좀처럼 깨지지 않았다. 당시 일본은 열도 전체가 그렇게 불패의 신화에 홀린 것만 같았다.

1930년대 미국에서 대공황의 시작을 알렸던 블랙 먼데이(1929년 10월 28일, 다우지수 13.47% 하락) 같은 주가 폭락도 없었다. 하지만 결과는 참담했다. 닛케이지수는 1990년 3만 포인트가 붕괴되더니 1992년엔 2만 선마저 내줬다. 주가 폭락으로 인해 개인주주가 입은 손실액은 61조엔에 달했다.

1990년, 주식시장에서 그렇게 일본경제의 호황의 끝을 알리는 조종(弔鐘)이 울려 퍼졌지만 이를 눈치채는 이들은 거의 없었다. 거품의 나머지 한 축인 부동산시장이 아직 건재했기 때문이다. 1976년을 100으로 했을 때, 도쿄 주택 가격지수는 1990년에 476.6으로 정점을 찍긴 했지만 1991년(471.8)까지도 고공행진을 하며 폭락 징후는 전혀 없었다.

주식시장이 망가지고 있는데 부동산시장이 건재한 것은, 달리 말하면 이때까지만 해도 일본인들의 위기의식이 그다지 높지 않았다는 사실을 반증한다. 하루 만에 다우존스지수가 22.6%가 폭락한 1987년 10월 19일의 또 다른 블랙 먼데이를 목도한 일본인들은 주식시장의 움직임에는 예민하게 반응했지만 부동산시장에는 여전히 전폭적인 신뢰를 보냈던 것이다. 이미 한국이 경험한 부동산 불패 신화를 일본은 10년 넘게 맛보고 있었던 셈이다.

주식시장에서 돈을 잃은 사람들 중 상당수가 부동산투자로 손실을 만회하기 위해 더 많은 자금을 끌어대기까지 했다. 불확실한 주식시장에서 발을 빼고 부동산시장으로 옮겨간 것이다. 그러나 그들의 기대가 산산조각이 나는 데는 그리 많은 시간이 걸리지 않았다. 1992년이 되자, 위기가 현실로 다가왔던 것이다.

이 해의 일본의 실질 국내총생산(GDP) 성장률은 1.9%에 불과했다. 그런데 1993년에는 0.8%로 떨어지더니, 1994년엔 0.4%로 곤두박질쳤다. 두 자리수의 고도성장을 이어온 1970년대, 이보다는 조금 낮지만 5~9%의 견고한 성장률을 기록했던 1980년대와는 비교할 수 없을 정도로 초라한 것이었다. 일본인들은 뒤늦게야 사태가 심상치 않은 것을 깨달았지만, 때는 너무 늦었다. 집값이 걷잡을 수 없이 폭락하기 시작했던 것이다.

당시 부동산시장은 주식시장과 함께 버블을 형성한 양대 축이었다. 도쿄의 주택 가격지수는 15년 사이에 4.7배나 폭등한 상태였다. 그렇게 하늘 모르고 치솟았던 도쿄의 주택 가격이 1992년으로 접어들면서 9.1% 하락한 데 이어, 1993년에는 14.6%, 1994년에는 7.8%가 빠졌다. 불과 3년 사이에 30%가 증발한 것이다. 일본 제2의 도시인 오사카는 이보다 더 심각해서 1992년에 집값이 22.9% 폭락한 이후에도 2년 연속으로 각각 17.1%, 6.8%가 추락하며 반 토막이 나고 말았다.

주택은 그나마 양호한 편이었다. 상업용 땅의 폭락세는 끔찍할 정도였다. 도쿄와 오사카의 중심지 상업용 땅값은 1992년 이후 5년 동안 10~20%의 하락세를 기록했다. 최고가에 비해 5분의 1로 추락한 곳도 즐비했다. 이렇게 되어 1999년에 가서 땅값은 1990년의 39.5% 수준으로 폭락했다. 여기에 일본정부마저도 대책 없이 떨어지는 집값에 불을

붙였다. 1991년 땅값의 거품을 잡기 위해 토지대출총량제나 지가세 같은 대출 억제와 과세를 통한 규제대책을 내놓아 하락 속도를 재촉한 것이다.

주가와 부동산 가격 폭락으로 인해 불과 2, 3년 사이 일본 GDP의 2배인 1,000조 엔이 허공으로 증발해버렸다. 문제는, 은행에 진 빚은 그대로라는 것이었다. 내 집 마련을 위해 거액을 은행에서 빌린 샐러리맨들은 원금에 이자까지 갚느라 허리가 휘었다. 집을 처분한다고 해결되는 문제도 아니었다. 집값 하락이 워낙 심각해서 집을 팔아도 융자금을 갚지 못하는 경우가 허다했다. 일본 전역에서 하루아침에 빈털터리로 전락한 사람이 쏟아졌다.

자산 감소는 연쇄적인 부작용을 낳았다. 이른바 역(逆) 자산 효과(Reverse Wealth Effect)였다. 자산은 사라지고 빚만 남은 일본인들에게 소비라는 개념 자체가 사치였다. 지갑은 빠르게 닫혔고, 소비시장은 말 그대로 빙하기로 변했다. 민간 소비지출은 1993년 마이너스 0.2%였던 것에 이어 1994년에는 마이너스 0.6%로 2년 연속 마이너스성장을 기록했다.

소비가 줄자 당연히 물가가 떨어졌다. 소비자 물가는 1992년부터 5년 연속 마이너스를 기록했다. 생산자 물가는 이보다 충격이 더 커서 1997년(0.6%)을 제외하면 1992년부터 1999년까지 모두 마이너스였다. 1999년엔 하락률이 무려 2%를 넘었다.

소비 위축으로 기업의 재고가 누적되었고, 이어서 물가 하락, 기업의 수익 감소, 설비투자 감소, 임금 삭감 및 구조조정, 소득 감소, 소비 위축의 악순환 고리가 완벽하게 형성되었다. 경제학자들이 그토록 끔찍하다고 경고하는 디플레이션의 망령이 일본 열도를 집어삼킨 것이다. 그것은 단순한 경기침체는 물론이고 물가 상승 속에서 침체가 동반하는 스테그플레이션보다 훨씬 끔찍한 장기침체의 서곡을 알리는, 최악의 경기 상황이 시작된다는 신호탄이었다.

길고도 뼈아픈 고통, 불신의 시대

저성장 구조가 점차 고착화되어 갔다. 1990년부터 1999년까지, 연평균 경제성장률은 1%대에 그쳤다. 하지만 그게 끝이 아니었다. 10년 장기불황 뒤에 더 지독한 저성장이 기다리고 있었다. 2000~2009년 사이 일본경제는 연평균 마이너스 0.5%, 물가 영향을 배제한 실질성장률은 0.7%에 불과했다. 말 그대로 제로성장이었다.

기업들은 심각한 위기에 빠졌다. 1980년대의 호황기에는 부동산만 보유해도 가격이 올라 수익이 생기는 상황이었으니, 본업은 뒷전으로 한 채 아예 부동산 투기에 전념하는 기업도 많았다. 쉬운 돈벌이를 놔두고 구태여 힘들게 영업을 할 필요가 없었던 것이다. 그러나 부동산 가격의 연속적인 하락은 기업들의 숨통을 가차없이 죄었다. 자산가치가 감소하자 재무구조가 엉망이 되었다.

기업들은 부동산에 돈이 묶여 투자 여력이 사라진 것은 물론이고 은행에서 차입한 돈도 엄청난 부담을 가져왔다. 부동산 가격 하락으로 담보가치가 하락해서 은행을 통한 정상적인 자금 조달 루트가 봉쇄되었다. 결국 방법은 고금리의 사채를 발행해서 자금을 조달하는 길밖에 없게 되었다. 그렇지만 해외에서 채권을 발행할 수 있는 곳은 소수 대기업에 국한되었다.

1980년대에 붐을 이뤘던 해외 현지 생산 확대는 국내산업의 침체를 더욱 가속화했다. 노무라 종합연구소 수석연구원 리처드 쿠는《대침체의 교훈》이라는 책에서 이 같은 사실을 여실히 드러내고 있다. 그는 기업들이 대차대조표를 좋게 하기 위해 구조조정에 나선 결과, 경기침체를 가중시켰다고 설명했다. 자산 버블의 붕괴로 자산 가격이 하락하자, 이에 대응해서 대차대조표 상의 부채를 줄이는 데 현금을 우선적으로 투입했기 때문이라는 것이다. 그 결과, 정부가 통화정책을 공격적으로 펼쳐 유동성을 풍부하게 만들어도 돈이 실물투자나 소비로 이어지지 않았다. 이른바 '대차대조표 침체(Balance Sheet Recession)'다.

자금이 경색된 기업들은 도산할 수밖에 없었다. 특히 신용도가 낮고 재무구조가 취약한 중소기업들이 줄줄이 쓰러졌다. 1990년에 6,466개였던 도산 건수는 1991년으로 접어들면서 10,723건으로 증가했고 1992년에는 14,167개로 늘었다. 1992년 이후 도산한 기업에서 쏟아진 노동자는 매년 10만 명을 넘었지만, 이들을 받아줄 곳은 없었다. 1990년에 2.1%이던 실업률은 1999년에 4.6%로 치솟았다. 세계 제일의 고용왕국은 그렇게 처참하게 종말을 맞았다.

기업이 휘청거리면서 된서리를 맞은 곳이 곳곳에서 나오기 시작했다. 그 중에서도 폭풍우가 가장 강하게 몰아친 곳이 골프장이었다. 버블 시기에 일본의 골프 열풍은 참으로 대단했다. 기업들이 줄지어 골프회원권을 사들였고, 회원권 가격이 폭등했다. 골프장도 우후죽순으로 건설되어 도쿄 등 대도시 부근은 물론이고 전국이 골프장으로 넘쳐났다. 하지만 경기침체로 골프 접대가 줄어든데다 자금난에 몰린 기업들이 대거 회원권을 매물로 내놓으면서 회원권 가격은 바닥까지 폭락했다. 회원권 가격이 최고가의 10분의 1 수준으로 떨어졌고, 도산한 골프장도 헤아리기 힘들 정도였다.

그 타격은 자연스럽게 금융기관, 특히 은행으로 향했다. 1980년대에 은행들은 부동산을 담보로 마구 대출을 해주었다. 소니 같은 대기업들이 외국에서 저리로 자금을 조달하게 되면서 대출을 외면하자, 은행은 부동산 담보대출로 눈을 돌렸다. 당시 거의 모든 은행들은 가격이 계속 오를 것이라 판단하고는 집값의 120%까지 대출해주었다.

그것이 부메랑으로 되돌아오자, 기업과 개인을 대상으로 한 대출금이 대거 부실자산으로 바뀌었다. 1992년부터 본격화된 은행의 부실채권은 1995년부터 1998년까지 4년 동안 33조 엔이 쌓였다. 신용금고와 신용조합을 포함하면 43조로, GDP 대비 8%에 달했다.

은행의 경우, 부실채권이 전체 대출에서 차지하는 비율도 5~7%에 달해 매우 심각한 수준이었다. 중소 금융기관들은 대출금의 70~80%가 부실채권으로 변해서 파산을 맞는 경우가 적지 않았다. 여기엔 대형은행조차 예외가 아니었다.

금융사 간의 경쟁을 제한하여 낙오자 없이 끌고가는 호송선단식 체제도 은행 부실을 심화시켰다. 정부에 예속돼 있는 금융기관들은 경쟁력이 취약했기에 버블 이후엔 정부에 전적으로 의존할 수밖에 없었다. 그렇지만 정부는 사태를 해결하기는커녕 오히려 심화시켰다. 안일한 상황 인식과 일관성 없는 정책, 정치에 휘둘리다 타이밍을 놓치는 일까지 더해져 금융기관들의 대규모 도산사태가 현실이 되고 만 것이다.

1994년 12월, 도쿄의 교와(協和), 안젠(安全)의 두 신용조합이 파탄을 맞았고, 이듬해에는 7개 주택금융전문회사(住專)가 무너졌다. 1997년이 되자 파산사태는 절정으로 치달았다. 상장회사인 산요증권, 10대 은행인 홋카이도 다이쇼쿠은행(北海道拓植銀行), 4대 증권사인 야마이치증권이 줄줄이 파산했다. 뒤이어 닛산생명이 무너지면서 전후 처음으로 보험회사가 청산되었다. 1998년에는 조긴(長銀), 닛사이긴(日債銀)이 문을 닫았으며 2001년 다이세이화재까지 생명보험사 7개, 손해보험사 2개가 간판을 내렸다.

도산사태가 잇따르면서 금융 시스템은 작동 메커니즘을 상실했다. 금융기관이 서로를 불신하면서 심각한 신용 경색 현상이 발생한 것이다. 금융 시스템의 근간이라고 할 신용이 훼손되자 '내 코가 석 자'인 은행들은 다른 은행들의 사정을 봐주려 하지 않았다. 금융기관이 꿈쩍도 하지 않게 되니 시장엔 유동성이 고갈되었다. 시장에 넘쳐나던 돈이 은행의 창고 속에 묶여 움직일 줄을 몰랐다.

결코 망하는 일이 없을 것이라고 생각했던 대형은행과 증권사가 쓰러지자 국민들 사이에서는 강한 불안감이 퍼졌고, 이는 곧바로 정치 불신으로 이어져 1993년 8월엔 자민당이 분열하여 정권이 교체되기도 했다. 여기에 정부의 부정부패도 불거졌다. 대장성과 일본은행의 과잉접대 사실이 터지면서 1998년 1월에는 대장상(大藏相), 3월에는 일본은행

총재가 옷을 벗었다.

기업들도 부패하기는 마찬가지였다. 소수의 주식을 갖고 있으면서 주주총회에 참석해서 말썽을 부리거나 금품을 받고 의사 진행에 협력하거나 방해하는 총회꾼들에 대한 다이치간교은행(第一勸業銀行)의 부정 융자사건을 비롯해서 대기업 스캔들이 줄줄이 터져 나왔다. 경제대국 일본의 종말은 그렇게 코앞에 다가와 있었다.

팍스 재패니카를 꿈꿨던 일본

1980년대에 일본경제는 세계를 호령했다. 제조업은 지구촌을 누볐고, 미국의 기업들조차 일본식 경영 배우기에 열을 올렸다. 그러자 미국을 넘어서는 것은 시간문제라는 말이 나왔고, '팍스 재패니카(Pax Japanica)'라는 말까지 등장했다. 미국의 우월주의를 만천하에 떨치고 싶었던 미국인들의 팍스 아메리카의 꿈을 동아시아 경제대국 일본이 구현한다는 야망이었다.

세계 최강을 꿈꾸던 일본이 어쩌다 이 같은 처절한 실패를 겪게 되었을까? 그것은 버블 위에 키워온 경제성장과, 이를 제대로 관리하지 못한 정부가 만들어낸 합작품이었다. 버블이 만들어진 계기는 1985년 미국과 일본 간에 체결된 '플라자(Plaza) 합의'이다. 재정과 무역에서 이중고를 겪던 미국정부가 일본을 압박해서 엔화가치를 높이도록 한 것이 거품성장으로 이어진 것이다.

그때까지 달러당 263엔 정도였던 엔화는 합의 다음날 곧바로 10% 가까이 올랐고 1년도 채 되지 않아서 150엔 가까이 급등했다. 그러자 당장 수출기업들이 가격경쟁력을 잃으면서 타격을 입기 시작했다. '엔고 쇼크'를 흡수하기 위해 일본정부가 선택한 것은 저금리와 재정 지출 확대였다. 1986년부터 1987년에 사이에만 10조 엔이 풀렸다. 정부는 보유 중인 NTT주식을 매각했고, 그 수익금으로 공공사업을 벌였다. 1987년 2월에 일본은행이 콜금리를 2.5%로 내린 것은 불에 기름을 부은 격이었다. 이로 인해 시중에는 유동성이 넘쳐났고 기업이든, 개인이든 얼마든지 저금리로 돈을 빌릴 수 있게 되었다.

그러자 주식과 부동산시장으로 돈이 흘러들었고, 이는 곧바로 가수요를 유발해 주식과 부동산 가격이 수직 상승했다. 도쿄 중심부의 땅값이 몇 갑절 뛰어올라, 1988년이 되자 도쿄의 땅값이 일본 전체 GDP를 뛰어넘기에 이르렀다. 한참 정점에 이를 때는 일본 전체의 땅값이 GDP의 5.5배까지 확대되었다. 심지어 일본의 전체 땅값은 그들보다 30배나 넓은 미국 대륙을 모두 사들이고 남을 정도였다.

그 결과, 엔화의 급격한 절상에도 불구하고 고속성장 추세가 이어졌다. 1987년에서 1990년에 걸쳐 일본경제는 명목상 7%, 실질적으로 5%의 높은 성장을 이룩했다. 경상수지 흑자 확대, 잇단 해외기업 인수, 금융기관의 해외진출로 일본인들은 한껏 우쭐해졌다. 그들은 강해진 엔화의 위력을 만끽했다. 뉴욕 맨해튼의 마천루들을 앞다퉈 사들이는가 하면, 록펠러센터 같은 미국의 대표 빌딩과 컬럼비아영화사 같은 알짜기업들을 착착 손에 넣었다.

이렇게 일본이 상종가를 치고 있을 때, 미국은 재정과 무역의 쌍둥이 적자로 허덕이고 있었다. 불신감이 만연해서 1987년 10월 19일엔 다우존스지수가 22.6%나 폭락했다. 이 무렵, 미국이 다시 대공황에 빠질 것이란 위기감이 돌았다. 경제 전문가들 사이에 엔화가 달러화에 버금가는 기축통화로 자리 잡을 것이라는 전망이 지배적이라 일본이 미국을 추월하는 것은 시간문제처럼 보였다.

일본형 경영이 미국형 경영을 앞질렀다, 도쿄가 국제금융센터로 도약했다 등등의 평가들이 세계 곳곳에서 쏟아졌고 에즈라 보겔의《세계 최고의 일본(Japan as Number One)》이 베스트셀러가 되는 가운데 미국의 일본학자들은 일본을 배워야 한다고 목소리를 높였다.

하지만 화려한 성장의 모습은 거기까지였다. 고속성장은 착시였다. 기업들이 자산가치의 상승에 의한 미실현 이익을 담보로 돈을 빌려 설비투자와 고용을 늘린 결과였던 것이다. 거품성장은 과잉설비, 과잉고용, 과잉채무라는 무거운 짐을 남겼다. 그렇지만 버블을 경계하는 목소리는 들을 수 없었다. 오히려 '플로(Flow)경제에서 스톡(Stock)경제로'라는 유행어가 만들어지면서 사용가치로부터 동떨어진 자산 가격의 상승이 정당화되곤 했다. 추락하는 일본에 날개는 없었다.

잡지 못한 버블이 10년의 불황으로 내몰다

1987년의 블랙 먼데이에 대처하기 위해 미국과 일본은 1988년 1월에 정상회담을 갖고 저금리 정책 유지에 합의했다. 그 뒤 미국은 쇼크가 사라졌다고 판단되자 곧바로 금리를 인상해 거품 발생을 예방했지만, 일본의 대응은 안일해서 계속 저금리를 유지하다 거품을 더 이상 방치할 수 없는 위험수위에 달해서야 시장에 개입했다.

1989년 5월, 일본은행은 콜금리를 2.5%에서 3.5%로 대폭 인상한 데 이어 그 해 10월과 12월에 걸쳐 각각 0.5%씩 더 올렸다. 이렇게 1990년 8월까지 5차례에 걸쳐 6%까지 올렸다. 부동산 대출도 규제했다. 대출총량제를 도입하고, 지가세 같은 세금도 신설했다. 이러한 과정을 통해 서서히 거품을 꺼뜨리는 걸 목표로 했지만 속수무책이었다. 버블은 너무 컸고, 시장이 이를 받아들이기에는 너무 취약했던 것이다.

일본정부가 긴축으로 방향을 선회하자, 모든 것은 힘없이 무너졌다. 금리를 일찍 올리지 않은 게 화를 키운 것이다. 일본은행 산하의 금융연구소(IMES)는 2000년 1월 25일 〈자산 가격 거품과 금융정책-1980년대 후반의 일본의 경험과 그 교훈〉이란 제목의 보고서에서, 회한 섞인 목소리를 그대로 담고 있다.

"조기에 금리를 인상했다면 거품의 자율적 붕괴 타이밍을 충분히 앞당길 수 있었을 것이다. 또한 버블시대의 신용 팽창을 눌러 버블 붕괴 후의 악영향을 줄일 수 있었을 것이다."

긴축 정책으로 인해 경기가 급격히 냉각되자, 일본정부는 대규모 경기부양대책으로 선회했다. 1992년에서 1995년에 걸쳐 총 66조 엔을 쏟아부었다. 5조 5,000억 엔 규모의 감세와 공공사업 확대가 주된 내용이었다. 이 같은 조치는 효과가 있었다. 경기는 1993년 10월에 바닥을 쳤고, 1994년 가을이 되자 완만하기는 하지만 회복 쪽으로 방향을 틀었다. 1%대를 밑돌던 경제성장률이 1994년에 1%를 넘어섰고, 1995년에는

2.5%, 1996년에는 3.4%까지 올랐다.

경기 회복을 확인한 일본은 서둘러 출구전략을 실시했다. 버블경제의 후유증을 의식한 나머지 재빨리 시중 유동성을 회수하고 나섰다. 하지만 이는 오판이었다. 이로 인해 경기는 또 다시 급랭되어, 1997년에 0.2%로 추락한 경제성장률이 1998년에는 마이너스 0.6%까지 곤두박질쳤다.

디플레이션이 심화되자 일본정부는 서둘러 대대적인 경기부양에 나선다. 1998년부터 1999년에 걸쳐 61조 엔의 재정을 풀었다. 이때 일본은행은 고강도 카드를 꺼내들었다. 1999년 2월, 유례를 찾아볼 수 없는 제로 금리 정책을 도입한 것이다.

하지만 이것도 부족했다. 금리를 제로 이하로 내릴 수는 없는 일이었다. 2001년 3월부터는 시중에 자금을 늘리기 위해 '양적 완화(Quantitative Easing)' 정책을 도입했다. 시중은행은 일본은행에 가지고 있는 일은(日銀) 당좌예금의 잔고를 높였다. 잔고가 늘어나면 은행 대출을 통해 기업과 가계로 향하는 돈도 증가하게 된다. 디플레이션을 막는 것이 선결과제였던 만큼 일본은행은 저금리 정책을 유지하겠다는 강력한 메시지를 보냈다. 그 결과 10년짜리 금리가 1.3~1.4%의 낮은 수준에서 안정되었다.

기능을 상실한 금융 시스템도 차츰 재건되었다. 1998년에 금융 관련 특별 법안이 만들어지고, 대형은행에 60조 엔에 이르는 공적 자금을 투입했다. 위기의 근원을 수술하는 거대한 작업이었다. 1996년, 주택금융전문회사(住專)의 처리를 위해 6,850억 엔을 투입하는 문제를 둘러싸고 여야가 한바탕 충돌하면서 구조조정 타이밍을 놓친 바 있다. 정보 비공개를 이유로 야당이 반발했던 것이다. 하지만 이때의 실패는 좋은 교훈이 되었다. 이번에는 모든 정보를 내놓고 여야가 공개 토론했다. 그 결과, 2년 전보다 90배나 많은 공적 자금을 조성할 수 있었다.

안정을 되찾는 경제, 하지만…

제로 금리 같은 특단의 대책이 점차 효과를 발휘하기 시작했다. 유동성 문제가 해결된 기업들은 구조조정에만 몰두하던 태도에서 벗어나 다시 투자에 나섰다. 그 결과 고용이 늘었고, 임금이 상승하자 소비가 살아났다. 악순환 구조가 선순환 구조로 바뀐 것이다.

2002년 1월이 지나면서, 일본경제가 다시 회복세로 돌아섰다. 2004년 하반기에 들어서자 장기불황에 종지부를 찍듯이 일본 언론에 '복합호황'이라는 단어가 등장했다. 그 해 7월 22일, 니혼게이자이신문은 사설에서 '일본경제가 버블 붕괴 이후 최고조 회복기를 맞고 있다. 다양한 요인이 선순환을 일으키는 복합 호황이라고 해도 좋을 듯하다'고 평가했다.

축배의 목소리가 곳곳에서 퍼져 나왔다. 그도 그럴 것이 2004년 일본의 1분기 경제성장률은 전기에 비해 6.1%(연율 기준)나 성장했다. 일본은행이 발표한 대형 제조업의 체감지수인 단칸(短觀, 단기경제관측조사)지수는 플러스 22로 1991년 이후 최고치를 기록했다.

경기 회복의 온기는 산업 전반으로 퍼져 나갔다. 중소기업지수도 12

년 만에 플러스로 돌아섰고, 비제조업 분야 체감 경기도 상승한 것으로 나타났다. 일본은행 총재인 후쿠이 도시히코(福井俊彦)가 국제 컨퍼런스에서 했던 말은 당시의 분위기가 녹아 있다.

"일본경제는 버블 붕괴 이후의 오랜 고난이 마침내 종점을 향하고 있다."

그의 말에서 자신감이 묻어 있음을 알 수 있다. 잃어버린 10년 동안 일본은 두 차례에 걸쳐 경기 회복을 경험했다. 그때마다 복합 불황은 끝났다며 경기 회복을 점쳤으나 상승 곡선은 1년을 넘지 못했다. 내부와 외부 변수에 의해 다시 내리막길을 걸었던 것이다. 그런데 이번에는 다른 양상을 보였다. 중국과 디지털이라는 2개의 강력한 추진력이 일본경제의 회복을 강하게 견인한 것이다.

중국의 빠른 경제성장과 일본이 갖고 있던 디지털산업의 경쟁력이 상승 효과를 발휘했다. 전문가들은 이때의 호황을 두고 'C&D 경기'라고 불렀다. 중국(China)과 디지털(Digital) 경제를 의미하는 말이다. 중국의 고속성장과 미국의 소비 확대로 디지털산업을 중심으로 하는 일본의 수출기업들의 수익이 크게 늘었다.

이는 곧장 설비투자로 이어졌다. 2003년 민간 설비투자가 12.2% 늘었고, 2004년에도 10.2%나 증가했다. 마쓰시타는 900억 엔을 들여 플라즈마 디스플레이 패널(PDP) 공장을 신설하겠다고 발표했다. 그러자 자연스레 고용이 증가했다. 일본의 고용 상황은 2003년에 저점을 지났고, 2004년 5월에는 실업률이 4.6%로 3년 9개월 만에 가장 낮았다.

전자업체를 중심으로 일본 대기업들이 2004년 여름에 사상 최고의 여름보너스를 지급했다. 경기 회복에 자신감이 생기자, 소비자들이 지갑을 열기 시작했다. 2004년 5월의 소비지출은 실질 기준으로 1년 전보다 5.6% 증가했다. 부유층이 향유하는 기모노, 보석, 미술품 등 3대 상품이 잘 팔리기 시작했고, 고급 스포츠카의 대명사인 포르셰 판매가 35%나 늘었다. 여기엔 연금생활자인 60, 70대 노인층까지 동참했다.

경기 회복은 2005년에도 이어졌다. 2005년 4분기 경제성장률은 5.5%(연율 기준)로 미국과 유럽의 성장 속도를 앞질렀다. 일본의 6대 은행들은 2005 회계연도에 17년 만의 최대인 2조 8,000억에 이르는 순이익을 달성함으로써 골칫덩어리인 부실자산을 줄일 수 있었다. 상장기업들도 3년 연속 사상 최대의 순익을 경신하는 등 연달아 기쁜 소식이 날아들었다.

2006년으로 접어들자, 경기는 더욱 좋아졌다. 주요 백화점 매출이 두 자리수 증가율을 기록하면서 15년 만에 호황을 누렸다. 재고, 설비투자, 건설투자, 인프라투자 등 이른바 4대 경기 사이클이 모두 호조를 보였다. 이렇게 일본 경기가 호조를 보이자, 외국인들이 부동산을 사들이기 시작했다. 골드만삭스와 론스타 등 유수의 투자은행들이 뛰어든 것이다. 골드만삭스는 골프장만도 100여 개를 사들였고, 론스타도 60여 개를 손에 넣었다.

그러나 축제는 여기까지였다. 또 한 번의 고통이 서서히 밀려왔기 때문이다. 2007년(성장률 1.6%)을 끝으로 5년간의 경기 확장이 멈췄고, 오히려 치유되지 않은 버블이 남긴 후유증이 증폭되었다. 특히 눈덩이처럼 불어난 국가부채가 점점 걸림돌이 되었다. 이 모든 것은 경기 회복을 위해 대규모 재정을 방출한 결과였다. 어쩔 수 없는 선택이었지만, 막대한 재정 적자는 국채의 신용을 떨어뜨렸을 뿐만 아니라 미래에 커다란 짐을 지우는 결과를 낳았던 것이다.

1991년에 GDP의 69%에 불과하던 국가부채가 1996년에 100%를 넘어섰다. 2004년의 국가부채는 700조 엔을 돌파했고, 그 해 예산의 44%를 공채 발행을 통해 충당하는 상황이 벌어졌다. 버블 붕괴 직전인 1991년(9.5%)에 비해 무려 5배나 증가한 것이다.

경기가 회복돼도 상황은 개선되지 않았다. 2006년 예산 일반회계 세입에서 공채가 차지하는 비중은 30.7%인 24조 4,890엔에 달했다. 더 큰 문제는, 10년 불황을 극복하는 과정에서 제조업 기반이 매우 취약해졌다는 것이다. 2000년대로 접어들면서 기업의 비용절감 압박이 심해졌고, 각 기업들은 이를 타개하기 위해 해외 생산기지를 늘렸다. 하지만 해외노동자들의 손을 빌리면서 가격경쟁력은 생겼지만 일본의 최대 강점인 품질이 희생되고 말았다.

기업들은 비용절감을 위해 비정규직 채용을 늘렸고, 핵심능력을 가진 단카이세대(團塊世代)는 대거 산업현장에서 은퇴했다. 그 결과, 그들의 기술력과 노하우가 제대로 전달되지 못했다. 혼신의 힘을 쏟아 최고의 제품을 만든다는 일본 특유의 모노즈쿠리(物作り) 장인정신이 쇠퇴한 것이다. 도요타 대규모 리콜 사태의 원인도 어쩌면 여기서 찾을 수 있을지 모른다.

일본은 탈출구를 수출에서 찾았다. 2003~2004년 35조 엔을 외환시장에 쏟아 붓는 등 수출을 장려하면서 0%대의 초저금리 정책을 고수했다. 그 결과, 일본경제에서 수출의 성장기여율은 1995~2000년에 45%

였던 수준에서 2002~2007년에는 61%로 크게 올라갔다.

일본이 노린 소비시장은 미국이었다. 강한 달러와 풍부한 유동성 덕분에 미국인들은 일본 상품을 거침없이 사들였다. 하지만 특정 시장에 대한 높은 수출의존도는 대외 변수에 취약한 구조를 만들었다. 고령화로 인해 산업의 활력이 전반적으로 떨어졌고, 금융 부문이 개선되었다고는 하지만 일본은 여전히 미국이나 영국 등 선진국에 비해서는 절대적인 열세였다. 여기다 금융 부문 부실자산은 여전히 미해결 과제였다.

체력이 약해진 일본경제는 해외 충격파를 감당해낼 수가 없었다. 2008년부터 불어닥친 서브프라임 모기지 사태와 이후 리먼브러더스 파산으로 이어지는 일련의 글로벌 금융위기에 일본경제는 직격탄을 맞았다. 2009년, 일본경제는 3.4%나 뒷걸음질쳤다.

미증유의 금융위기, 30년 불황 위기에 몰리다

일본은 지금 30년 불황에 빠져들지도 모를 위기를 맞고 있다. 2010년 1월 4일, 월스트리트저널은 그동안 부진을 털어내지 못한 채 두 차례의 잃어버린 10년을 겪은 일본이 세 번째 잃어버린 10년을 맞이할 위험에 처해 있다고 보도했다.

니혼게이자이신문은 1990년대의 잃어버린 10년에 대응해서 2000년대를 '오그라든 10년'이라고 정의했다. 복합 불황의 여파로 일본경제 규모가 쪼그라든 것을 꼬집은 표현이다. 2009년, 일본의 명목 GDP는 10년 전인 1999년에 비해 5% 감소해 473조 엔에 불과했다.

2000년대의 실질 GDP성장률은 연평균 0.7%에 머물렀다. 2003~2007년엔 연평균 1~2%대의 성장을 기록했으나 2003년 이전엔 IT버블 붕괴로 휘청거렸고, 2008년 이후엔 경기침체와 리먼브러더스 파산이 불러온 금융위기로 2년 연속 마이너스성장을 기록했다.

GDP가 감소했다는 것은 국민들의 자산이 줄어들었다는 것을 의미한다. 그만큼 소비를 위축시켜 투자와 생산의 침체로 연결된다. 침체의 악순환 고리가 형성되는 것이다. 자산 디플레이션은 주가 하락에서 극명하게 드러났다. 2009년 12월 29일, 닛케이평균지수(10,638포인트)는 10년 전 고점의 4분의 1 수준에 불과하다.

성장 동력인 수출도 부진을 면치 못하고 있다. 2009년의 전체 수출액은 54조 1,827억 엔으로 전년에 비해 33.1%나 감소했다. 기업 활동이 위축되면서 근로자 급여 총액은 255조 엔으로, 10년 전에 비해 5.5% 줄었다. 2000~2009년의 연평균 광공업 생산지수도 1.5%가 떨어졌다. 물가 하락은 일본경제가 축소되고 있다는 단적인 증거다. 청소기 같은 가전제품 가격은 1990년대에 비해 절반 가까이(41%) 떨어졌으며, 남성 정장 한 벌 가격도 17%나 하락했다.

2009년 11월, 일본정부는 물가가 1.7% 하락하면서 9개월째 마이너스를 기록하자 디플레이션 국면에 들어섰다며 공식적으로 이를 인정했다. 다시는 떠올리고 싶지 않았던 디플레이션 탈출을 선언한 지 3년 5개월만이었다.

2009년 8월 총선에서 승리하여 55년 장기 집권해온 자민당을 제치고 정권을 잡은 민주당은 심각한 디플레이션을 극복하는 것을 당면 과제로 삼았다. 하토야마 총리는 2009년 2차 추가경정예산을 7조 2,000억 엔으로 늘리고, 일본은행을 통해 12월부터 0.1%의 초저금리로 10조 엔을 시중에 풀었다. 2010년 전체 예산(일반회계) 규모도 92조 2,000억 엔으로 2009년보다 4.2%나 늘려 사상 최대 규모로 책정했다.

하지만 심각한 재정 상태는 하토야마 정부의 발목을 잡고 있다. 자민당 정권이 국채로 재정을 지탱하면서 일본의 나랏빚은 2009년 9월 현재 864조 5,226억 엔으로 사상 최대 규모다. GDP 대비 189%로 선진국 가운데 최악이다. 그럼에도 불구하고, 올해는 GDP의 200%마저 넘어설 것이 확실하다.

지난해 세수는 37조 엔에 그쳤고, 국채 신규 발행으로 53조 엔을 조달했다. 이는 국가 예산의 절반 이상을 빚으로 메운 것임을 말해준다. 하토야마 정부는 재정 악화를 막기 위해 2010년 신규 국채 발행을 44조 엔 수준에서 억제했지만, 경제가 추가로 꺼질 경우 경기부양을 할 실탄이 부족하게 되는 상황이 벌어질 수 있다.

30년의 장기불황 위기에 직면한 하토야마 정권은 1990년대의 잃어버린 10년의 오류를 되풀이하지 않기 위해 과감한 결단과 정책의 추진력을 발휘해야 한다는 요구를 받고 있다. 일본 국민들은 정부가 중요한 순간마다 보여온 '아직 아무것도 결정된 것이 없다'는 식의 우유부단함이 위기를 연장시켜왔음을 기억하고 있다. 월스트리트저널의 지적은 이런 국민적인 요구를 잘 웅변하고 있다.

"정책 입안자들의 결단성 부족이 경기침체를 20년 넘게 끌고 온 주요 원인이다."

2009년 12월 30일, 니혼게이자이신문은 '잃어버린 20년에 종지부를 찍을까?'라는 제목의 사설에서 이렇게 지적했다.

"신흥국을 포함한 글로벌 경쟁 시대에 일본은 승자가 되지 못하고 경제 정체에 시달려왔다. 성장의 새로운 맹아(萌芽)를 찾지 못하면 잃어버린 20년으로부터 벗어날 수 없을 것이다."

일본은 과연 이대로 무너질 것인가.

| 2장 |

중국에 빼앗긴
G2의 자리

G2의 자리를 중국에 내주다

도요타자동차의 리콜 사태가 본격적으로 확산되고, 일본경제에 대한 위기론이 다시 한 번 수면 위로 올라오던 2010년 1월 21일, 중국 국가통계국은 일본인들의 감정을 자극하기에 충분한 발표를 하나 내놓았다. 2009년에 중국이 8.7%의 높은 성장률을 실현했고, GDP는 33조 5,350억 위안(元)을 기록했다는 것이었다. 일본이 제로성장의 그늘에 갇혀 옴짝달싹 못하고 세계경제가 글로벌 금융위기로 죽을 쑤고 있는 판국에도 중국의 고성장 페달은 멈출 생각을 하지 않고 있었던 것이다.

그 무렵, 중국의 일간지 차이나데일리는 한 술 더 떴다. 2009년에 중국이 이미 일본을 따라잡아 GDP 세계 2위에 뛰어올랐다고 선언한 것이다. 비공식 통계이기는 했지만, 정치군사적 차원이 아닌 경제 부문에서 중국이 미국과 어깨를 나란히 하는 G2의 반열에 들어섰다고 밝힌 것은 일본인들에게는 수치나 다름없었다.

비록 공식적인 통계가 나오지는 않은 상황이었지만, 차이나데일리의 보도처럼 이미 중국과 일본은 GDP 4조 달러를 전후로 해서 순위가 역전된 것으로 추정되었다. 설령 2009년 역전이 불가능하더라도 2010년에는 세계 2위의 경제대국 자리를 중국에 내줄 것이 불 보듯 뻔하다. 일본이 2차 세계대전의 상처를 치유하고, 지난 1968년에 서독을 제치면서 세계 2위의 위치에 올라선 지 42년 만의 일이다.

지난 수십 년 동안 미국과 함께 세계경제의 양축을 이끌어오던 일본이었다. 제 아무리 잃어버린 10년을 겪고, 제로성장의 그늘에 갇혀 있었다고 하지만 일본은 세계경제의 패권을 쥐고 흔들어왔다. 도요타를 중심으로 한 막강한 수출기업과 일류기업들의 글로벌 브랜드파워를 등에 업고 상품시장은 물론이고 국제 외환시장에서도 명실상부 중심 역할을 해온 일본이다. 엔화는 기축통화 역할을 꾸준히 해냈고, 특히 아시아 외환시장에서의 통화 중심은 누가 뭐라 해도 엔화였다. 그러던 일본이 결국 G2의 위치를 중국에 내주게 되었으니 일본인들의 자존심은 구겨질 대로 구겨지고 만 셈이다.

이를 반영한 것일까? 일본 언론들은 GDP가 중국에 뒤지는 것을 덤덤히 받아들이지 않고, 의미를 축소하거나 대국에 걸맞지 않은 중국의 옹졸함을 비판하고 나섰다. 20년 동안 계속된 만성적인 저성장에 숨이 막히고, 여기에 금융위기까지 더해지면서 최악의 한 해를 보낸 일본인들이 그 어느 때보다 자신들의 추락에 예민해진 것이다.

중국 국가통계국이 성장률 발표를 한 다음날인 2010년 1월 22일, 니혼게이자이신문은 감정을 추스르지 못하는 일본인들의 마음을 대변하는 보도를 대문짝만하게 실었다. 신문은 이날 'GDP로 일본을 위협하는 중국의 책임'이라는 제목의 사설을 내보냈다.

"중국의 명목 GDP가 이르면 올해 일본을 제치고 세계 2위가 될 것으로 전망된다. 중국의 V자형 경기 회복은 2차 세계대전 후 첫 마이너스 성장에 빠진 세계경제를 지탱해준 최강의 버팀목이었다."

여기까지는 그래도 중국의 경제적 성장과 세계경제에서의 역할을 액면 그대로 인정하는 모습이지만, 다음 부분에서 곧바로 중국에 대한 질시 어린 눈길이 드러났다.

"중국이 세계 1위 미국의 자리를 넘볼 날도 결코 멀지 않다. 중국은 이미 수출액, 온실가스 배출량 등에서 모두 1위이다. 1위로서의 책임을 자각해야 할 때인 것이다."

중국이 고도성장을 통해 세계경제를 이끄는 자리에 올라서기는 했지만, 기실 그 역할은 여전히 후진적인 형태에 머물러 있다는 점을 에둘러 꼬집은 것이었다. 니혼게이자이신문은 계속해서 불편한 심기를 숨기지 않았다.

"최근 공산당 정권의 행동은 실망스럽다. 지난해 UN 기후변화 총회에서는 다른 개도국을 설득하지 않았다. 또 수출을 늘리기 위해 위안화를 미국 달러에 고정시켜 다른 개도국을 위협했다. 중국의 강력한 발전은 일본과 아시아에 있어 기회이기도 하지만, 중국이 세계 1위로서의 책임을 계속해서 회피하려 한다면 이는 좌시할 수 없는 문제이다. 일본은 중국에 입바른 소리를 할 각오를 해야 한다."

일본의 반응은 사실상 수위를 넘는 것이었다. 외견상 중국의 책임을 운운한 것이었지만, 중국인이 보기에 니혼게이자이신문의 보도는 중국의 통화와 환경 부분에서의 주권을 사실상 침해하는 것이나 다름없기 때문이다. 미국이 중국에게 통상 압력을 가하는 것도 모자라 일본까지 여기에 가세하다니, 중국인들에게 일본의 이런 모습은 괘씸한 것을 넘어 어쩌면 건방진 모습이기도 했다.

니혼게이자이신문과 같은 반응은 다른 언론사에서도 마찬가지였다. 중국 언론들이 '중국 GDP 일본 추월' 보도를 일제히 내보내자, 산케이신문은 말하기를, 중국 언론에 따르더라도 2008년 1인당 GDP는 일본이 4만 2,480달러인 반면 중국은 3,315달러로 아직 차이가 크다면서 국제적인 GDP 비교는 국제통화기금(IMF)이 2010년 4월에 달러 기준으로 발표할 것이므로, 좀 더 신중히 지켜볼 필요가 있다고 지적했다.

국가 전체의 GDP는 어떨지 몰라도 중국이 갖고 있는 빈부격차와 1인당 삶의 수준만큼은 중국이 일본을 따라 오려면 한참 멀었다는 해석이다. 실제로 2008년에 중국의 1인당 GDP는 세계 106위권 밖이었다. 엘살바도르(3,823달러), 에콰도르(3,776달러), 몰디브(3,648달러)에도 뒤진다.

하지만 일본이 1인당 GDP를 거론한 것에는 다른 의도가 숨어 있음을 쉽게 확인할 수 있다. 중국의 인구가 많고, 그들의 1인당 삶의 수준과 그 속에 내포된 빈부격차와 지역 간의 현격한 부의 격차를 짚어냄으로써 일본이 누려온 세계 2위의 경제대국 자리를 결코 포기할 수 없다는 사실을 드러내고 싶었던 것이다. GDP 3위 추락의 의미를 축소하려는 일본인들의 정서는 일본정부의 반응에서도 쉽게 확인할 수 있다. 일본 경제산업성이 2009년 6월에 발간한 보고서에서는 그 일단이 드러나 있다.

"중국경제가 기대 이상으로 성장하고, 반면 일본경제가 지속적으로 악화될 경우, 일본은 세계 2위의 위치를 잃게 될 것이다. 중국은 금년이나 내년에 일본을 추월할 것이다. 하지만 중국의 많은 경제학자들은 일본의 1인당 GDP는 중국의 13배에 이르기 때문에 중국의 GDP 총량이 일본을 추월하더라도 아무런 의미가 없다고 지적했다."

이 보고서를 가만히 보면, 일본인들이 자기들의 위치를 자위하는 모습이 역력하다. 니혼게이자이신문에 따르면 중국의 GDP를 지난해 평균 환율(달러당 6.8310위안)로 환산한 금액은 4조 9,090억 달러에 이른다. IMF가 예상한 일본의 2009년도 GDP는 5조 490억 달러로, 격차는 1,400억 달러에 불과하다.

2009년에 누가 2위를 차지했는지는 논란의 여지가 있지만, 분명한 사실은 중국이 2010년에는 일본을 추월할 것이라는 점이다. 중국사회과학연구원은 2010년 중국의 GDP가 5조 5,000억 달러에 이를 것으로 추산하고 있다. IMF가 예상한 2010년 일본 GDP 5조 1,000억 달러를 4,000억 달러 가량 웃도는 것이다.

미국의 투자은행 골드만삭스는 상처 난 일본인들의 가슴에 또 한 번

불을 질렀다. 일본은 2030년이 되기 전에 인도에게마저 뒤처질 것이라고 전망한 것이다. 이 같은 분석은 전혀 근거가 없는 것도 아니다. 저출산 고령화의 본령이라 할 수 있는 일본으로서는 해가 갈수록 경제적 부의 총량이 쪼그라드는 것을 피할 수 없기 때문이다. 세계 2위의 경제대국으로서의 일본의 가치는 이렇게 빠르게 소멸되어 가고 있다.

21세기판 청일전쟁

일본이 이토록 민감하게 반응하는 것은 역사적으로 볼 때 충분히 이해할 수 있다. 일본은 산업화 이전까지 중국의 적수가 되지 못했다. 오랫동안 아시아의 변방에 머물렀던 일본은, 1895년 청일전쟁에서 승리한 이후 명실공이 아시아의 맹주로 올라섰다는 자부심을 갖게 되었다. 2차 세계대전에서 청나라를 뒤이은 중화민국이 전승국이 되고, 일본은 패전국이 되었어도 이 같은 인식은 변하지 않았다. 일본 입장에서는 세계 최강 미국과의 전쟁에서 패배한 것이기 때문이었다.

1980년대로 접어들면서, 일본은 미국을 제치고 세계 1위의 경제대국이 되려는 꿈을 꾸었다. 그러던 일본이 버블 붕괴로 경제가 꺾인 것도 모자라 저만치 뒤따라오던 중국에게 추월을 당하는 것은, 그래서 더욱 뼈아프다. 이제 중국에 밀리는 것은 엄연한 현실이 되었으니 자존심이 더욱 상할 것이다.

중국 인민일보의 자매지인 환구시보(环球时报)는 2010년 1월 4일, '2010년 중국에 추월당한 일본 초조'라는 자극적인 제목의 기사를 1면

톱으로 게재했다. 이 신문은 10년 전인 2000년에 일본의 3분의 1 수준이었던 중국의 GDP 규모가 2010년에 일본을 확실하게 넘어서게 되었다고 썼다.

이 신문의 보도가 아니더라도, 중국 추월 현상은 산업 전반에서 벌어지고 있다. 일본이 자랑하는 자동차산업은 미국으로부터 1위 자리를 빼앗기가 무섭게 중국에 밀릴 처지가 되었다. 일본의 간판 자동차 메이커인 도요타가 천신만고 끝에 미국의 GM을 제치고 세계 1위에 올라선 것이 2008년이었다.

반면 지난해 세계 1위의 자동차 소비국으로 도약한 중국은 자동차 생산국으로서의 위상도 빠르게 높여가고 있다. 지난해 중국에서 판매된 자동차는 1,360만 대로, 사상 처음 미국의 1,040만 대를 제쳤다. 그뿐만 아니라 차세대 자동차 분야에서도 이 분야 선두인 일본을 빠르게 추격하고 있다. 올해 전기차를 양산하는 BYD는 일본의 혼다 등과 한 판 승부를 벼르고 있다.

일본이 한국에게 빼앗긴 조선(造船) 1위 자리는 2009년 중국에게 넘어갔다. 중국 공업정보화부 장비공업국의 발표에 따르면, 2009년 중국의 선박 수주량은 2,600만 DWT(중량톤)로 전년보다 55% 급감했으나, 세계시장점유율은 61.6%로 무려 23.9% 급등했다. 선박 건조량은 4,243만 DWT로 47% 급증하여 세계시장점유율이 34.8%로 5.3%가 높아졌다.

수출 부문에서 2005년에 이미 일본을 제친 중국은 2009년에는 독일마저 누르고 세계 1위가 되었다. 중국의 2009년 수출은 1조 2,016억 달러로 전년보다 18%가 감소한 독일(8,032억 유로, 약 1조 1,000억 달러)을 약 1,000억 달러 차이로 따돌렸다. 독일은 2003년에 미국을 밀어내고 수출 1위국에 오른 뒤 그동안 줄곧 그 자리를 지켜왔다.

비경제 영역에서도 일본과 중국은 강력한 경쟁관계다. 특히 스포츠 무대만큼 두 나라가 치열하게 맞붙은 분야도 없다. 먼저 기세를 올린 쪽은 일본이었지만, 지금은 전반적으로 중국에 밀리는 상황이다. 일본은 누적 올림픽 금메달 수에서 중국에 이미 졌다. 2004년 아테네올림픽까지 일본은 모두 114개의 금메달을 획득해 112개를 얻은 중국을 앞서왔지만, 2008년 베이징올림픽에서 중국이 금메달 51개를 거머쥔 데 비해 일본은 9개에 그쳤다.

중국은 안방에서 열리는 이점을 살려 미국(금메달 36개)마저 누르고 세계 1위 자리를 차지했다. 군사에 이어 경제와 스포츠 등 모든 부분에서 일본은 지금 중국에게 세계 2위 자리를 물려주고 있는 셈이다.

G7을 넘지 못한 일본, G2로 도약하는 중국

1973년, 오일쇼크로 큰 타격을 입은 미국, 영국, 독일, 프랑스, 일본 등 5개국이 한자리에 모였다. 이때부터 '주요 5개국(G5)'이라는 명칭이 세상에 이름을 알렸다. 일본은 아시아에서는 유일하게 참석한 나라로, 세계 2위의 경제대국으로 도약한 데 대한 국제사회의 대접이었다.

조지 슐츠 당시 미국 재무장관의 제안으로 재무장관 모임에서 출발한 G5 회의는, 1975년에 G5 정상회의로 승격되며 위상이 크게 높아졌다.

그 해에 프랑스 랑부예에서 첫 정상회담을 가진 데 이어, 이탈리아(1975년)와 캐나다(1976년)가 참여하면서 G7으로 확대되었다.

G7(러시아를 포함할 경우 G8)은 이후 30여 년 동안 세계 정치경제를 쥐락펴락했다. 일본은 전 세계 GDP의 대부분(2005년 기준 67%)을 점유하고, 세계 인구의 14%가 몰려 있는 이 모임을 통해 글로벌 경제 무대에서의 발언권을 높여 나갔다. 일본은 G7 안에서도 미국에 이은 2인자로서, 때로는 미국과 대등한 위치에 서기도 했다. 당연히 아시아엔 그들의 적수가 없었다.

하지만 신흥국들의 빠른 성장으로 인해서 G7은 점점 통솔력을 잃어갔다. G7의 GDP 비중은 2008년에 52%로 떨어졌고, 2030년에는 37%로 위축될 것이라는 전망이 제기되었다. 중국은 2004년에 이미 세계 GDP의 3.9%를 차지하면서 G7 멤버인 이탈리아(3.7%)와 캐나다(2.3%)를 추월한 상태이다.

선진국들이 치명상을 입은 글로벌 금융위기를 계기로 G7의 위상 약화는 더욱 가속화되었다. 2010년 2월 5일, 캐나다 북극도시 이콸루이트에서 열린 G7 재무장관회의는 G7의 위상 변화를 잘 보여준다. 그리스발(發) 국채 위기로 글로벌 금융시장이 요동치는 와중에 열렸지만 별다른 주목을 받지 못했으니 말이다. 그것을 말해주는 듯, 이틀간의 회의에서 나온 결과물은 고작해야 '경기 부양을 지속한다'는 선언적인 합의가 전부였다. 12년 만에 처음으로 성명서도 채택하지 못했고, 그리스 사태에 대한 어떤 해결책도 제시하지 못했다. 물론 기대하는 이들도 그리 많지 않았다.

과거 G7의 역할은 이제 선진, 신흥 주요 20개국(G20)이 넘겨받고 있다. G7에 신흥국(중국 등 12개 신흥국), 여기에 더해 EU 의장국으로 구성된 G20의 경제규모는 전 세계 GDP의 85% 이상을 차지하고, 세계 인구의 3분의 2가 이들 나라에 거주한다.

G20 시대의 개막은 G7의 주역인 일본이 특별한 위치를 상실했음을 의미한다. 반면 중국은 신흥국 대표로서 국제무대에서 발언권을 높이게 되었다. 더구나 중국은 G20 무대를 넘어 미국과 함께 슈퍼파워 시대를 예고하고 있다. 바야흐로 주요 2개국(G2)의 시대인 것이다. 중국의 GDP는 미국의 3분의 1 수준이지만 세계경제 성장에 대한 기여도는 이미 2007년에 19.2%로 미국(15.7%)을 능가했다. 2009년 10월 1일, 중화인민공화국 설립 60주년 행사에서 후진타오(胡錦濤) 중국 국가주석은 세계무대에서의 자신들의 위치를 당당하게 선포했다.

"사회주의 중국은 세계의 동방에 우뚝 섰다."

국력의 크기를 극명하게 보여주는 외환시장에서도 변화가 감지된다. 중국의 외환보유액은 2009년 말 2조 3,992억 달러에 이른다. 이는 세계 최대 외환보유국으로서, 2위인 일본(1조 494억 달러)의 2배를 넘는다. 막대한 외환을 바탕으로 위안화는 날로 위상이 높아지고 있다. 하지만 국제 결제시장에서 여전히 엔화가 득세하고 있는 가운데, 위안화의 존재는 일본과 중국의 경제력 변화에 따라 더욱 흔들릴 가능성이 크다.

일본에 의심의 눈초리를 보내는 신용평가기관들

일본경제에 대한 신뢰가 흔들리는 모습은 그들의 신용도 추락으로 이어지고 있다. 한 나라의 신용도는 그 국가의 현재와 미래를 보여주는 징표이기에 경제적 추락을 넘어 신용도 하락으로 일본인들의 모습은 더욱 안타깝다. 당장 세계적인 신용평가기관들이 일본경제에 의심의 눈초리를 보내기 시작했다. GDP의 200%에 이르는 재정 적자를 해소하는 것이 급선무라고 지적하면서, 그렇지 않을 경우 신용등급을 강등하겠다고 경고한 것이다.

IMF는 일본이 2009년에 이어 2010년에도 재정 적자 폭이 GDP의 10%를 넘을 것으로 전망하고 있는 상황이다. 신용평가기관들은 디플레이션을 막기 위해 확장 정책이 필요하지만, 그 후 발생할 수 있는 재정 적자 문제를 우려하고 있다. 2010년 1월 26일, 무디스와 함께 세계 양대 신용평가기관인 스탠더드앤드푸어스(S&P)는 일본의 국가 신용등급 전망을 종전의 '안정적'에서 '부정적'으로 하향 조정했다. 2010년의 대규모 국가부채가 경제의 발목을 잡을 수 있다는 이유에서이다. S&P가 발표한 보고서의 내용을 보면, 일본경제의 현재 모습이 적나라하게 드러난다.

"일본은 재정 적자 확대와 디플레이션 우려에 직면해서 적절한 조치를 신속히 처방할 필요가 있다. 일본정부가 경기 회복 조치를 취하지 못하고 경제지표가 여전히 개선되지 않을 경우, 등급 강등도 검토하고 있다."

S&P는 현재 일본의 국가 신용등급을 세 번째로 높은 'AA'로 주고 있

다. 아무리 경제적으로 위축되고 있다손 치더라도 등급까지 떨어뜨리다니, 일본의 자존심은 망가질 대로 망가졌다. 그렇다고 일본정부가 가만히 손을 놓고 앉아 있을 수는 없는 일이다. 최근의 국제 금융시장의 흐름상 신용평가기관은 무시할 수 있어도 신용등급은 무시할 수 없는 게 현실이다. 등급 하락이 금융시장에 미치는 파급력이 워낙 크기 때문이다.

결국 일본정부는 외환시장의 충격을 우려한 나머지 팔을 걷어붙이고 나섰다. 노다 요시히코 일본 재무차관은 '위기감을 가지면서 재정 정책 원칙은 지켜가겠다. 신용등급 하락 사태가 일어나지 않도록 시장 움직임을 면밀하게 주시하겠다'고 밝혔다.

이 발언이 나오면서 엔화는 초강세를 보였다. 사실, 일본을 향한 신용평가기관의 경고는 이미 2009년 말부터 터져 나오기 시작했다. S&P에 앞서 무디스는 2009년 12월에 일본의 신용등급 향방은 정부의 중기적인 재정 적자 조정 및 축소 노력에 달려 있다고 지적한 바 있다. 무디스의 토마스 번 부사장이 로이터와 가진 인터뷰 내용에는 따가운 경고가 담겨 있다.

"일본정부가 중기적으로 적자 축소 플랜을 확실하게 제시하지 못하면 투자자들이 적자 확대에 따른 리스크 프리미엄을 요구하게 될 것이다."

또 다른 신용평가기관인 피치(Fitch) 역시 일본의 GDP 대비 재정 적자가 향후 몇 년 동안 더욱 증가할 것이라고 분석했다. 다만 피치는 일본의 신용위기 가능성은 강력한 대외 수지의 균형에 의해 상쇄되고 있다면서 당장 부정적인 영향은 없을 것으로 평가했다. 앞서 피치는 일본이 대량의 국채를 발행할 경우, 일본 국채의 신용등급인 'AA-' 등급을 하향할 가능성이 있다고 지적했다.

일본은 만성적인 경기침체로 세수가 점차 바닥나고 있는 상황을 맞고 있다. 재정 적자와 국가부채 규모를 줄이기엔 세수 여건이 턱없이 허약하다. 부족한 예산은 국채 발행으로 메우고 있는 실정이다. 2009년에는 63년 만에 처음으로 세수가 국채 발행 규모를 밑돈 데 이어, 2010년에는 1984년 이후 처음으로 40조 엔에도 미치지 못할 것으로 전망된다.

더구나 급격한 고령화와 저축률 하락으로 든든했던 국채 매수 기반이 흔들리고 있다. 영악한 헤지펀드들이 이 같은 약점을 놓칠 리 없다. 그들은 돈이 되는 구석이면 어디라도 교묘하게 달라붙는다. 헤지펀드들은 일본 국채시장 붕괴에 베팅하기 시작했다. 그리스와 아일랜드 등 국가부채 비율이 높은 나라에 대한 신용 우려가 고조되면서, 이들 국채 가격 하락에 베팅한 헤지펀드들은 쏠쏠한 재미를 보았다. 미국 헤지펀드 헤이먼 캐피탈의 카일 배스 대표는 월스트리트저널과의 인터뷰에서, 일본 국채시장의 붕괴가 나타나는 것은 시간문제라면서 국채 가격 하락에 베팅한 이유를 이렇게 밝히고 있다.

"일본 국채의 최대 매수자였던 연기금, 보험사 등 기관투자자들은 이제는 매도자가 되었다. 이는 과거 일본 국채시장과 대비되는 가장 큰 차이점이다."

세계경제를 쥐락펴락하던 일본이 헤지펀드들의 먹잇감이 되는 현실이 오늘의 일본경제 상황을 말해주고 있다.

3장

성공신화에
발목이 잡히다

스스로를 갈라파고스에 가둔 일본

"세계 최고의 기능을 갖춘 일본 휴대폰들은 왜 일본 바깥에서는 구경하기 힘든 것일까?"

2009년 7월 20일, 뉴욕타임스에 실린 한 기사가 이 같은 의문에 명쾌한 답을 내놓았다. '갈라파고스 증후군'이라는 주제의 이 기사는 좁은 세상에만 갇혀 진화를 거듭한 결과, 더 큰 세상에서는 적응력을 상실하고 만다는, 어쩌면 평범한 것 같으면서도 너무도 자연스러운 현상을 절묘하게 분석하고 있다.

일본 휴대폰은 기능면에서 자타가 공인하는 세계 최고다. 일례로 소프트뱅크가 공급하는 샤프의 912SH 모델은 액정표시장치(LCD)의 화면이 90도 회전하면서 위치 확인 시스템(GPS), 바코드 판독, 신용카드, 디지털 TV, 화상회의 기능에 타인의 무단 사용을 막는 안면 인식 기능까지 두루 갖추고 있다.

인터넷에 접속되는 것은 물론이고 이메일 송수신, 신용카드와 탑승권, 심지어 체지방 측정기 역할까지 한다. 가히 첨단기술의 향연이라고 할 만하다. 하지만 이 정도는 일본에서 보통에 속한다. 일본 휴대폰은 미국에서 인기를 끄는 블랙베리나 아이폰보다도 훨씬 기능이 앞서 있다.

그런데도 이상한 일은 미국 시카고나 영국 런던에서 파나소닉이나 샤프, NEC 같은 일본산 휴대폰을 사용하는 이들은 거의 찾아볼 수가 없다. 획기적인 기능을 무기로 하여 일본업체들이 수년 동안 해외진출을 시도했음에도 불구하고, 일본 이외의 나라에서 일본산 휴대폰은 존재 가치를 찾기 힘들다. 도쿄의 IT 컨설턴트업체인 유로테크롤로지의 게럴드 파솔 대표는 이렇게 말한다.

"일본은 기술 혁신에서 몇 년은 앞서 있지만 일본 밖에서 이를 상용화하는 데는 모두 실패했다."

무선인터넷 서비스인 아이모드(i-Mode)를 개발한 도쿄 게이오대학 나츠노 다케시(夏野剛) 교수는 이를 한마디로 '갈라파고스 증후군'이라고 정의했다. 일본이 스스로에게 매몰된 나머지 세계시장에서 고립을 자초한 결과라는 것이다.

이 말은 찰스 다윈의 진화론을 탄생시킨 갈라파고스 제도에서 따온 것이다. 다윈이 갈라파고스 제도에서 발견한 동물들은 고립된 환경에서 진화를 거듭하다 보니 대륙의 친척들과는 전혀 다른 모습을 하고 있었다. 갈라파고스 제도는 남미 대륙에서 972km나 떨어진 탓에 전혀 다른 진화 결과물을 만들어냈던 것이다.

일본은 그동안 휴대폰 분야의 기술 혁신을 주도해왔다. 1999년 이메일에서 시작하여, 2000년에는 카메라폰, 2001년에는 3세대(3G) 네트워크, 이어 2002년에는 완전한 음악파일 다운로드, 2004년과 2005년에는 전자결제와 디지털 TV까지, 일본은 항상 시대를 앞서갔다.

2009년 7월 현재, 3세대 휴대폰 사용자는 1억 명으로 시장이 훨씬 큰 미국보다도 2배나 더 많다. 많은 일본인들은 PC 대신 휴대폰으로 인터넷에 접속한다. 이처럼 뛰어난 일본 휴대폰을 세계시장에서 찾아볼 수 없는 것은 매우 놀라운 일로, 도무지 이해가 가지 않는다.

왜 이런 일이 발생했을까? 그 원인은 멀리 있지 않다. 바로 1등이라는 자만에서 찾을 수 있다. 일본의 휴대폰 메이커들은 자신들이 디지털 시대를 주도할 것으로 생각했다. 하지만 결과는 그렇지 않았다. 1990년대에 2세대(2G) 네트워크 표준을 만들었지만, 일본 이외의 시장에서는 배척당했다. 아이모드와 같은 웹서비스도 일본 내에서 거대한 전자상거래(e-커머스)와 콘텐츠시장을 구축했지만, 이는 오히려 글로벌시장에서의 고립을 더욱 가속화시켰다. 2001년엔 3세대 네트워크를 도입했지만, 이 역시 다른 나라에 비해 너무 앞서 나간 것이었다.

일본의 휴대폰업체는 자국시장에서의 경쟁에만 몰두했을 뿐만 아니라 국제 표준을 등한시해 글로벌 경쟁력을 상실했다. 특히 세계시장에서는 통하지 않는 일본만의 통신 방식과 통신사업자 주도의 판매 시스템은 치명적이었다. 그 결과는 시장점유율로 고스란히 이어졌다. 1997년에 22.6%였던 일본 휴대폰의 세계시장점유율은 2005년으로 접어들면서 6.8%로 추락했다. 가히 급전직하요, 몰락이었다.

1등의 자만심에 젖어 있다 안방까지 내주다

현실 안주는 위기를 재촉했다. 1990년대 말에서 2000년대 초반 사이에, 일본 휴대폰시장은 빠르게 성장했다. 휴대폰 메이커들은 내수시장에 만족하며 구태여 해외시장에 진출할 필요성을 느끼지 못했다. 그러나 오래지 않아 위기가 찾아왔다. 2008년에 휴대폰 판매량은 전년 대비 19%나 감소했고, 경기침체가 강타한 2009년은 이보다 더 빠른 속도로 줄어들었다.

그러자 3,000만 대도 되지 않는 휴대폰 단말기시장을 놓고 파나소닉, 샤프, NEC 등 초일류기업 8개가 각축을 벌이는 절박한 상황이 벌어졌다. 일본의 컨설팅업체인 가트너 재팬의 다자키 겐시(田崎堅志) 부회장은 현재 일본 휴대폰업체들은 해외로 눈을 돌리느냐, 사업을 접느냐의 기로에 서 있다고 절박한 상황을 설명했다.

뒤늦게나마 일본 휴대폰 메이커들은 해외시장 진출을 시도하고 있지만, 휴대폰의 기능을 강화시키는 데만 주력한 나머지 소프트웨어 개발은 뒤처져 세계시장 진입이 쉽지 않은 상황이다. 일례로 대부분의 일본 휴대폰은 PC와 자료를 동기화(싱크)시키는 간단한 일조차 쉽지 않다. 현재 세계시장에서는 애플의 아이폰이 등장한 이후, 저가 소형 휴대폰과 첨단기능 소프트웨어 결합이 대세로 자리 잡았다. 이에 반해 일본의 휴대폰은 고가이면서도 소프트웨어는 낮은 정반대의 상황이다.

일본 휴대폰 메이커 중 유일하게 세계시장에 진출한 업체가 있다. 소니에릭슨이다. 일본 소니와 스웨덴 에릭슨이 지난 2001년에 합작 설립한 회사로, 영국 런던에 본사를 두고 있다. 소니에릭슨의 출범은 양사의 윈윈 전략에서 비롯된다. 당시 소니와 에릭슨은 각각 휴대폰사업을 하고 있었지만 만족할 만한 성과를 거두지 못하고 있었다. 그래서 에릭슨의 휴대폰용 원천기술과 소니의 디자인이 브랜드를 결합해 돌파구를 마련하려고 했다. 소니에릭슨의 출범 소식에 세계 휴대폰업계는 긴장했다.

결과는 성공적이었다. 설립 후 2년간은 적자를 기록했지만, 휴대용 카세트의 대명사였던 소니 워크맨의 이름을 붙인 뮤직폰, 소니의 디지털 카메라 사이버샷 기술을 적용한 카메라폰 등이 줄지어 인기를 끌었다. 워크맨폰은 2005년 이후 지금까지 1억 대 이상 팔렸고, 사이버샷폰도 2006년 이후 3,600만 대가 판매되었다.

급기야 2006년 4분기에 소니에릭슨은 삼성전자를 제치고 노키아, 모토로라에 이어 세계 3위에 올라섰다. 2007년 연간 매출은 129억 유로, 영업이익만 15억 4,400만 유로로 영업이익률은 11.9%에 달했다. 당시 세계시장점유율이 10%에 육박했기 때문에 기적이라는 찬사가 잇따랐다.

하지만 그게 다였다. 이후 히트작을 내지 못하고 내리막길을 걷기 시작하더니 급기야 본거지인 유럽시장마저 잠식당했다. 2008년에 7.9%였던 시장점유율은 2009년 1분기에 6.3%, 2009년 4분기에는 3.2%까지 연이어 추락의 길을 걸었다. 결국 소니에릭슨은 막대한 적자로 생존의 위협을 느끼는 상황까지 맞게 되었다. 2009년에 67억 유로의 매출을 올린 소니에릭슨은 10억 달러에 이르는 영업손실을 기록했다. 2년 연속 적자 행진이었다.

왜 이런 일이 발생했을까? 업계에서는 소니가 브랜드파워를 과신한 것으로 보고 있다. 소니의 위상이 흔들린 것도 휴대폰 판매에 영향을 미쳤다는 분석이다. 소니의 브랜드 효과는 점점 떨어지는데 획기적인 제품이 나오지 않았고, 브랜드파워만 믿고 제품 개발을 소홀히 한 게 문제였다는 지적이 업계로부터 쏟아졌다. 이 역시 1등 기업의 향수에 빠졌던 자만의 결과다.

해외진출이 지지부진한 사이에, 가장 폐쇄적이었던 일본 휴대폰시장은 애플의 아이폰에게 완벽하게 뚫렸다. 철옹성이 무너진 것이다. 적어도 휴대폰 분야에서는 세계 최고라는 자존심에 큰 상처를 입었다.

아이폰은 초기에 실패하는 듯 보였다. 하지만 2009년 7월 아이폰 3GS가 발매되면서 분위기가 반전되었다. 아이폰 3GS는 선풍적인 인기를 끌며 100만 대 이상이 판매되었고, 2009년에는 일본에서 가장 인기 있는 스마트폰으로 자리 잡았다. 아이폰을 선보였던 소프트뱅크는 대박을 터뜨려 2009년 3분기 매출이 7%, 순이익이 41%나 급증하는 등 사상 최고의 실적을 기록했다. 경쟁사인 KDDI와 NTT 도코모가 매출과 이익 모두에서 감소한 것을 감안하면, 아이폰의 위력이 어느 정도인지 짐작할 수 있다.

일본의 발목을 잡는 성공신화

휴대폰산업은 기술과 시장 트렌드를 따라 꾸준히 진화하고 있어, 이에 효과적으로 대응하는지의 여부에 따라 기업의 부침이 심하다. 소니에릭슨보다 먼저 위기를 맞은 모토로라 역시 소니에릭슨과 닮은꼴이다. 2004년 말, 레이저폰의 인기에 힘입어 세계시장점유율을 크게 끌어올렸던 모토로라는, 2007년 이후 시장점유율이 급락했다. 초슬림 레이저폰의 성공에 도취된 나머지 3세대 휴대폰, 터치스크린 등 새로운 트렌드 변화에 소홀한 것이 몰락의 원인이었다.

일본은 정도가 약하다는 차이일 뿐 휴대폰뿐만 아니라 가전, 자동차 등에서도 갈라파고스 증후군을 앓고 있다. 과거의 히트상품에 안주한 나머지 새로운 기술이나 시장 변화에 둔감해지면서 공통적으로 발생한 현상이다. 공룡 일본의 추락은 어느 곳에서도 예외가 없었다.

2005년 1월, 니혼게이자이신문은 '삼성 1조 엔 이익의 충격'이라는 제목의 사설을 실었다. 사설에서 특정업체의 이름을 거명한 것 자체가 이례적인 일이었다. 요미우리신문은 삼성이 마이크로소프트(MS)를 제치고 IT기업 중 세계 최고의 순익을 냈다고 전했다. 삼성이 2005년에 기록한 이익은 일본 최대 전자업체인 마쓰시타전기를 비롯해서 히타치, NEC, 도시바 등 상위 메이커 10개 사의 순이익을 합친 것보다 2배나 많았다.

하지만 이것은 일본 전자업체 몰락의 서막에 불과했다. 일본의 간판 전자업체인 소니는 2009년에 창사 이래 처음으로 2년 연속 적자를 기록했다. 2005년에 외국인 출신 사령탑으로 부임한 하워드 스트링어 회장이 18만 5,000명의 직원 중 8,000명 감원과 전 세계 공장의 10%를 폐쇄하는 고강도 구조조정을 밀어붙였지만 적자에서 벗어나지는 못했다.

한국이 넘어야 할 산으로만 여겨왔던 일본이 한국업체에게 역전을 당한 이유는 무엇일까? 이유는 복잡한 것 같지만, 답은 아주 명쾌하다. 시장의 흐름보다 기술을 우선시했고, 기존의 성공에 도취하여 자만에 빠졌기 때문이다.

소니는 TV 모니터가 브라운관에서 액정화면(LCD)으로 이동하는 현상에 제대로 대응하지 못해 삼성전자에게 시장 선두 자리를 내줬다. 갈팡질팡하던 소니는 품질관리마저 실패하면서 2006년에는 1,000만 대에 달하는 노트북 컴퓨터 배터리를 리콜하면서 이미지에 심각한 타격을 입고 말았다. 도요타와 함께 일본 제조업의 양대 자존심이었던 소니의 추락은 1등 일본이 스스로 빠진 함정이요, 성공기업이 몰락으로 들어서는 상징적 사례가 아닐 수 없다. 2010년 2월 9일자 뉴욕타임스는 일본의 추락에 대한 매우 인상적인 기사를 내보냈다.

"일본은 그동안 로봇이나 연료전지처럼 엄격한 품질관리를 강조하며 고수익을 내는 최고급 상품을 생산하는 데 초점을 맞춰왔다. 이 같은 노력은 주로 제조업에 집중되었는데, 이제 그런 전략은 더 이상 유효하지 않다. 이른바 장인정신으로 불리는 전통이 전후 일본의 고도성장의 기적을 낳은 원인이긴 하지만, 이제는 부담이 되고 있는 것이다."

그러면서 뉴욕타임스는 일본기업들이 너무 복잡한 기술 구현에 집착한 나머지 디자인이나 사용처 등 소비자를 단번에 매료시킬 내용들을 간과하고 있다고 지적했다. 소니의 워크맨이 애플의 아이팟보다 성능이 뛰어나더라도 제품의 인기가 훨씬 낮은 이유를 여기서 찾을 수 있다. 리콜 파문으로부터 파생된 도요타 사태의 본질은 바로 소니의 그것을 하나 같이 빼닮았다. 그리고 이것은 일본은 물론이고, 일본에게서 세계시장을 빼앗은 한국기업들도 언제나 빠져들 수 있는 함정이다.

2010년 2월 10일자 일본 도쿄신문(東京新聞)은 일본이 빠진 함정과 고민이 무엇인지를 함축적으로 제시했다. 이 신문은 도요타를 비롯한 일본 주요기업의 경영 실패에 대해, 예스맨이 주위를 둘러싸고 있어 비판 자체가 금기시되었던 에도(江戶) 시대의 번(藩, 제후가 맡아 다스리는 지방의 영지)과 같은 체질 때문이라고 지적했다.

이 신문에서 일본의 시사평론가 사타카 마코토(佐高信)는 도요타 리콜 사태와 관련해서, 도요타는 비판 자체가 금기였을 만큼 너무 들떠 있었다고 꼬집었다. 영주는 주위를 둘러싼 예스맨들이 비판적인 의견을 제시하지 않기 때문에 항상 현실을 잘못 보듯이, 도요타 역시 비판정신이 사라진 기업문화 탓에 현실을 바라보는 눈이 결여돼 있었다는 것이다. 사타카는 말한다.

"번은 영주를 지키기 위해 문제가 있어도 우선 감추고 공개적으로 해결하려고 하지 않는다. 수십 수년에 걸쳐 항공기 좌석의 검사 결과 내용을 위조해 전 세계에 팔아온 고이토공업(小絲工業)의 번도, 최근 법정관리를 신청한 JAL의 번도 마찬가지다."

4장

미국의 음모론은
사실인가?

이어지는 음모론

1997년의 대한민국 외환위기로부터 대우그룹 해체에 이르기까지, 그 사이에 관통하는 흐름은 있으나 어느 누구도 확인하지 못하는 사실이 있다. 바로 미국의 음모론이다. 특히 대우자동차의 매각 과정을 보면서, 많은 사람들은 대우가 세계시장을 잠식하는 모습을 차단하기 위해 보이지 않는 손이 작용했을지 모른다는 얘기를 공공연히 꺼냈다. 물론 그것을 확인해주는 사람은 대우 해체가 진행되고 10년이 지난 지금 이 순간까지도 아무도 없다.

글로벌 금융위기가 끝날 즈음인 2010년 초부터 불거져 나온 도요타 사태는 한국에서 일본으로 무대를 옮겨 또 하나의 음모론을 세상에 던졌다. 이번에도 음모의 주인공은 역시 미국이다.

"캘리포니아 주는 도요타를 거부한다."

도요타의 대량 리콜 사태 파장이 걷잡을 수 없이 퍼지던 2010년 2월 4일, 캘리포니아 주 하원은 자신들이 사용할 차량 구입을 할 때 일본산을 배제하고 미국 제품만을 사용키로 하는 '바이 아메리칸(Buy American)' 결의안을 의결했다. 이러한 움직임은 도요타 사태가 일반인들의 정서적인 대응을 넘어서 공공 차원에서도 본격화되는 신호탄이었다. 리콜 사태를 계기로, 기다렸다는 듯이 자국의 산업을 장려하는 애국주의적인 행보가 본격화된 것이다.

"나는 도요타의 열렬한 지지자였다. 하지만 지금 나는 도요타를 앞장서서 비난하는 사람이 되었다. 내가 돌아서는 데는 많은 과정이 있었다. 결과적으로 나를 이렇게 만든 것은 바로 도요타였다. 도요타는 안전 문제에 대해 부인으로만 일관함으로써 미국인들의 신뢰를 저버렸다."

바이 아메리칸 결의안을 주도한 테드 리우 주 하원의원은 이렇게 말했다. 리우 의원이 도요타 저격수가 된 데는 이번 대량 리콜 사태가 결정적으로 작용했지만, 이것만으로는 이유가 충분치 않다. 저간에는 그럴 만한 사정이 있다.

그는 남부 캘리포니아를 지역구로 하고 있는데, 도요타 북미 법인의 본사가 위치한 토랜스는 바로 남부 캘리포니아에 포함돼 있다. 그가 그동안 도요타의 적극적인 지지자였던 이유는 바로 이 때문이다. 리콜 사태에만 머물렀다면, 그도 이처럼 과격하게 돌변하지는 않았을 것이다.

그럼에도 그를 이렇게 분노하게 만든 다른 이유는 무엇이었을까?

근본적인 원인은, 도요타가 캘리포니아에 마지막 남은 누미(NUMMI; New United Motor Manufacturing Inc.) 공장을 폐쇄하기로 결정한데 있었다. 캘리포니아 프레몬트에 위치한 이 공장은 종업원 수가 5,440명이나 되는데, 도요타가 GM의 철수 발표 직후인 2009년 8월에 폐쇄 결정을 내렸던 것이다. 리콜 사태가 발생하기 전이다. 지역 주민들과 4,500명의 전미자동차노조(UAW) 소속 근로자들이 거세게 반발했지만 도요타 측은 고용, 사회적 책임 등을 내세운 주 정부와 미 의회의 철회 요청을 거부했다.

사실 이 공장은, 공장 이상의 의미를 갖고 있었다. 누미 공장은 1980년대 미국과 일본 간의 무역마찰을 완화시키는 우호의 상징이었다. 1983년 도요타와 GM은 50대 50으로 합작공장을 세워 25년 넘게 운영해왔다. 그런데 GM이 먼저 철수를 발표했지만, 도요타가 오히려 몰락 직전이던 GM을 매몰차게 내팽개친 것으로 받아들여져 미국의 자존심에 커다란 상처를 줬던 것이다.

그렇다고 정치인들이 정치적으로 이를 제재하는 것은 쉽지 않았다. 그러던 차에 이번 대량 리콜은 도요타에 결정적인 한 방을 날리는 명분을 제공한 것이다. 이른바 괘씸죄가 적용된 셈이다. 캘리포니아 주 하원은 2002년까지만 해도 자국산 제품만 쓰자는 바이 아메리칸 규정을 갖고 있었다. 그런데 친환경 바람이 불면서 이 분야에서 앞서가는 일본산 차량을 구입하기 위해 2003년부터 없앴던 것이다. 이 조치로 모든 외국 차가 구입 대상이 되었지만, 수혜는 이 분야에서 월등하게 앞서갔던 일본 자동차가 독차지했다.

리우 의원은 결의안을 주도하면서 '2010년이 되니 미국의 많은 자동차업체들도 하이브리드 자동차를 만들게 되었다. 이제 더 이상 도요타 자동차만 살 필요가 없어졌다'고 말했다. 도요타가 핑곗거리를 제공한 측면이 없진 않지만, 7년 만에 바이 아메리칸 규정이 부활한 것을 보면, 도요타를 비롯한 일본 제조업체들이 수십 년간 공들인 현지화 노력에도 불구하고 미국인들이 진심으로 그들을 받아들인 것 같지는 않다.

리콜 사태가 터지자, 미국은 정부와 의회까지 나서서 도요타를 몰아붙였다. 의회는 두 차례나 청문회를 열어 도요타를 출석시켰고, 미국의 주무 부처인 교통부장관은 즉각 취소하긴 했지만 국민들에게 리콜 차량을 몰지 말라고 감정적인 발언까지 했다.

월가도 도요타 편이 아니었다. 도요타의 미국 시장점유율이 급락하자, 기다렸다는 듯이 투자 등급을 깎아내렸다. 골드만삭스는 2010년 2월 3일, 도요타의 투자 등급을 '매수'에서 '중립'으로 하향 조정하면서 미국시장에서의 도요타 점유율은 현재 혼다 수준으로 낮아지거나 GM의 절반 이하를 기록할 것이라고 전망했다. 2010년 1월 현재 시장점유율이 혼다가 9.7%, GM이 20.9%인 점을 고려하면 도요타의 점유율은 10%대로 추락할 것이라고 혹평한 것이다.

이에 질세라 S&P도 도요타의 투자 등급을 '매수'에서 '보유'로 끌어내리면서, 이미지가 크게 손상되었다는 점을 이유로 들었다. 리콜 사태를 거치며 최고의 품질이라는 평판에 금이 가면서 향후 실적이 심각한 타격을 받을 것이라고 전망한 것이다.

반(反) 도요타 감정은 잇단 소송 형태로 나타났다. 도요타가 급가속 문제와 관련해서 맨 처음 리콜을 발표한 지 보름도 안 되어, 이 문제와 관련해서 미국 내에서만 최소 15건의 집단소송이 제기되었다. 사고 피해자들뿐만 아니라 일반 도요타 차량 보유자들도 소송에 가세하는 등 소송이 봇물을 이룬 것이다.

신시내티 주 검찰은 가속페달의 결함을 인지했음에도 계속 차를 판매한 점을 들어 도요타를 상대로 법적 소송을 제기했다. 스탠 첼시 검사는 기소 이유에서 이렇게 말했다.

"고객 대부분이 사고로 인한 손해를 입은 것은 아니지만 보유 차량의 가치를 잃게 되었다. 상당수 고객들은 이제 믿지 못하는 자동차에 대해 앞으로도 매달 할부금을 물어야 한다."

그런가 하면 영향력 있는 자동차 컨설턴트인 매리안 켈러는 뉴욕타임스와의 인터뷰에서 이렇게 일침을 가했다.

"세계 최고 자동차회사가 자사 이미지와 리콜 사태의 관리에 이처럼 무능하다는 게 놀랍다. 도요타 명성의 손실은 모든 차 소유주에게 미칠 수밖에 없을 것이다."

실제로 도요타 차량은 안전성과 내구력을 높게 평가받으며 동급의 타사 제품에 비해 높은 가격이 매겨져왔고, 고객들은 별다른 저항 없이 이를 받아들였다. 그런가 하면 중고차 시세에서도 도요타의 차종은 큰 하향세 없이 높은 가격을 유지해왔다. 하지만 이제 이 같은 도요타 프리미엄은 공중분해되었고, 그 모든 것이 전적으로 도요타 책임이라는 논지에는 변함이 없다.

미국인들의 끝없는 빅3 사랑

미국이 벌떼같이 들고 일어나 도요타에 십자포화를 퍼붓는 이유는 무엇일까? 100% 확인할 수는 없지만, 적어도 미국인들의 끝없는 '빅3 사랑'에 있다는 점을 부인할 수 없다. 일본산 자동차 탓에 미국 자동차산업이 몰락하고 있다는 빗나간 애국심 때문이라는 것이다.

2009년, GM과 크라이슬러의 파산보호신청을 지켜보면서 미국인들의 경계심은 더욱 높아졌다. 미국을 먹여 살려온 것이 금융과 자동차 두 가지인데, 글로벌 금융위기를 계기로 금융이 몰락하고 자동차마저 망가지는 모습에 미국인들이 움직이기 시작한 것이다. 몰락의 근본적인 원인은 미국 자동차회사에 있지만 비난의 화살은 외국업체, 특히 일본 자동차로 향했다. 일본차에 대한 보복심, 잃었던 시장을 일시에 되찾아오겠다는 욕심이 도요타 헐뜯기로 나타났다는 분석이다.

미국인들의 빅3 사랑은 2차 세계대전 직후로 거슬러 올라간다. 2차 세계대전이 끝나면서 미국 자동차시장은 GM, 포드, 크라이슬러 등 이른바 빅3 체제로 재편되었다. 그들은 미국시장을 독점한 것을 넘어 전 세계시장까지 석권했고, 미국은 자동차 왕국이라는 인식이 굳어졌다. 미국인들은 자신감에 넘쳤고, 이런 과정을 거쳐 빅3 사랑은 점점 공고화되었다. 1953년, 국방장관 찰스 윌슨이 미국 상원에서 한 발언은 당시 분위기를 잘 전해준다.

"미국에게 좋은 일은 GM에게도 좋은 일이며, 그 반대로 GM에게 좋은 일은 미국에게도 좋은 일이다."

그는 GM 회장을 역임한 인물이기도 하다. 과장을 좀 보태면, 미국 노동인력의 절반이 빅3와 관련된 산업에 종사했는데, 그 중 절반이 GM에서 일했다. 당시 자동차시장은 GM의 독무대였다. 전 차종을 생산하며 세계시장을 석권하던 GM은 매년 새로운 스타일의 차를 선보임으로써 성가를 높여 나갔다.

해가 갈수록 자동차의 크기가 커지고 파워도 강력해졌다. 2차 세계대전의 승리감에 도취되어 있던 미국인들은 '큰 것이 좋다'는 생각을 신주단지처럼 모시고 살았다. 포드와 크라이슬러도 GM의 전략을 따랐다. 미국에서는 탱크만한 크기의 자동차들이 도로를 질주했다. 석유가 대량 생산되어 기름값이 쌌던 터라 기름을 물 쓰듯 쓰고 다녔다.

그러나 하늘을 찌르던 자만심은 1970년대에 들어서자 완전히 꺾이고 말았다. 오일쇼크가 터진 것이다. 이스라엘을 일방적으로 편드는 미국에 반감이 깊어진 아랍 제국들이 석유를 무기화하고 나섰다. 그들은 석유 수출을 금지하고, 석유 생산을 줄이기 시작했다. 그러자 기름값이 치솟아 1973년 8월까지만 해도 1갤런 당 3달러였던 것이 5개월 후인 이듬해 1월에는 11달러 65센트로 4배나 폭등했다.

더구나 재고가 동나 원하는 만큼 살 수 없게 되자 주유소마다 사람들이 장사진을 쳤다. 새치기한다고 주먹다짐까지 일어나는 사태가 빈번하게 벌어졌다. 그러자 휘발유를 한없이 먹어대는 빅3의 자동차들은 졸지에 애물단지로 전락하고 말았다.

새로 차를 사려는 사람들은 그동안 거들떠보지도 않던 폭스바겐(VW)이나 매년 성능이 좋아지고 있는 일본산 자동차에 관심을 갖기 시작했다. 심플한 디자인에 연비가 미국산 자동차의 두 배에 달하고, 순발력이 뛰어난 혼다는 주문을 해도 몇 개월을 기다려야 손에 넣을 수 있었다. 도요타, 닛산도 매력 있는 차로 인식되기 시작했다.

두 차례의 석유 파동이 끝나도 일본차의 인기는 식을 줄 몰랐다. 일본산 자동차에 대항할 소형차가 없었던 빅3는 판매량이 급감하자 공장 문을 닫고 직원들을 해고할 수밖에 없었다. 일자리에서 쫓겨난 이들은 당연히 일본차에 대한 감정이 격앙되었다. '제2의 진주만 기습'이라는 자극적인 표현도 등장했다.

여기에 매스컴이 기름을 부었다. 언론들은 구체적인 근거도 없이 일본정부가 자국 자동차업체들의 덤핑을 허용하고 있다고 써대면서도 거대해진 노조, 낮은 생산성 등 미국산 자동차의 고질적인 문제점엔 애써 눈을 감았다. 빅3의 메카인 디트로이트 시내에서는 흥분한 군중들이 일본차를 해머로 두들겨 부수는 일이 벌어졌다. 매스컴은 이 사진을 대서특필했다.

급기야 1980년 미국 자동차노조와 포드는 일본차의 수입 급증에 따른 피해 구제를 위해 일본차 수입을 규제해달라고 미국 국제무역위원회(ITC)에 제소했다. 일본이 미국 내에서 차체와 부품을 만들어야 하고 수입 쿼터제나 높은 관세, 혹은 이 두 가지를 혼합한 규제를 만들어야 한다고 주장한 것이다.

ITC는 그 해 10월 8일부터 청문회를 열었지만, 청문회 자리는 빅3의 의도대로 진행되지 않았다. 오히려 미국 자동차의 비효율을 적나라하게 드러내고 일본 자동차의 장점만 부각하는 계기가 되고 말았다. 그러자 빅3는 이번에는 쏟아져 들어오는 일본차로 인해 미국 자동차산업이 붕괴될 거라며 정부에 읍소하기에 이르렀다.

결국 미국정부가 나섰다. 미국정부와 일본정부는 협상에 돌입했고, 몇 달 뒤 결론이 나왔다. 1981년 5월, 미국과 일본의 통상 대표는 일본 도쿄에서 담판을 벌여 최종 합의안을 발표하기에 이른다. 빅3가 일본에 대항할 수 있는 소형차를 생산하게 될 때까지 일본이 알아서 대미 수출을 규제한다는 내용이었다.

일본정부가 행정지도를 통해 1981년 수출량을 166만 대로 묶고, 이 듬해 증가량도 15% 내에서 규제하기로 한 이 합의안 덕분에 미국은 자유무역에 역행했다는 비난도 받지 않고 실리도 챙겼다. 하지만 그것은 자동차 왕국이라 자처해왔던 미국인들에게는 더 없이 치욕스런 협정임이 분명했다.

미국-일본의 통상 갈등으로 확산되다

미국에서 도요타 리콜 사태가 일파만파로 확산되던 2010년 1월 말부터 2월 초까지 일본의 분위기는 차분했다. 그 무렵, 일본의 주요 신문들을 도배하다시피 한 것은 오자와 이치로 민주당 간사장의 정치자금 스캔들이었다. 지난 몇 달간 열도를 달궜던 이 문제는 결국 불기소로 일단락되었다. 그러자 방송들은 이번에는 몽골 출신의 스모선수 아사쇼 류(朝青龍)의 폭행사건을 물고 늘어졌다.

이때도 도요타 리콜 사태를 보도하긴 했지만, 중요도에서 3~4번째로 밀렸다. 그것도 단순한 팩트 전달에 머무르는 경우가 많았고, 일부 언론은 사설 등을 통해 안전과 품질 확보에 전력을 다하라며 원론적인 조언을 하는 수준이었다. 리콜 사태가 일본 밖에서 일어난 일이라고는 해도, 일본의 간판 글로벌 기업이 관련되어 있다는 점에서, 이 같은 언론의 태도는 이례적일 정도였다.

이렇듯이 이상할 정도로 일본이 조용하게 대응한 것은 품질에 대한 자신감이 넘쳤기 때문이라는 분석이 나왔다. 품질만큼은 세계 최고라고 자부해온 일본인들로선 도요타 리콜을 쉽게 받아들이고 싶지 않았던 것이다. 일본인들에겐 그만큼 이번 일로 인해 도요타가 일시적으로 타격을 받을 수는 있겠지만 결국엔 충분히 만회할 것이라는 강한 믿음이 있었다.

물론 여기에는 손익계산에 따른 치밀한 행동이 깃들여 있기도 했다. 미국정부의 제재 조치 검토 등에 대해 일본이 강하게 반발할 경우 오히려 미국 국민을 자극하면서 도요타 판매에 악영향을 줄 수 있기 때문이었다. 일본정부는 무엇보다 이로 인해 통상 마찰이 불거지는 것을 경계하는 태도를 보였다. 정부의 반응은 신중하다 못해 무관심해 보일 정도였다.

리콜이 불거진 지 열흘이 지난 2월 2일에서야 나오시마 마사유키(直嶋正行) 경제산업상이 기자들의 질문에 리콜의 대책을 확실하게 마련해 소비자의 신뢰를 확보하길 기대한다고 짤막하게 언급한 것이 전부였다. 일본의 이 같은 소극적인 반응을 대변이라도 하듯, 미국은 도요타 때리기에 맞춰 통상압력을 가했다. 미국 무역대표부(USTR)가 일본 자동차 시장의 개방 확대를 공식 요구하고 나선 것이다.

그러자 도요타의 리콜 사태로 촉발된 미국과 일본 간의 보이지 않는 감정 대립이 통상 마찰로 비화돼 미일 자동차 전쟁이 재연되는 것은 아닌지 하는 우려를 낳았다. 실제로 론 커크 USTR 대표는 2월 3일 성명을 내고 일본정부가 친환경차에 대한 보조금을 지급하면서 미국산 자동차에 대해 부당한 차별을 하는 것에 실망을 표한다고 밝혔다. 보조금을 받는 자국 친환경차를 늘리기 위해 일본정부를 직접 압박한 것이다.

이에 앞서 USTR의 드미트리어스 마란티스 부대표가 도쿄에서 열린 미일 통상 실무협의에서 친환경차 보조금 문제와 관련해 연비 측정 방식의 변경 등을 통해 미국 자동차에 보조금을 확대해줄 것을 강력하게 요구했는데, 일본정부가 이를 거부한 데 대해 직접적으로 불만을 표출했다.

마란티스 부대표는 미국의 친환경차 보조금 확대에 대한 미 의회의 강력한 요구를 언급하며, 이것은 정치적 문제라며 일본 측에 정치적 결단을 촉구하기도 했다. 샌더 레빈 미 하원 무역소위원장은 미국 자동차 업계에 근본적으로 닫혀 있던 시장을 열고자 정부와 협조하기를 기대한다고 말했다.

압력이 영향을 미쳤는지는 정확하지 않지만, 너무나 공교로웠다. 다음날 일본 경제산업성은 친환경차 보조금 혜택을 적용받는 수입차 43개 차종을 발표했는데, 미국산은 GM의 캐딜락과 허머 등 8개 제품이 선정되었다. 허머는 워낙 덩치가 커서 '기름 먹는 하마'라고 불리는 차종이다. 독일과 프랑스 등 유럽산은 총 35개에 달했다.

일본은 도요타 리콜 사태가 미국의 통상 압력으로 번지는 것에 대해 촉각을 곤두세우고 있다. 일본의 경제산업성 관계자는 도요타 리콜 사태와 친환경차 보조금 제도 변경 문제는 완전히 별개라고 강조하면서, 확대 해석에 대해 극도의 경계감을 표시했다.

발끈한 일본, 비등하는 음모론

미국의 도요타 때리기는 도요타가 자랑하는 하이브리드 차량인 프리우스의 전면 리콜이 기정사실화 되면서 강도를 더욱 높였다. 월스트리트저널은 '악취가 나면 뚜껑을 덮어라'는 일본 속담을 소개하기도 했다. 도요타의 서툰 대응은 일본의 오랜 기업전통에 뿌리가 있다며 일본인들의 민족감정까지 겨냥했다.

심지어 도요타가 사과 회견을 하면서 허리를 얼마나 숙였는지도 시비를 걸었다. 도요다 아키오 사장이 2월 5일 저녁 회견에서 고객들에게 진심으로 사과한다며 45도 정도 허리를 숙였다가 바로 들었는데, 이것을 꼬투리로 삼은 것이다. 심지어 로스앤젤레스타임스는 이를 두고 '의례적인 인사(Ritualistic Bow)'에 불과했다고 폄하했다.

"일본 예절에서는 사죄할 때 90도 각도로 허리를 깊이 숙여 길게 절하지만, 도요다 사장은 그저 짧고 의례적인 인사에 그쳐 사과의 진정성을 의심케 했다."

상황이 이렇게 되자 일본 언론들도 발끈했다. 극우 계열인 산케이신문은 2월 3일자 사설에서 미국의 저의를 의심하는 듯한 내용을 실었다.

"이번 리콜은 기본적으로 한 자동차 메이커의 문제지만 우려되는 점은 통상 마찰로 발전할 수도 있다는 것이다. 지지율 하락으로 고심하고 있는 버락 오바마 정권이 내부 단속을 위해 자국 산업 우선 등의 보호주의적 움직임을 강화하고 있다."

산케이신문은 또한 '도요타 때리기가 겨눈 창끝은 일본'이라는 제목의 기사에서 '도요타 청문회를 위해 자동차 빅3의 거점인 미시간 주 출신 의원들이 정력적으로 움직이고 있다. 오바마 정권이 미국 자동차산업의 부활을 위해 기를 쓰고 있다'고 꼬집었다.

산케이신문은 이에 앞서 일본 대표기업인 도요타에 대한 추궁은 결국 일본의 여러 분야를 겨냥한 것이라고 주장하기도 했다. 또한 청문회에서의 도요타의 대응에 따라 후텐마(普天間) 미군 비행장 이전 문제 등으로 삐걱거리는 미일 관계의 추가 현안으로 발전할 가능성도 있다고 경고했다.

미국의 정치적 노림수에 대한 비판도 이어졌다. 미국정부가 오는 2010년 11월의 중간선거를 의식해서 도요타를 희생양으로 삼고 있다는 것이다. 도요타가 원인을 제공했지만, 미국이 높은 실업률과 월가 구제금융에 대한 국민의 분노를 잠재우기 위해 도요타를 집중 공격하고 있다는 것이다. 니혼게이자이신문도 미국정부와 의회가 도요타자동차의 결함에 대해 유독 강경 노선을 지속하는 이유로 11월 중간선거를 들었다.

"이번 리콜 사태가 외국기업에 대한 미국의 반격 신호가 될 것이다. 중간선거에서 도요타 문제가 정치문제로 발전할 가능성을 배제할 수 없다."

일부 일본 언론들은 미국에는 비판적이고 일본에는 우호적인 타국의 언론 보도를 전하며 미국의 과잉대응을 꼬집었다. 일본인들의 반응도 점차 격앙되었다. 미국정부가 파산 위기에 몰린 GM의 구조조정을 직접 챙기는 것을 눈여겨보면서, 미국의 정치세력이 도요타 흠집내기에 개입하고 있다는 의혹을 제기하고 있다.

"도요타 문제는 미국의 경쟁회사에 큰 기회가 되기 때문에 미국정부가 일본 때리기에 나서는 것 아니냐. 이런 미국의 대응은 너무 지나치다."

도무지 식을 줄 모르고 번지고 있는 도요타 리콜 사태를 보면서 이렇게 생각하는 일본인들이 많다. 경제위기 때마다 들고 나오는 음모론, 그리고 항상 그 중심에 있는 미국. 어쩌면 미국의 저변에 깔려 있는 음모를 제어하기에 일본의 힘은 너무 미약할지도 모른다.

제3부

노쇠한
일본,
길을 잃다

1장

또 하나의 재앙,
저출산과 고령화

열도에서 아이 울음소리가 멎었다

일본 도쿄 부도심에 위치한 이케부쿠로(池袋)의 세이부백화점은 일본 전체에서도 손꼽히는 초대형 백화점이지만 점포 안으로 들어가면 을씨년스럽다는 말이 어울릴 정도로 손님을 찾아보기 힘든 모습이었다. 선물을 사기 위해 1층 패션잡화 코너에 들러 여성용 머플러를 고르던 30분 동안, 매장에 들른 손님은 단 한 명도 없었다. 5,000엔짜리 머플러를 팔기 위해 30분 넘게 한 치의 흐트러짐 없이 친절을 베푸는 점원에게서 일본의 장인정신과 불황의 짙은 그늘이 겹쳐 보였다.

백화점에서 그나마 사람이 북적이는 곳은 맨 위층에 위치한 식당가지만, 백화점의 식당가라고 하기엔 어딘지 모르게 썰렁한 기운이 감돌았다. 인근 직장인들과 쇼핑하러 나온 주부들로 인산인해를 이루는 우리나라 백화점과는 달리 일본의 백화점 식당에는 한눈에 봐도 노인들이 대부분이다.

서울의 백화점 식당가에서는 이탈리아 레스토랑과 패스트푸드점이 제일 북적이지만 이곳에서는 노인들이 즐긴다는 소바(메밀국수) 식당에 그나마 대기 손님이 보인다. 이곳 식당가에서 일하는 점원은 맥도날드 정도를 제외하고 백화점 식당 대부분의 주 고객은 노인이라며 하라주쿠(原宿)라면 몰라도 이곳에서 젊은이를 만나기는 쉽지 않을 것이라고 말했다.

일본이 늙어가고 있다. 백화점의 이러한 풍경은 일본의 현주소를 단적으로 보여주는 상징이나 다름없다. 시골과 도시를 막론하고 일본 어디에서도 아이 울음소리를 듣기가 쉽지 않아지고 있다. 이른바 '소자화(小子化)'로 일컬어지는 저출산 문제와 단카이세대의 은퇴로 상징되는 전후 베이비붐 세대의 은퇴는 일본의 장기불황을 이끄는 근본 원인으로 지목되고 있다.

나이를 먹어가며 활력을 잃어가는 경제에서는 제아무리 부지런한 국가와 민족이라 할지라도 돌파구를 찾는 게 불가능하다. 늙어가는 일본이라는 담론 안에 지난 세월 일본이 겪었으며, 앞으로 또한 겪을 초장기 불황의 모든 인과관계가 담겨 있다고 해도 과언이 아니다.

1974년, 일본의 출산율은 2.14명이었다. 1966년의 출산율이 반짝 떨어졌던 걸 제외하면 거의 매년 출산율이 상승했기에 저출산이라는 개념 자체에 대해 정부와 민간 어디에서도 생각할 필요가 없었다. 출산율이 2명만 되어도 현 인구 상태에서 늘지도 줄지도 않는 이른바 인구의 대체 수준이기 때문에 걱정할 이유가 없었다.

사실 1970년대는 일본은 물론이고 세계 각국이 인구 포화를 우려했던 시기이다. 아이를 많이 낳으면 미개하고, 아이를 적게 낳는 게 선진국의 상징으로 여겨졌던 때였다. 비약적인 경제 성장을 거듭하는 젊은 일본은 세계가 부러워하는 모습 그 자체였다.

그러나 젊은 일본은 거기까지였다. 아시아에서 가장 빨리 선진국에 진입한 일본은 저출산 고령화 문제에 있어서도 아시아 국가들 가운데 가장 먼저 겪어야 했다. 1974년 제2차 베이비붐이 끝나면서 급전직하하던 일본의 출산율은 2005년을 기준으로 1.26명까지 떨어지며 한국과 더불어 세계에서 가장 아이를 낳지 않는 나라 중 하나로 전락했다.

일본 사회보장 · 인구문제연구소가 최근 발간한 〈일본의 장래 추계 인구〉 보고서에 따르면 20세 여성 6명 중 1명은 결혼을 하지 않고, 3명 중 1명은 아이를 갖지 않을 것으로 예측되고 있다.

일본이 저출산 문제에 눈을 뜨게 된 것은 1989년으로, 출산율이 1.57 명으로 떨어진 이른바 '1.57 쇼크'를 겪고 난 이후부터였다. 이대로 가다간 인구가 줄어들 수 있다는 현실적이고도 절박한 문제가 일본 열도에 다가오기 시작했던 것이다. 저출산이 본격적으로 사회문제로 부각되자, 일본은 불가피하게 프랑스나 스웨덴 같은 유럽 선진국들의 출산 장려 정책을 경쟁적으로 도입하기 시작했다.

다행히 노력의 결실이 보이는 듯했다. 일본정부는 1994년에 전후 최초로 저출산 문제에 대응하기 위한 범국가적인 정책인 엔젤플랜(Angel Plan)과 긴급 보장대책 등 5개년 사업계획을 내놓았다. 이후 2000년에는 신 엔젤플랜, 2005년에는 아동·육아 응원 플랜 등 국가적 저출산 타개 정책을 5년 주기로 잇따라 내놓기에 이르렀다.

그러나 불행히도 일본의 이 같은 저출산 타개책은 별다른 성공을 거두지 못했고, 2005년에는 급기야 일본의 인구통계 작성 이후 처음으로 인구가 전년보다 21,266명이나 줄어들면서 인구 감소에 대한 우려가 현실로 다가왔다. 고령화 문제도 갈수록 심각해져 2009년 기준 일본 내 65세 이상 고령자 비율은 전체 인구의 21.5%에 달하는 상황이고, 오는 2050년에는 39%에 달할 것으로 예상되고 있다.

앞으로 40년 후에는 나라의 절반 가까운 인구가 노동력을 잃은 고령자들로 채워지는 일본. 저출산의 덫에 빠진 일본의 모습은 현재 일본이 겪고 있는 경기침체와 맞물려 미래를 암담하게 하는 최대 현안으로 떠오르고 있다.

또 하나의 재앙, 단카이세대의 은퇴

계속되는 일본의 저출산 상황과 맞물려 있는 재앙이 있으니 바로 단카이세대의 은퇴가 그것이다. 단카이세대는 1947년에서 1949년 사이에 태어난 1차 베이비붐 세대로, 일본에서는 그 규모가 680만 명에 달한다. 이들은 일본 전체 인구의 5%에 이르는 규모로, 일본경제의 호황을 축복처럼 맞이했던 세대이자 연공서열과 종신고용으로 대표되는 일본식 경영의 전성기를 누린 사람들이다.

이들이 장년층에 접어들었던 1980년대에는 유사 이래 최대의 자산시장 호황을 주도했는데, 이들이 보유한 금융자산만 해도 무려 130조 엔에 이를 것으로 추산되었다. 그러나 저출산과 맞물린 이들의 은퇴를 꺼져가는 일본경제가 소화해내기는 결코 쉽지 않았다. 대부분 숙련노동자들인 그들이 대거 은퇴하면서, 젊은 층의 일자리 구하기 고민과는 또 다른 차원의 일손 구하기가 기업들의 고민으로 부각되었던 것이다.

그들이 은퇴 후 보유한 자산을 현금으로 바꾸기 시작하면서 부동산이나 주식 가격의 하락이 이어졌고, 연금 수령에 따른 재정 부담 증대 등의 요인들이 복합적으로 작용해서 국가 경쟁력 하락으로까지 이어지게 되었다. 일본정부는 정책적 차원에서 고령자 고용안정법을 개정하여, 은퇴한 단카이세대들을 계약직이나 촉탁직 등으로 재고용해서 그들 중 일부를 다시 노동시장으로 흡수하기도 했다.

또한 단카이세대를 위한 이른바 3F시장(Future · Fun · Family)이 일본 내수의 새로운 블루오션으로 부각되어 퇴직금 운용을 비롯해 각종 웰빙사업, 학습 관련사업, 여행산업, 장묘사업 등이 반짝 재미를 보기도 했다. 2007년 당시 단카이세대의 퇴직으로 인해 6조 6,000억 엔의 소비 증가를 포함해서 총 15조 엔 이상의 경제 효과를 볼 것으로 추산한 일본 내의 분석은 소위 '단카이 마케팅'에 대한 일본산업계의 기대감을 여실히 반영한 것이었다.

그러나 이 같은 특수는 생각보다 강하지도 않았고, 오래가지도 않았다. 아무리 3F시장을 목청 높여 개척한다 해도 활발한 경제활동을 통해 근로소득이 점점 늘어나고 결혼이나 육아 등을 통해 늘어나는 가족을 부양하기 위한 소비가 기하급수적으로 늘어나는 젊은 층의 활력을 따라 잡는 것은 불가능했기 때문이다.

그나마 이들이 70대, 80대로 접어들 향후 10~20년 뒤에는 단카이세대의 부담은 갈수록 성장이 정체되고 있는 일본경제가 온전히 떠안아야 하는 시기가 된다. 이는 숙련노동자 공백 현상과는 비교할 수 없을 정도의 혼란이 불가피할 수밖에 없음을 뜻한다. 전문가들은 단카이세대가 65세를 넘는 2015년부터 65세 이상 피부양 인구가 차지하는 비중이 25.2%로, 2005년 대비 5% 이상 상승할 것이라며 중장기적으로 일본경제의 성장 잠재력 저하가 불가피하다고 보고 있다.

버블 붕괴 이후 일본의 개인 소비가 늘어나지 않았던 데는 인구구조의 고령화와 깊은 관계가 있는데 이제 고령화의 중심에 단카이세대가 자리 잡고 있는 것이다.

일본의 개인 금융자산 분포를 보면 60세 이상 고령자(세대주 연령 기준)가 60% 이상을 보유하고 있다. 이러한 고령자에 대한 금융자산 편중 구조는 시간이 흐를수록 심화될 전망이다. 연령별 소비를 보면 40~50대가 최고이고, 이후 60대가 넘으면 소비 규모가 줄어들고 있다는 점에 미루어 사회가 고령화될수록 소비는 위축될 가능성이 크다. 그만큼 일본의 내수시장은 정체되거나 축소될 가능성이 크다는 뜻이다.

인구 감소는 단순한 사회문제가 아니다

우리나라도 2000년대 들어서 저출산 국가 대열에 합류하면서, 저출산 현상의 심각성이 국민들 사이에 서서히 인식되고 있지만 심각성의 정도에 비해 인식 수준은 여전히 낮은 게 사실이다. 인구 감소는 단순히 사람이 줄어드는 사회적 문제에 그치지 않는다. 인구가 줄어들 경우 당장 노동에 나설 사람이 줄게 되어 경제가 침체될 수밖에 없고, 이는 정부의 세수 감소와 직결된다. 세수가 줄어들면 재정 정책이 축소되고, 이는 곧 노인복지의 축소와도 연결되어 삶의 질과도 직간접으로 연결될 수밖에 없다.

미국의 경우, 2030년에 약 7,700만 명에 달하는 베이비붐 세대가 은퇴하게 된다. 2009년 대비 사회보장 혜택을 받는 노인 수는 정확히 두 배로 증가하지만, 그들을 부양해야 할 경제활동 인구는 20년간 불과 18% 증가하는 데 그칠 전망이다. 연금 재정이 점차 바닥나면서 연금을 부어줄 젊은 층은 줄어드는 반면 연금을 수령할 노년 층은 늘어나게 된다. '생산 인구의 감소 → 세수 감소 및 사회보장비 증가 → 재정 수지 악화'의 악순환이 반복될 수밖에 없는 것이다.

우리나라도 이 같은 악순환의 고리에서 예외일 수 없다. 다른 점이 있다면 우리나라에게 향후 20~30년 뒤에 펼쳐질 미래의 문제가 일본에게는 지금 당장 닥친 '현재의 재앙'이라는 것뿐이다. 이렇게 되면 부동산, 주식 등 자산시장 역시 붕괴될 수밖에 없다. 기성세대가 보유하고 있는 자산을 젊은 층이 사주는 게 원천적으로 불가능하기 때문이다. 그레고리 맨큐 하버드대학 교수는 1989년에 펴낸 주택 가격에 관한 논문에 이렇게 썼다.

"1970~1980년대에 미국의 집값이 상승한 것은 베이비붐 세대의 신규 주택 수요 때문이었다. 이들의 수요가 줄어들게 되면 2007년에는 실질 주택 가격이 47% 하락할 것이다."

맨큐 교수의 이 같은 예언은 서브프라임 모기지 사태가 터지면서 그대로 적중했다. 일본도 결코 예외일 수 없었다. 1980년대 도쿄 도심부에서 시작해서 일본 전역으로 번진 부동산 가격 급등세가 꺾인 시점은 일본의 출산율이 1.57명으로 떨어진 1.57 쇼크를 겪었던 시기와 정확히 일치한다.

이 같은 이유로, 많은 전문가들은 일본의 잃어버린 10년이 저출산 현상에서부터 시작되었다고 분석한다. 1990년대에 일본이 초저출산 시대로 접어들면서 자산시장이 무너지고, 노동시장이 활력을 잃으면서 장기 침체로 접어들었다는 것이다. 미국의 인구 문제 전문가인 필립 롱맨 뉴 아메리카 재단 선임연구원은 이렇게 말한다.

"소비와 생산의 원동력인 청장년 층이 줄어들고, 대신 노인 인구가 급증하면서 일본경제가 기본적인 동력을 잃어버렸다. 지구상에서 가장 고령화된 일본의 인구구조가 불황의 긴 터널에서 제대로 벗어나지 못하고 있는 근본적인 이유이다."

최근 일본의 신용등급 전망을 '안정적'에서 '부정적'으로 하향 조정한 S&P는 보고서에서 일본정부가 인구 감소 추세와 늘어나는 국가부채를 해결할 중기 성장 전략을 내놓지 않는다면, 신용등급을 추가로 한 단계 내릴 수 있다고 경고했다. 저출산 고령화 문제가 일본의 신용등급까지 깎아내리는 블랙홀이 된 것이다.

2005년에 인구 감소는 잃어버린 10년을 겪은 일본에 또 한 번의 쓰나미급 충격을 안겨다주었다. 자동차 구입 감소가 그것의 상징적인 모습이다. 실제로 일본에서 국내 자동차 판매 대수는 2004년 585만 대에서 2008년 470만 대로 4년 사이에 25%나 감소했다. 일본 자동차공업협회가 발표한 2007년도 시장 동향 조사 결과에 따르면 20대 젊은이들 중 운전자 비율은 1995년 19%에서 2007년에 7%로 급감했다. 도요타 리콜 사태가 발생하기 전인 2009년 상반기 일본 국내 자동차 생산 대수는 전년 대비 32.2% 감소한 373만 대에 불과했다.

자동차를 구입할 젊은이들이 줄어드는 일본, 자동차를 살 만큼 여유 있는 젊은이가 없는 일본의 모습은 일본 자동차산업의 미래는 물론이고 여타 분야의 앞날을 암담하게 만드는 가장 큰 요인이다. 갈수록 쪼그라드는 내수시장의 압박에 일본 자동차업체들은 지난 십수 년 동안 해외로 눈을 돌렸지만 오늘 그로 인한 부작용이 한꺼번에 봇물 터지듯 쏟아지고 있다. 바로 도요타 발(發) 리콜 사태가 그것이다.

2장

인구 문제,
경제의 목을 죄다

실패를 거듭하는 저출산 타개책

저출산 문제 해결을 위한 일본의 노력은 눈물겹다. 정부는 5년 주기로 새로운 정책들을 쏟아내고 있는데, 특히 엔젤플랜을 통해 보육 서비스를 확충하고 여성 재취업 알선, 불임 전문 상담센터 운영 등 할 수 있는 모든 노력을 다했다.

2001년부터는 0~2세의 저연령아는 보육원에 들어가길 희망하면 언제든지 들어갈 수 있는 일명 '대기아동 제로작전'까지 펼쳤다. 2003년에 들어서는 '저출산사회대책기본법'을 제정하면서 총리를 회장으로, 모든 각료를 위원으로 하는 일본 내각부의 특별기관을 출범시켜 범정부

- 일본 저출산 대책의 경위

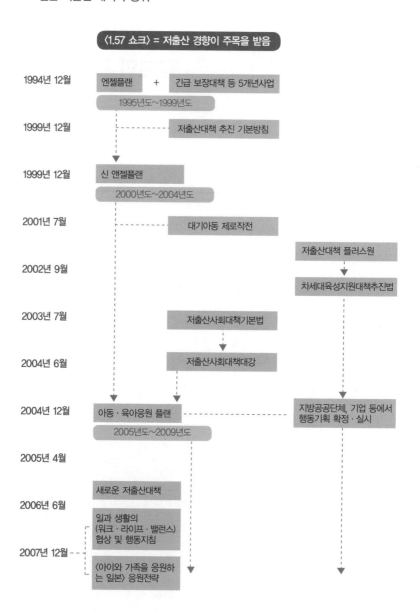

〈1.57 쇼크〉 = 저출산 경향이 주목을 받음

1994년 12월	엔젤플랜 + 긴급 보장대책 등 5개년사업
	1995년도~1999년도
1999년 12월	저출산대책 추진 기본방침
1999년 12월	신 앤젤플랜
	2000년도~2004년도
2001년 7월	대기아동 제로작전
2002년 9월	저출산대책 플러스원 / 차세대육성지원대책추진법
2003년 7월	저출산사회대책기본법
2004년 6월	저출산사회대책대강
2004년 12월	아동·육아응원 플랜 / 지방공공단체, 기업 등에서 행동기획 확정·실시
	2005년도~2009년도
2005년 4월	
2006년 6월	새로운 저출산대책
2007년 12월	일과 생활의 (워크·라이프·밸런스) 협상 및 행동지침 / 〈아이와 가족을 응원하는 일본〉 응원전략

차원의 체계적인 대책도 추진되었다.

2006년에 마련된 '청년 자립 도전 플랜'의 경우, 청년층이 안정된 일자리를 가져야만 출산율이 오를 수 있다는 이유에서 청년실업 문제를 해소하기 위해 학생 때부터 직장 정착에 이르기까지 생애 주기별로 종합적인 지원책을 제시하고 있다.

기업들도 발 벗고 나섰다. 2009년 7월, 비즈니스위크는 파나소닉과 닛산자동차, 히타치 등 일본 유수기업들이 불임 직원을 위해 휴가를 도입하고 있는 현실을 소개했다. 인공수정을 계획하고 있는 여직원에게는 낮은 금리의 대출과 보조금을 지급하고, 아이를 낳은 직원에게는 육아 휴직제와 근무시간 탄력제를 눈치 보지 않고 쓸 수 있게 장려했다. 그런가 하면 일본 최대 규모 은행인 미쓰비시UFJ는 저출산 해소를 내세워 직원들의 퇴근시간을 오후 7시에서 1시간 50분 앞당긴다고 밝혔다.

그러나 이 같은 눈물겨운 노력에도 불구하고 출산율은 좀처럼 오르지 않고 있다. 1989년의 1.57 쇼크 이후 출산율 감소폭이 다소 둔화되긴 했지만, 2005년에는 합계 출산율이 사상 최저 수준인 1.26명까지 떨어지기에 이르렀다.

2007~2009년 사이에 도쿄 시내에서만 23개 초등학교가 학생 감소를 이유로 문을 닫았다. 이는 저출산에 처한 일본을 상징적으로 보여주는 극명한 모습이었다. 1995년에 엔젤플랜을 세우면서 취업 여성에 대한 보육 서비스 지원이 출산율을 높일 수 있는 해답이라고 생각했지만, 이미 사회문화적 현상이 되어버린 저출산 문제를 단순한 보육 지원으로 해결하기에는 무리가 있음이 밝혀진 것이다. 2000년에 시작된 신 엔

젤플랜과 2005년의 아동·육아 응원 플랜 역시 각각 일과 가정의 양립, 고용의 개선 등에 초점을 맞췄지만 근본적인 저출산 문제 해결엔 별다른 효과를 보지 못했다.

일본이 저출산 문제 해결에 실패한 가장 큰 이유는 일과 가정의 양립이 힘들다는 일본의 사회적인 분위기다. 회사에 충성하고 집단을 중요시하는 일본의 기업문화 특성상, 특히 남자가 가정에 관심을 기울이는 게 힘들다는 분석이다.

그러나 이 같은 분석은 최근 들어서는 그리 힘을 얻지 못하고 있다. 이미 10년 전부터 철저히 개인화된 일본사회에서 더 이상 집단적인 문화가 직장을 지배한다고 보기엔 어렵기 때문이다. 일본 최대 경제단체 중 하나인 게이단렌(經團連)은 이미 수년 전부터 집에 일찍 퇴근해 가족과 함께 시간을 보내자는 캠페인을 벌이고 있고, 대부분의 대기업들 역시 친가족적 문화에 보다 가까워지고 있다.

최근 일본 젊은이들의 생활양식을 들여다보면 보다 쉽게 답을 얻을 수 있다. 일본에서 최근 수년간 널리 퍼진 신조어 중 하나가 '콘카츠(婚活)'이다. 2009년 4월, 일본 후지TV에서 '콘카츠'라는 제목의 드라마가 방영되기도 해서 국내 일본 드라마 마니아들에게는 널리 알려진 말이다. 케콘카츠도(結婚活動)의 줄임말인 콘카츠는 취업을 위해 자격증을 취득하거나 공부를 하는 등 구직 활동을 하듯이 미혼 남녀들이 결혼을 하기 위해 결혼정보회사에 가입하고, 이성에 대해 연구하는 이른바 결혼 활동을 한다는 뜻의 신조어다.

이 같은 신조어가 등장했다는 사실은 거꾸로 보면 일본의 결혼 기피

풍조를 단적으로 보여준다. 결혼 상대를 찾기 위해 특별한 노력을 기울이는 개념이 신조어로 표현될 정도로, 오히려 결혼을 위해 별다른 노력을 하지 않는 게 일상화되었다는 뜻이기 때문이다. 고조 오이카와 일본 경제산업연구소 이사장은 이렇게 말하고 있다.

"출산 휴직 후 소득이 줄어드는데다 고비용 양육구조 등에 따른 출산의 기회비용이 너무 크기 때문에 젊은이들이 결혼을 하지 않으려고

• **일본 평균 초혼 연령 추이**(단위:년)

■ 남자
■ 여자

• **일본 평균 부부 연령차**

자료: 일본 국립사회보장 · 인구문제연구소

한다."

결혼을 위해 피나는 콘카츠를 하지 않으면 결혼도 꿈꾸기 힘든 사회가 바로 오늘의 일본이다. 장기불황으로 젊은이들이 제대로 된 일자리를 찾지 못한 채 파트타임이나 프리터(일정한 직업 없이 아르바이트만으로 생계를 연명하는 젊은이들)로 전전하다 보니 결혼은 생각조차 못하고 애를 낳는 것은 더더욱 엄두도 내지 못하는 상황에 처하게 된 것이다.

여기에 1970년대 이후 일본사회를 지배하고 있는 개인주의적 경향도 일본의 저출산 문제를 부채질하는 원인으로 꼽힌다. 하지만 그렇다고 저출산의 모든 이유를 문화적으로만 돌릴 수는 없다. 문화적인 이유도 결국은 속내를 들여다보면 경제적 문제라는 보다 근본적인 이유로 풀이해볼 수 있기 때문이다.

우선 예산 문제를 지적할 수 있다. 2007년을 기준으로, 일본정부가 아동·가족 분야에 쓴 지출액은 4조 3,300억 엔이다. 언뜻 보면 많은 것 같지만, 이 같은 액수는 일본 GDP의 0.83%에 불과할 정도로 미미하다. 같은 분야 프랑스의 예산 비중이 GDP의 4.7%라는 점을 감안하면 확연하게 적다는 사실을 알 수 있다. 일각에서는 선거를 겨냥해 정치인들의 표밭인 노인들을 겨냥하다 보니 상대적으로 출산 연령층을 위한 예산 및 정부정책은 소홀할 수밖에 없다는 말까지 나오고 있다.

일본에서 젊은 세대를 옥죄고 있는 높은 실업률은 어제 오늘의 일이 아니다. 1989년 2.3%였던 실업률은 2009년엔 5.2%까지 치솟았고, 청년실업률은 8.4%로 뛰었다. 계속되는 고령화로 경제활동 인구가 부양해야 할 65세 이상 노인 인구는 20년 전의 1,489만 명에서 2009년에는

2,941만 명으로 늘어났다.

종합적이고 범정부적인 대책을 추진한 나머지 보육 정책과 고용 문화, 일과 가정의 양립 등으로 정책의 초점이 흩어지면서 어느 한 분야에 집중하지 못한 것 역시 문제점으로 지적된다. 무엇보다 지난 20여 년간 일본의 저출산 해결책이 보육 수당 확충, 보육시설 지원 수준에 머물러 있었기 때문에 저출산 문제의 근본을 건드리지 못하고 있다는 한계도 드러나고 있다. 결국 저출산 문제가 부각되면서 경제 전반이 침체되고, 이에 따라 정부 재정이 악화되면서 저출산을 위해 쓸 예산이 줄어들고, 이로 인해 또 다시 저출산 문제가 더욱 심각해지는 악순환 구조가 반복되는 것이다.

일본의 저출산대책, 궤도가 바뀐다

금융회사들이 밀집되어 있는 도쿄 최대 번화가 도쿄역 앞의 41층짜리 빌딩인 그란도쿄 사우스타워에 입주해 있는 일본 최대 규모의 채용 정보업체 리쿠르트는 2008년에 사내 보육원인 안즈(And's)를 세웠다. 사내 여직원의 5세 미만 아이들을 맡아주는 이 보육원이 최근 흥미 있는 보고서를 내놓았다. 이 회사의 마키코 오가타 부장은 이렇게 말하고 있다.

"업무 특성상 야근이 많다 보니 자녀를 키우는 직원들의 고민이 컸다. 그런데 보육원을 세운 지 1년 만에 사내 출산율이 2배로 늘었다."

이곳의 보육료는 월 7만 엔으로 공공 보육시설(5만 엔)보다 다소 높지만 일하면서 아이를 키울 수 있다는 게 가장 큰 장점이다. 아이를 안심하고 맡겨놓고 일에 집중할 수 있다는 사실이 직원들의 출산율을 높인 것이다. 단순한 보육 지원이나 금전적 지원으로는 저출산을 타개할 수 없다는 인식이 퍼지면서, 일본에서는 저출산대책의 근본을 바꿔야 한다는 목소리가 높아지고 있다.

이 같은 인식 하에 일본정부는 지난 2006년에 새로운 저출산대책을 세우면서 기존의 정책적 한계를 인정하고 저출산 문제를 보다 사회적, 문화적으로 접근하겠다고 말했다. 정부가 발표한 내용을 보면, 2007년부터 3세 미만 자녀에 대한 아동수당을 5,000엔에서 1만 엔으로 인상하고, 생후 4개월까지 유아가 있는 모든 가정을 방문해서 서비스를 제공하는 방문사업, 지자체와 기업이 연계해 사내 탁아소 건립을 지원하는 것이 들어 있다.

일본정부는 2007년 4월부터 육아 휴직을 적극적으로 추진하기 위해 육아 휴직자에게 경제적 지원을 한 사업주에 대해 육아 지원 조성금과 양립 지원 조성금을 지원하고 있다. 일과 가정의 양립을 위해서는 단순히 직장 보육원을 늘리는 것뿐만 아니라 근로 형태의 다양화를 통해 육아 때문에 직장을 포기하거나 일 때문에 육아를 소홀히 하는 일이 없도록 해야 한다는 목표를 새롭게 설정한 것이다.

이를 위해 일본은 2007년 국가공무원법을 개정해서 주 20시간 근무를 하는 단시간 근무 직원 2명을 1명의 풀타임 상근직으로 인정해주는 제도를 도입했다. 또 여성의 재취업을 돕는 차원에서 2006년부터 '마더스 헬로워크(Mothers Hellowork)'를 전국에 12개소 설치해 육아를 하면서 취직을 희망하는 사람에 대해 취직 지원을 실시하고 있다.

현재의 민주당 정부는 자민당 정권 때보다 적극적으로 저출산 분야의 예산 지출을 강조하고 나섰다. 중의원 선거 당시부터 '국민생활의 제일'이라는 모토를 내세우며 호감을 샀던 일본 민주당은 '생활을 위한 정치의 실현'이라는 간판 아래 복지 확충과 저출산 문제 해결을 강조했다.

아이를 낳으면 중학교를 졸업할 때까지 매월 2만 6,000엔을 지급하겠다는 일명 '어린이 수당' 공약이 대표적이다. 출산하면 지급하는 출산 일시금을 45만 엔에서 55만 엔으로 높이고, 2010년까지 모든 공립 고교를 의무교육으로 전환하겠다는 공약 역시 큰 인기를 끌었다. 저출산 문제 해결은 물론 내수 부양까지 일석이조의 효과를 노린 것이다.

문제는 제도의 실현이다. 이미 민주당은 총선 때 내건 아동 수당 지급과 휘발유세 폐지의 도입을 연기할 것을 정부에 요구했다. 경제 악화에 따른 재정 압박이 가장 큰 이유로 작용했다. 2010년 일본 전체 예산에서 차지하는 사회보장 지출 비중이 51%로 사상 최초로 절반을 넘겼지만, 25년 만에 세수가 40조 엔 밑으로 떨어졌고 GDP의 두 배에 가까운 엄청난 국가부채 규모 때문에 재정 확보를 위한 국채 발행도 갈수록 어려워지고 있다.

하토야마 총리는 공약을 실행하는 데 필요한 재원은 세출 삭감과 공공기관의 낭비적인 기금을 삭감하는 것으로 마련하겠다고 공언했지만, 실현 여부는 여전히 의구심이 앞서는 게 사실이다. 물론 부분적으로는 타당성 검토를 통해 일부 중복사업을 폐지하는 데 성공했지만, 이것만으로는 당초 예상한 정책 경비를 갹출하는 데에는 턱없이 부족하다.

타당성 검토로 3조 엔을 아꼈지만 2009년에 2차 추경에만 편성한 금액이 7조 2,000만 엔이었다. 갈수록 어려워지는 재정 여건 하에서 아무리 각종 아이디어를 동원하더라도 저출산 문제를 해결할 매끄러운 해답은 좀처럼 찾기 힘들다. 아이 울음소리가 들리지 않는 나라에는 희망이 없다. 그 중심에 지금 일본이 있다.

제4부

일본을
흔드는
일본병

1장

끊이지 않는
부정부패의 고리

자민당 45년 장기집권의 그늘

2차 세계대전의 패전 악몽이 일본 열도를 휘감고 있던 1947년, 일왕은 미국을 비롯한 서방세계에 고개를 숙이고, 그 대가로 총 670억 엔에 이르는 대외 원조를 받아냈다. 이는 당시 6년간 일본 국가예산의 절반에 가까운 규모였다. 일본인들에게 신과 같은 존재인 일왕의 굴욕을 맛보면서도, 일본은 경제적 부활을 위한 기틀을 착실히 만들어 나갔다. 전쟁 후유증으로 폐허가 된 일본 열도에 도로와 철도를 만들고, 댐을 건설했다. 당시 일본인들은 입술을 깨물면서 경제개발에 혼신의 힘을 다했다.

굴욕의 세월을 보낸 지 20년도 채 안 되어, 일본은 도쿄올림픽을 유치하는 데 성공했고 이를 통해 다시 한 번 고도성장의 기틀을 만들었다. 1968년, 일본은 1,420억 달러의 GDP를 기록하면서 서독을 제치고 세계 2위의 경제대국으로 우뚝 자리했다.

그로부터 40년이 흐르는 동안 일본은 명실상부한 세계경제의 양축으로 자리매김해왔지만, 정작 서양인들은 경제 외적으로는 일본에 경외의 눈길을 보내지 않았다. 이유는 단순했다. 그것은 바로 정치였고, 여전히 후진적인 일본의 정치사회적 지배구조 때문이다.

아시아에서 가장 민주주의가 덜 발달된 나라라면 어디를 꼽을 수 있을까? 일본인들은 기분이 좋지 않겠지만, 서구 전문가들은 경제 선진국을 자부하는 일본을 꼽는 데 주저하지 않는다. 지난 45년 동안 사실상의 정권교체가 한 번도 이뤄지지 않은 특이한 나라 일본, 그들은 일본식 민주주의에 대해 고개를 갸웃거리며 일본의 민주화 지수에 의문을 제기한다.

집단주의 정서가 아주 강하고, 웬만하면 두드러지기를 싫어하는 일본 사회에서 부정부패 관련 재판이 진행되는 것은 그리 흔한 일은 아니다. 그러나 한 꺼풀만 벗겨보면, 일본사회는 지난 수십 년 동안 온갖 부정부패와 정경유착, 담합 등이 만연하여 부패할 대로 부패했음을 쉽사리 발견할 수 있다.

만연된 정경유착과 구조화된 제 식구 감싸기는 이른바 '일본병'의 근원으로 꼽히고 있다. 패전 이후 일본사회는 사실상의 자민당 독주체제를 유지해왔다. 정계, 관계, 재계가 공고한 3각 축을 형성하면서, 변화라곤 털끝만큼도 없는 그들만의 아성을 구축해왔다. 일단 이너 서클 안에

들기만 하면 제대로 된 평가나 비판, 개선이 없어도 사회 내에서 일정한 위치를 구축하고 유지하는 일이 가능했다.

금융위기 회복 국면에서 G20 국가 중 유일하게 디플레이션 함정에 다시 갇히는 등 선진국 중 가장 뒤처진 것이 일본의 오늘이다. 하지만 이마저 해외로부터 몰려온 찬바람이 없었다면 조금 더 연장된 뒤에야 일본이 지닌 폐해가 불거졌을지도 모를 만큼 그들은 폐쇄적이다.

어디 정치뿐이랴. '신제품 개발엔 아무 열의가 없고 오로지 예스맨들만 우글거린다'고 한탄한 전직 소니 임원의 말에서 무사안일주의와 보신주의에 물든 왕년의 세계 1등기업 소니의 어두운 그늘을 발견할 수 있다. 내부 보고서를 수년간 수차례나 무시한 끝에 회사 이미지와 이익에 치명타를 입게 된 도요타 사태도 이 같은 풍조가 장기간 스며든 끝에 초래된 최악의 결과라 할 수 있을 것이다. 오늘 일본이 맞이하고 있는 모든 고통은 자민당 45년 장기집권이 초래한 어둠의 자식들이라는 탄식은 그래서 더 설득력 있게 다가온다.

일본병이 만들어낸 잃어버린 10년

일본병의 원인을 살펴보기 위해 먼저 주목해야 할 것은 관존민비(官尊民卑)라 일컬어지는 일본 특유의 관료주의 사회질서이다. 전문가들은 일본사회의 병폐 중 가장 주요한 요인으로 '관료가 곧 법'으로 부상한 관료사회의 후진적 구조를 먼저 꼽는다. 오늘날 일본의 법률은 거의 대부분 정부가 주도하는 법안으로 구성되어 있다. 입법 기능을 담당하는 의회가 있지만, 일본에서 실제 법안을 만들어 상정하는 일은 의원이 아닌 관료들의 몫이다.

관료가 법 제안자가 되면 과연 어떤 일이 일어날까? 실제로 일본에서는 법안에 대략적인 내용만을 약술하고, 세부사항은 공란으로 두어 관료의 재량에 행정의 상당 부분이 위임되는 사례가 발생했다. 법에 의한 행정이 아니라 법에 의하지 않은 행정이 팽만해진 것이다. 그것은 관료에 의한, 관료를 위한 행정과 다름없었다. 이는 당연히 뿌리 깊은 정경유착으로 이어졌다. 반세기 동안 주류 세력의 교체가 이루어지지 않자, 서구의 일부 전문가들이 치유 불가 선언을 내릴 만큼 뿌리 깊은 증상으로 번져갔다.

좀처럼 속내를 드러내지 않고 사회질서에 순응하는 것을 미덕으로 여기는 일본인들이 자민당 정권 말기 3개의 내각을 모두 1년이 안 되어 갈아치우게 된 요인도 이 같은 지도층의 부패에 대한 분노에서 기인했다는 게 전문가들의 견해다.

행정이 관료들의 재량에 따라 결정되는 등 관료에게 과도한 권한을 부여하자, 기업과 관료가 밀착하는 정경유착은 극단으로까지 발전할 수 있는 풍토가 마련되었다. 이는 공직에서 물러난 관료가 기업 고위직으로 자연스럽게 부임하는 낙하산 인사가 구조화되는 결과로 이어졌다. 일반인들도 이를 자연스럽게 받아들일 정도로 낙하산 인사는 일본의 정치사회를 특징짓는 보편적인 구태 중 하나로 자리 잡았다.

이러한 전관예우는 또한 제품의 시스템이나 경영상 결함이 발견될 때에도 별다른 기업 손실 없이 무마할 수 있는 효율적인 수단으로 작용했다. 도요타 사태가 이렇게까지 곪아 터질 때, 일본의 어느 관료도, 그리고 어느 언론도 날카롭고 따끔하게 지적하지 않은 것은 바로 그들에게 굳어진 정경유착과 관료주의적 풍토 때문이었던 것이다.

그렇다면 이들의 업무 능력은 점차 어떻게 변해갔을까? 반세기에 달하는 일당 독재 하에서, 공정한 평가와 이에 따른 합리적인 선순환 결여로 관료와 기업 간부의 질이 전반적으로 하향평준화되었을 것임을 어렵지 않게 짐작할 수 있다.

게다가 중립적인 위치에 서야 할 관료들은 여당인 자민당과 강하게 유착되었고, 이는 입법과 행정의 분리는 물론이고 어떤 견제기능도 찾아볼 수 없게 만들었다. 의회는 거수기로 전락했고, 야당의 기능 또한 제대로 작동될 수 없었다.

그런가 하면 재계 유력인사들은 천문학적인 정치자금을 쏟아부으며 정부와 내각에 영향력을 넓혀감으로써 입지를 보장받았고, 유리한 정책을 마음껏 획득해냈다. 만성적인 부패에 특정업체 편들기, 이익 추구에 눈이 먼 정관계(政官界)와 이를 뒷받침하는 상명하달의 사회구조는 일본사회를 비판과 합리성이 실종된 최악의 상태로 몰고 갔던 것이다.

이 같은 그들만의 잔치는 1960년대 이후 일본의 성장기에는 강한 추진력으로 작용했을 수도 있다. 그러나 합리성이 결여된 조직의 성장에는 한계가 있을 수밖에 없다. 언제라도 터질 수밖에 없는 뇌관이었던 것이다. 전문가들은 이 같은 일본병이 잃어버린 10년을 구체화하고, 다시 잃어버린 20년의 위기구조를 만들게 된 가장 큰 요인이라고 지적한다.

한 식구가 되어 똘똘 뭉쳐 그들만의 이익을 추구해온 일본 관계와 재계, 그리고 정계. 지금의 위기를 가중시키며 일본사회의 근간을 뒤흔들고 있는 고용 불안도 사실은 정경유착의 산물이라고 봐야 옳다. 1990년대 후반에 가열된 이른바 노동 빅뱅과, 이로 인한 심각한 고용 불안은 이 같은 정경유착 구조를 빼놓고는 설명하기 힘들기 때문이다.

버블이 붕괴되기 시작하면서, 일본사회에서는 금융 중개 기능이 마비되고 심각한 장기불황이 초래되었다. 그 여파로, 기업 도산이 줄줄이 이어지자 재계는 정부에 고용의 유연성을 요구하기 시작했다. 기업들은 국제경쟁력 강화를 명분으로 이 같은 노동관리 방식을 요구했지만, 이는 일본사회의 안정망을 흔드는 위협 요소로 자리 잡게 된다.

1985년에 전체 노동인구의 16.4%에 불과했던 일본의 비정규직 근로자 비율은 1995년을 기점으로 빠르게 늘어나기 시작해서 2003년에는 전체 노동자의 30%가 비정규직으로 채워지게 된다. 금융위기의 한파가 최고점에 달했던 2008년에는 이 같은 비율이 34.1%로 치솟으며 역대 최고를 기록하기도 했다.

2009년 초반 비정규직 해고가 가열되면서 이 같은 비율은 다소 하락하긴 했으나, 여전히 일본 노동시장에서 근로자 세 사람 중 한 명은 비정규직으로 구성된다. 특히 1996년 이후 파견근로제가 자리 잡고 제조업 분야마저 파견근로가 가능하게 되면서 일본의 고용 상황은 더욱 열악해져 갔다. 이로써 연금을 받지 못하는 퇴직자들이 대거 양산되었으며, 빈부격차는 더욱 확대되었다.

일본 주요 기업들의 사내 유보금이 산술적인 계산이 힘들 정도로 많다는 사실은 그 기업들이 서민의 삶의 질을 담보로 배를 불린 결과라는 비판에서 자유롭지 않다. 대규모 리콜에 따른 이익 손실과 소송 비용 등이 예상되는 도요타만 해도 사내에 적립된 유보금이 천문학적 수준에 이른다.

주요 선진국 중에 이 같은 고용 형태를 유지하고 있는 나라는 일본이 거의 유일하다. 독일이나 프랑스 같은 유럽 각국이 최근의 경제위기에 따른 초기 손실 규모가 그리 크지 않았던 요인 중 하나가 탄탄한 사회 안전망과 고용 안정성에 있었음을 감안할 때, G20 국가 중에서 유일하게 디플레이션 상태로 떨어진 일본의 위기 원인을 이 같은 구조에서 찾는 것도 무리는 아닐 것이다.

다른 한편으로, 일본은 1990년대에 불황이 장기화되자 기업의 인수합병을 통해 산업계를 재편하겠다는 의도로 독점금지법을 개정하기에 이른다. 그러자 1997년 말에는 일반기업군의 지주사 설립이 가능해졌고, 1998년에는 금융사 역시 지주회사 체계를 갖출 수 있게 되었다.

우리나라의 경우 1990년대 말에 IMF의 구제금융 사태를 겪으면서 부실채권들을 회수하고 금융 구조조정을 통해 경기 회복의 발판을 마련했다. 그러나 일본은 1990년대 말 금융권 및 제조업체의 위기 국면에서도 금융사들의 시스템을 구조조정하는 데 실패했다. 일본의 주요 그룹들은 지금 제조업과 더불어 금융사를 고루 갖고 있는데, 이들은 기업 로비의 주역들이기도 하다. 전형적인 정경유착이다.

우리나라가 글로벌 경제위기 국면에서 강한 탄력성을 보여준 것도 10년 전 위기를 통해 구조조정에 성공함으로써 경쟁력 강화에 나섰기 때문임은 자명한 사실이다. 이에 반해, 일본은 2008년의 금융위기 국면에서도 부실기업을 솎아낼 절호의 기회를 놓치고 말았다. 게다가 현재까지도 금융 구조조정을 이뤄내지 못함으로써 경제에 부정적인 영향을 더하고 있다.

고용 불안으로 위축된 가계가 소비를 줄이자, 기업들은 투자 회복에 선뜻 나서지 못했다. 이로 인해 은행에 자금은 쌓여 있지만 위기는 가중되는 국면이 진행되었다. 이러면 정부가 아무리 은행권에 자금을 풀어도 경제는 돌아가지 않는다. 이것이 바로 지난 10년 동안 전개된 일본의 잃어버린 10년이다. 에드 메르너 애틀란스 일본 성장펀드 수석 운용역의 발언은 일본이 처한 현실을 매우 솔직하게 대변한다.

"지난 20년 동안 일본은행(BOJ)과 자민당은 통화 및 재정 정책의 문제점을 제대로 들여다보지 않고 임기응변식으로만 대응하는 과오를 저질렀다. 이것이 현재 일본에 도래한 위기의 주범이다."

일본이 아시아 지역 내에서 별다른 국제적 위상을 갖고 있지 못한 점도 이 같은 사회구조에서 찾아야 한다는 것이 적절한 해석이다. 기실 서구인들은 한때 자신들의 간담을 서늘케 했던 세계 2위의 경제대국이 아시아 지역에서 별다른 지도적 위치를 담당하고 있지 못한다는 사실에 더 놀란다.

일본은 2차 세계대전 이후에도 전쟁 범죄에 대한 별다른 사과 없이 국가를 운용해왔기 때문에 아시아 각국은 일본의 입지와 일본과의 관계 증진을 통한 수혜 가능성을 알면서도, 그 위상을 민간 부문 이상으로 확대하는 것을 꺼려왔었다. 이는 적극적인 사과와 과거사 조명 속에서 전비를 되갚고, 유대인 학살 같은 수치스런 역사를 자발적으로 알려온 독일과 현저히 차별되는 부분이다. 이후 독일은 EU의 맹주로 부상하면서 경제력에 걸맞은 현격한 목소리를 내고 있다.

득보다 실이 더 크다는 것을 알면서도 사과할 수 없는 일본이 이어지는 까닭은 일본 특유의 '고인 물' 구조와 관련이 깊다. 고인 물은 썩기 마련이다. 일본에서는 대부분의 기업들이 대를 이어 가업을 이어가는 것처럼 일본 정치인들도 대를 이어 정계에 몸담아 왔다. 근대화 초기 미국을 방문했던 일본 지도층이 '워싱턴 가문의 후손들은 지금 어디에 있는가?'라고 물었다는 일화는 이를 잘 대변해준다.

실제로, 현재의 일본 개혁세력을 대표하는 하토야마 유키오 총리를 비롯해서 고이즈미 준이치로(小泉純一郎) 총리 이후 최근 4명의 총리가 연달아서 세습정치 가문에서 나왔다. 제90대 아베 신조(安倍晋三) 전 총리를 시작으로 후쿠다 야스오(福田康夫), 아소 다로(麻生太郎), 하토야마 유키오 총리는 모두 할아버지나 아버지가 총리를 지낸 경력이 있다.

게다가 1991년 이후 등장한 11명의 총리 가운데 9명이 부친이나 조부로부터 지역구를 물려받았다. 민주주의가 정착한 나라에서 이 같은 세습 기록을 갖고 있는 경우는 지구상에 어디에도 없다. 더구나 제91대 후쿠다 야스오 전 총리는 부자 총리라는 첫 사례를 일본에 더한 인물이다.

아베 전 총리는 1960년 1월 미일안보조약의 개정을 강행했던 기시 노부스케(岸信介)의 외손자이고, 92대 아소 다로 총리는 전쟁의 혼란을 수습했던 요시다 시게루(吉田茂) 전 총리의 외손자다. 하토야마 총리는 할아버지가 아소 총리의 외조부인 요시다 전 총리와 권력투쟁을 벌인 하토야마 이치로 전 총리로, 선대의 악연을 대를 이어갔다. 고이즈미 총리 역시 정계를 은퇴하면서 자신의 지역구를 차남에게 물려주었다.

세습 정치인들이 만연하다 보니, 일본사회에서 과거사 청산이란 매우 어렵고 복잡한 문제가 되었다. 일왕을 기점으로 전범들이 그들의 친할아버지요 친아버지인 독특한 사회구조 탓에 정치구조의 개혁은 말처럼 쉽지 않았던 것이다. 이로 인해 일본이 반세기 넘게 치르고 있는 유무형의 대가는 돈으로 환산하기 어려운 지경인지도 모른다.

의원직 세습은 또한 지역 이권과도 매우 밀접하게 연관되어 있다. 세습 의원들은 대부분 소속 지역의 명문가 출신이고, 형제나 친인척들이 지역의 부를 장악하고 있는 경우가 많다. 지역기업들도 대를 이어 이들 의원들의 후원 역할을 자처해왔고, 의원들은 이들의 바람막이가 되어 왔다.

상황이 이쯤 되고 보니 일본 내에서 끊임없이 부정부패의 고착화가 나타나는 것도 놀랄 만한 일이 아니다. 물론 일반인들조차 가업을 잇는 것을 자랑스럽게 생각하는 사회구조를 갖고 있다. 하지만 이 같은 세습 의원제가 주는 폐해에 대해, 이제 일반 국민들이 매우 반발하는 모습이다.

아소 다로 총리는 높은 국민적 인기를 바탕으로 임기 1년을 못 채운 후쿠다 내각의 뒤를 이어 자민당 회생의 사명을 띠고 정권을 물려받았지만 각료 18명 중 절반 이상을 세습 의원으로 채우고, 각별한 친분을 자랑해온 정치인들을 다수 등용하는 치명적인 실수를 저질렀다. 폐해의 일반화가 도덕불감증으로 이어진 꼴이다. 결국 아소 총리는 귀족 내각이라는 악평 속에 임기를 채 1년도 못 넘기고 정권 자체를 민주당에 넘겨주는 주인공이 되고 말았다.

미증유의 경제위기 속에서 자민당 독재를 끝내고 야심차게 출범한 하토야마의 민주당 정권임에도 일본사회의 뿌리 깊은 관료주의와 고질적인 유착구조는 여전히 계속되고 있다. 현재 하토야마가 겪고 있는 시련은 어쩌면 머지않아 절망으로 바뀔지도 모른다.

2장

하토야마와
노무현

벽에 부딪힌 하토야마의 개혁

하토야마 유키오 총리의 출발은 화려했다. 영구집권의 꿈을 키워 나가고 있던 자민당 정권을 일거에 무너뜨린 그에게 국민이 보내는 지지는 절대적이었다. 늙은 일본, 쇠락해가는 일본을 잠에서 일깨우라는 국민의 목소리에 그는 수십 년의 기득권을 타파하고 개혁을 주창했다. 국민의 열화와 같은 지지는 역대 2위인 75%의 지지율이라는 결과물로 이어졌다. 국민의 4분의 3이 지지하는 영광스러운 리더가 된 것이다.

하지만 그가 누린 화려함은 그리 오래 가지 못했다. 집권 4개월 만에 민주당 정권에 대한 지지율은 40%대로 추락하고 말았다. 반대율이 오히려 지지율을 넘어서는 상황으로 뒤바뀐 것이다. 그 짧은 시간 안에, 국민은 무엇 때문에 하토야마 정권에 등을 돌린 것일까? 물론 일차적으로는 경제적 원인이 컸다. 또 다시 도래한 경제위기, 경기와 물가가 동시에 내려앉는 이른바 디플레이션의 악몽에 국민은 치를 떨었다.

그나마 경제적 고통은 워낙 오래된 일이고 하루아침에 극복할 수 없다는 면에서 국민들도 용서할 수 있었다. 국민이 등을 돌린 진정한 이유는 따로 있다. 그것은 바로 일본 국민이 그리도 원했던 개혁에 하토야마와 민주당이 부응하지 못했기 때문이다. 수십 년 뿌리 깊은 자민당과 기득권 층은 하토야마를 끊임없이 흔들었고, 기회가 있을 때마다 역공을 펼쳤다. 당연히 그의 개혁은 좀처럼 속도를 내지 못했다.

하토야마 총리는 취임 직후부터 한국의 노무현 전 대통령과 비교된 인물이다. 단순히 진보 색채의 민주당으로부터 탄생한 국가수반이라는 점 때문만은 아니었다. 성격과 행동, 그리고 정치 외교적으로 수행하는 모습이 노무현 전 대통령과 닮은꼴이었다.

당장 미국과 대립각을 세우며 자주적인 목소리를 낸 것부터가 노무현 전 대통령과 같았다. 하토야마는 더 이상 일본이 미국의 애완견이 되기를 거부했다. 미국에 대한 그의 태도는 노 전 대통령이 부임 중에 한 강연에서, 미국에 엎드리는 기득권 층을 정면으로 쏘아붙이고 조기에 전시작전권을 우리 국군이 가져오도록 하는 방안을 추진했던 상황을 연상시키기에 충분했다.

기존 지도층에 맞서 각종 개혁 과제의 포문을 열고, 하나하나 해결을 시도해가는 모습도 노무현 전 대통령의 그것과 똑같았다. 소탈하고 형식에 얽매이지 않는 점도 닮아 보인다. 인터넷을 활용해서 대중과 소통하고, 취임 전부터 부인과 함께 한류(韓流)로 거론되는 한국 연예인들까지 만나는 등 파격 행보를 일관했다.

그는 '정치에도 사랑(愛)이 필요하다'는, 일면 당연하지만 정치세계에서는 그리 익숙하지 않은 말들을 국회 연설에서조차 스스럼없이 구사해나갔다. 심지어 집권 초반부터 발언과 관련된 각종 구설수로 언론의 뭇매를 맞은 점까지 노무현 전 대통령과 비슷하다.

두 사람의 차이점을 꼽으라면 출신 성분이었다. 노 전 대통령이 고졸 학력에 사회 지배계층과 도통 연관이 없는 대한민국의 보통사람이었다면, 하토야마 총리는 일본의 케네디 가문에 비견될 만한 명문가 출신이다. 그의 정치적 출발도 기실 반세기 가까이 장기 집권 레이스를 이어오다 하토야마에게 권좌를 내준 일본 자민당이다.

그는 2차 세계대전 이후 일본 정계를 이끌었던 하토야마 이치로 전 총리의 손자로, 증조부인 하토야마 가즈오(鳩山和夫) 역시 귀족원(현재의 참의원)에 오른 인물이었다. 그의 아버지 하토야마 이이치로(鳩山威一郎)는 외상을 지냈으며, 하토야마 구니오(鳩山邦夫) 전 총무상은 친동생이다.

재력 또한 남부럽지 않다. 모친은 세계적인 타이어 제조업체인 브리지스톤 창업자의 장녀로, 이에 기초한 하토야마의 보유 자산은 주식(56억 6,000만 엔), 예금(12억 8,000만 엔), 부동산(15억 엔) 등 총 86억 엔에 이른다. 그는 또한 엘리트 코스를 걸어왔다. 도쿄대학 공대를 졸업하고 미국 스탠퍼드대학에서 박사과정을 수료했고, 도쿄 공대 조교를 거쳐

센슈대(專修大)에서 조교수를 역임했다. 하토야마의 아들까지 포함하면 총 5대가 도쿄대 동문이다.

학자 타입이라 불렸던 그가 갑자기 인생 항로를 틀어 정치에 뛰어들며 중의원에 당선된 것은 가문의 후광 덕분임이 분명하다. 그는 1986년에, 출생지인 도쿄 분쿄(文京)가 아니라 조상의 목장이 있는 홋카이도에서 중의원에 첫 당선되었다.

하지만 그의 정치 여정은 온실 속의 화초라 할 다른 세습 의원들과는 현격한 차이가 있어 눈길을 끈다. 1993년 6월, 자민당 분열 시에 탈당해서 신당 사키가케에 합류했고, 이어 출범한 비(非)자민 호소카와(細川) 내각에서는 관방장관을 맡기도 했다.

이어 1996년에는 간 나오토(菅直人) 현 재무상 등과 함께 구(舊) 민주당을 창당하고, 대표에 취임했다. 1998년에는 현재의 민주당 창당에 참가했고, 1999년 당 대표를 거쳐 2002년 12월 보궐선거 참패의 책임을 지고 사임했다. 하지만 오자와 대표가 측근의 불법 정치자금 수수혐의로 논란 끝에 사퇴한 뒤, 2009년 5월 대표 경선에 출마해서 오카다 가쓰야(岡田克也) 전 대표와 접전 끝에 승리하면서 이번 총선에서 정권교체의 주역으로 급부상했다. 이는 당의 실세인 오자와 간사장을 제치고 하토야마가 총리가 될 수 있었던 배경이기도 하다.

아무튼 사회지도층에서 무시하지 못할 존재감을 누리고 있으며 두터운 인간관계와 설득력을 지녔다는 점에서, 그가 원하는 개혁의 성공 가능성은 노무현 전 대통령보다는 높다고 볼 수 있는 셈이다. 하지만 그가 개혁해야 하는 대상의 수위, 즉 기득권 층의 공고함은 대한민국보다 한층 단단한 것이 사실이다. 반세기 이상 견고히 다져진 일본사회의 아성을 수술해야 할 책임이 그에게 주어졌지만, 전도는 그리 만만치 않다. 하토야마 역시 일본병에 뿌리 깊이 물든 기득권 층 출신이기 때문이다.

하토야마, 관료정치 타파를 외치다

하토야마 정권의 개혁 과제는 자민당 정권 일당 독재 방식의 운영에 불만이 커질 대로 커진 국민들의 민의를 반영한 것이다. 일본 언론들은 자민당이 총선에서 민주당에 패배한 요인 중 하나로, 전체 입후보자 326명의 35%인 113명을 세습 의원으로 내세우는 등 민의를 읽지 못하고 구습을 재현한 점을 꼽았다. 반면 민주당의 세습 의원은 11%에 불과했다.

하토야마는 총선 기간 동안, 관료정치 타파와 동아시아 공동체 구상 등의 정치 철학을 피력했다. 현재의 일본이 빈부격차가 극심해지는 등 구조적 문제에 빠진 것은 반세기 자민당 정권을 지탱해온 관료주의 행정이 주요인이기에 정부 운영을 바꾸겠다는 것이었다. 하토야마는 '탈(脫) 관료사회'라는 기치를 앞세워 일본의 낡은 정치구조를 타파하고 저성장 경제구조를 개혁할 것을 처음부터 분명히 했다.

하토야마는 탈 관료화를 진두지휘할 국가전략국을 신설하고, 사실상의 국가정책 결정회의를 주도해왔던 사무차관 회의를 폐지하는 한편으로 관료들의 기자회견도 원칙적으로 금지했다. 각 부처의 견해를 표명하는 것은 장관 등 정치인의 몫이지 관료들의 몫이 아니라는 이유에서였다. 대신 담당 장관과 부장관, 정무관 등 부처 정치인들이 모여 의사 결정을 내리는 정무 3역회의를 신설했다.

이는 행정 쇄신의 책임을 지고 부총리에 오른 간 나오토의 행보에서 조금씩 드러났다. 그는 첫 번째 부분 내각 개편에서 부총리와 재무상을 겸임하게 되었는데, 취임 초반부터 전임자인 후지이 히로히사(藤井裕久)와는 여러 면에서 차이를 보였다.

정치적으로 후지이 전 재무상은 하토야마의 측근이고, 간 재무상은 오자와 간사장의 측근이다. 하지만 재무 관료로 출발한 후지이 전 재무상이 재무부와의 밀접한 인연을 바탕으로 업무를 수행할 수밖에 없었다면 시민운동가 출신으로 선 굵은 10선 위원인 간 재무상은 관료 위주의 정책 결정 관행을 타파하려는 하토야마 정부의 밑그림에 큰 역할을 하게 될 거라는 기대를 얻었다.

후지이 전 재무상은 선진국 최대 규모의 국가부채에 대한 우려에 기초해서 새 회계연도 국채 발행액을 44조 엔으로 제한하겠다는 입장을 피력했었다. 하지만 이는 디플레이션을 우려해 소비 증대를 꾀하는 한편, 정책 공약에 따라 각종 복지 예산 집행을 추진해야 하는 총리의 구상과는 거리가 있는 것이었다.

간 재무상은 엔화 약세 및 정부 지출 증대가 필요하다는 입장을 견지해온 인물로, 취임 일성에서 디플레이션 타파를 위해 정부의 부양 규모를 확대하고자 예산안을 재검토하겠다고 밝히는 등 정부의 정책 추진과 발을 맞췄다. 재무 분야 경험이 전혀 없는 간 재무상에 대해, 서구 언론들이 도리어 기대 섞인 반응을 보낸 점도 이 같은 배경이 한 몫을 했다.

실제로 간 재무상은 다소의 재정 확대를 감수하더라도 디플레이션 국면 회복에 최우선을 둘 것임을 분명히 했다.

기업 개혁에 대해서도 칼날을 휘둘렀다. 하토야마는 신정부 최고 자문기구인 행정쇄신 회의에 대기업 이권단체인 게이단렌의 출입을 금지했다. 그는 이어 3년 내에 기업의 정치헌금을 없애겠다고 선언하면서 개혁 작업에 시동을 걸었다.

그는 재계보다 노조와 친분이 깊었다. 이런 점을 반영하듯 그는 첫 내각에서 노조와 인연이 깊은 4명을 입각시켰다. 나오시마 마사유키(直嶋正行) 경제산업상, 히라노 히로후미(平野博文) 관방상, 가와바타 다쓰오(川端達夫) 문부과학상 등은 기업에서 노조 활동에 깊게 관여했던 인물들이다. 센고쿠 요시토(仙谷由人) 행정쇄신담당상은 노조 변론 변호사였다.

또한 하토야마 정부는 할아버지에서 아들, 손자로 이어지는 정치인의 세습구조에도 철퇴를 가해 상속 의원들의 입지 제한에 나섰다. 일상화된 기관장의 낙하산 인사 역시 수술을 가하겠다고 밝혔다.

니혼게이자이신문이 사설을 통해 노동자 3명 중 1명이 비정규직이어서 기업 실적이 개선돼도 민생은 나아지지 않는다며, 대기업의 역할에 대한 의구심이 일고 있음을 기업이 인식해야 한다고 지적할 만큼 기업의 역할에 대한 사회적인 인식도 바뀌고 있다.

4개월 만에 찾아온 위기

하지만 하토야마의 개혁은 취임 4개월여 만에 위기 국면에 몰렸다. 가장 먼저 표면화된 것은 민심 이반이다. 2010년 1월 중순, 교도(共同)통신은 하토야마 내각에 대한 반대율이 44.1%로, 지지율 41.5%를 처음으로 넘어섰다고 보도했다. 일주일 뒤에 있은 니혼게이자이신문의 여론조사에서도 내각 지지율은 45%에 그친 반면 지지하지 않는다는 응답은 47%에 달했다. 집권 4개월여 만에 지지율 중 30%가 사라진 것이다.

이는 반대파들의 반발로 정책 추진력이 떨어지기 시작한 점과 함께 해결의 실마리를 찾기 어려운 경제난에 원인을 두고 있다. 여기다 하토야마 스스로가 최대 개혁 대상으로 삼은 관료사회와 대기업 집단은 기존 집권 세력이었던 자민당과 공조하여 민주당의 개혁에 대놓고 저항했다. 노무현 전 대통령 취임 직후 한국의 전국경제인연합회가 '단군 이래 최대의 경제위기'라는 모토를 꺼내들면서 정권을 우회적으로 압박하던 상황과 흡사하다.

기존의 지지세력들은 또한 정부의 개혁 과제 수행 정도가 당초의 기대에 못 미친다며 하토야마에게 등을 돌리기 시작했다. 3개 야당이 뭉친 연립내각이라는 점도 내각이 한 목소리를 내고 정책을 추진해가는 데 부담으로 작용했다.

실제로 총리가 각 지역 내 정경유착의 고리를 끊고자 선거구 개편 방침을 천명하자, 각 지방에서는 지방 분권의 흐름에 역행하는 처사라며 대대적인 반발이 흘러나왔다. 이 무렵, 관가는 민주당 집권에 앞서 서둘러 낙하산 인사를 단행하는 바람에 개혁 정책은 도처에서 벽에 부딪쳤다. 정권 공약에 기초해서 추락해가는 출산율을 끌어올리고자 전 가정에게 육아수당을 지급하는 방안을 결정했지만 왜 연금대책이나 일자리 확충 계획은 없느냐는 비판에 직면해야 했다.

민주당은 관료사회의 저항을 봉쇄하기 위해 국가공무원을 각 부처가 아니라 내각이 일괄해서 채용하고 국장급 이상 관료를 내각이 임명하는 '공무원제도개혁법안'을 마련 중이지만 실질적인 성사 여부는 좀 더 지켜봐야 한다는 해석이다.

물론 이 같은 저항은 집권 초기부터 어느 정도 예견된 것이었다. 하토야마를 둘러싼 과제들이 하나 같이 쉬운 일이 아니었기 때문이다. 무엇보다 저성장과 고령화로 침몰해가는 일본경제를 회생시켜야 하는 책임이 그의 어깨를 짓눌렀다. 여기에 진보에서 보수까지 이념적 스펙트럼이 다양한 집권당을 조율해서 힘이 실리게 하는 역할이 맡겨졌다. 자민당과의 대립은 그렇다 치고, 내부에서조차 끊임없이 그를 흔들어대고 있는 것이다. 게다가 글로벌 경제위기로 경제가 얼어붙은 상황에서 각종 복지 지출에 필요한 재정 부담을 최소화하면서 경기를 살리는 일은 쉽지만은 않은 문제였다.

무엇보다 일본이 맞닥뜨리고 있는 전후 최악의 경제난은 각종 개혁정책이 표류하는 근본 원인이 되고 있다. 장기적인 불황에 따른 선진국 최대의 재정 적자와 이로 인해 디플레이션 국면에 재진입하고 있지만 국민은 이런 점을 감안하지 않은 채 무조건적으로 빠르고 가시적인 성과를 그에게 기대하고 있는 것이다.

하지만 이 모든 것보다 그를 당혹스럽게 만들고 있는 것은 정부 실세의 정치자금 연루 의혹이다. 집권 초기부터 총리에 대한 정치자금 연루 의혹이 흘러나오기 시작한 데 이어, 민주당 최대 실세인 오자와 간사장은 이와 관련해 낙마 위기에 몰리기도 했다.

오자와 간사장은 하토야마 총리에 대한 정치자금 수사 국면에서 필요하다면 자신이 총리가 될 수도 있다고 밝히는 등 총리와 동반자이자 경쟁자 관계를 유지하고 있는 인물이다. 실제로 하토야마 총리의 결정이 오자와 간사장의 입김으로 변경되거나 중지되는 일도 왕왕 발생했다.

때문에 외견상 오자와의 불행이 하토야마에게 기회가 될 것이라는 해석도 있지만, 그것은 지극히 순진한 생각이다. 오자와는 민주당 최대 실세로 당내 의견 결집의 핵심 역할을 해왔고, 그가 궁지에 몰린다는 것은 하토야마가 당을 이끌고 업무를 추진하는 데 추동력을 상당 부분 잃게 된다는 결론이 나오기 때문이다.

외교적으로도 하토야마는 힘든 시간을 보내고 있다. 특히 후텐마 미군기지 이전 문제를 둘러싼 우유부단한 모습도 내각 지지도에 영향을 미쳤다. 이즈음 여론조사를 통해 국민의 60% 이상이 미국과의 대립 양상에 불안감을 느끼고 있다는 보도가 흘러나왔다.

하토야마 내각은 미국의 정책에 동조 방침을 보여왔던 자민당 정권과는 달리 제 목소리를 내겠다는 입장이지만, 언론 등을 통해 조성된 불안감이 국민들에게 더 영향을 미치고 있는 모습이다. 반면에 아시아권에서 호응을 얻고 있는 아시아 중심 외교에 대한 성과는 일본 내에서 그리 비중 있게 다뤄지지 않고 있다.

하토야마 정권은 지금 과거사에 대해 새로운 동반자 관계를 설정해 새로운 일본의 위상을 아시아권에 심으려는 한편으로, 일본을 새로운 얼굴로 만들기 위한 실험을 이어가고 있다. 그의 노력이 절망으로 변하느냐, 아니면 고통 속에서 화려한 꽃으로 피어나느냐에 따라 일본의 미래 역시 젊고 역동적인 과거의 영화를 다시 한 번 구현할 수 있을지 판가름이 날 것이다.

3장

중산층의
몰락

늘어만 가는 워킹 푸어

매년 10월 17일은 유엔이 정해 1993년부터 기념하고 있는 세계 빈곤 퇴치의 날이다. 빈곤 퇴치의 날이라는, 기념이라는 말이 어색한 이 같은 기념일을 정한 이유는 무엇일까? 그것은 명칭에서 쉽게 유추해낼 수 있다. 아마도 머릿속에는 한 끼 식사도 제대로 챙겨 먹지 못하는 아프리카 어느 빈국이 떠오를 것이다. 하루 종일 중노동에 시달리는 인도의 어린이가 그려질 수도 있다.

이날 세계 각국에서는 빈국을 돕자는 의미로 다양한 행사가 열린다. '빈곤 퇴치를 위한 지구 행동'이라는 글로벌 비정부기구(NGO)는 화이트 밴드(하얀 팔찌)를 판매해서, 그 기금으로 전 세계 빈곤층을 돕자는 캠페인을 벌이기도 한다. 이를 통해 어느 정도 살게 된 우리들 입장에서는 가난했던 과거를 되돌아보는 계기도 될 것이다. 그런데 부자나라 일본에서는, 이날이 던져주는 자성의 의미가 새삼스럽게 받아들여지는 것 같다. 시민단체를 중심으로 못 사는 다른 나라를 돕기에 앞서 먼저 자신들 주변부터 돌아보자는 움직임이 활발해진 것이다.

최근 들어 일본의 극빈층이 빠르게 증가하는 것은 이 같은 변화의 원인이다. 2009년 10월 17일, 일본 도쿄의 한복판에 위치한 시바공원(芝公園)에서는 빈곤 퇴치의 날을 맞아 조그만 기념행사가 열렸다. 이날의 분위기는 조금 달랐다. 아프리카의 빈국을 지원하자는 등의 색다른 캠페인성 행사를 이곳에서는 찾아볼 수가 없었다.

단상에는 경기침체로 직장에서 쫓겨난 뒤 노숙자로 전락한 50대 비정규직 노동자, 닥치는 대로 일을 해도 가난의 굴레에서 벗어나지 못하는 40대 여성 가장 등이 나와 자신들의 처한 실상을 절절히 토해냈다. 행사에 참석한 여야 거물급 정치인들은 굳은 표정으로 이를 지켜볼 뿐이었다. 이날의 행사를 통해 거듭 확인된 일본의 현실은 가히 충격적이었다.

일본을 처음 찾는 이방인들을 혼란스럽게 하는 풍경이 하나 있다. 청결한 거리 풍경과 어울리지 않는 노숙자들이 그것이다. '일본=부자나라'라는 인식구조에 노숙자는 포함돼 있지 않기 때문이다. 그러나 일본은 이미 오래 전에 노숙자 천국으로 변한 나라로 오사카, 도쿄 등 일본의 대도시 지하철역과 이면도로에서는 어렵잖게 노숙자들이 비참한 모습으로 살아가는 광경을 볼 수 있다.

이들은 길거리에서 숙식을 해결하며 하루하루를 살아간다. 그마나 돈이 조금이라도 있는 경우엔 심야시간(밤 11시~새벽 7시)대의 이용료가 1,500~2,000엔 정도로 값싼 PC방을 찾지만, 그런 날은 1년에 고작 몇 차례뿐, 대개는 길거리에서 먹고 잔다. 그뿐만 아니다. 커피 한 잔을 사고 밤을 지새우는 이른바 '맥도날드 난민'도 등장했다. 맥도날드 가게에 들어가 커피 한 잔을 사들고는 안락한 의자에 앉아 밤을 새우는 것이다.

수치상으로만 볼 때, 일본의 노숙자들은 해마다 줄어들고 있다. 2008년 1월 일본정부의 조사에서 노숙자는 1만 6,018명으로 집계되었다. 노숙자 조사가 처음으로 이뤄진 2001년 8월의 2만 4,090명보다 8,000명 줄어들었고, 최고를 기록했던 2003년보다는 9,300명 줄어든 것이다.

도쿄의 경우 2009년 1월의 조사에서 2,341명으로 조사되었는데, 이에 대해 후생노동성은 2003년에 제정된 '홈리스 자립지원법'에 따라 노숙자 쉼터 확충, 민간단체 지원 등이 성과를 거두었기 때문이라고 설명했다. 그러나 이 같은 수치는 현실과는 동떨어졌다는 지적이 많다. 경기침체로 실업자가 급증하는 상황과 전혀 맞지 않기 때문이다.

NGO 관계자들은 도쿄의 노숙자만 해도 1만 명이 넘는다고 추산하고 있다. 진짜 노숙자에게만 판매권을 주는 시사잡지 〈빅 이슈(The Big Issue)〉를 배급하는 도쿄의 자원봉사자에 따르면, 이 잡지를 받아가는 노숙자들이 1만 1,000명에 달한다고 한다. 그는 일본 전체로는 3만여 명의 노숙자가 있다고 증언한다.

노숙자 중에는 파견노동자, 기간노동자, 하청노동자 같은 비정규직 노동자들이 많다. 이는 비정규직에 대한 실업수당 같은 사회안전망이 매우 취약하기 때문으로, 국제노동기구(ILO)의 보고서에 따르면 일본 실업자의 77%가 실업수당을 받지 못하고 있다고 한다.

더구나 일본의 비정규직들은 직장 안에서 숙식을 해결하는 경우가 많은데, 이들은 직장에서 쫓겨나는 순간 거리를 전전할 위험에 처하게 된다. 불황이기 때문에 재취업도 어려워 비정규직 해고자 중 재취업한 사람은 전체의 35.1%에 불과한데, 그나마도 저축해놓은 얼마간의 돈이 바닥나게 되면 이들 역시 노숙자로 전락할 수밖에 없다. 하지만 노숙자는 일본의 빈곤층 문제를 보여주는 하나의 사례일 뿐이다. 일본의 극빈층은 최근 들어 가파르게 증가하면서 2차 세계대전 이후 최고로 치솟았다.

2009년 4월 일본에서 생활보호대상자로 지정된 세대 수는 120만 3,874세대로, 대상자 수도 166만 4,892명에 달하는 것으로 조사되었다. 1995년의 88만 명에 비해 2배 가까이 증가한 것으로, 유례가 없는 가파른 증가세다.

2008년 말, 일본사회에 큰 반향을 불러온 사건이 발생했었다. 일자리를 잃고 오갈 데 없어진 비정규직 노동자를 위한 임시 숙소인 파견촌(派遣村)이 도쿄 한복판 왕궁이 지적인 곳인 히비야(日比谷) 공원에 들어선 것이다. 이는 달리 말하면 비정규직 노동자들의 난민촌으로, 파견 일자리에서 해고된 사람들의 긴급 피난처였다.

파견촌을 개설한 주인공은 반(反) 빈곤네트워크를 비롯한 20여 개의 시민 노동단체로, 이들은 실직자들에게 무료급식과 잠자리를 제공하고 취업 정보 등을 제공했다. 자원봉사자로 나선 변호사들은 해고 파견사원들의 노동 상담을 제공했다. 파견촌의 촌장을 맡은 유아사 마코토(湯淺誠) 반 빈곤네트워크 사무국장은 정부의 안일한 실업대책을 비난하면서 대량 실직자를 양산하는 근로자파견법을 근본적으로 개정하라고 목소리를 높였다.

2008년 12월 31일부터 2009년 1월 5일까지 운영되는 동안, 파견촌은 그야말로 문전성시를 이루었다. 주최 측의 예상을 크게 뛰어넘어 499명에 달하는 입촌 희망자가 몰렸기 때문이다. 이곳을 찾은 30대의 한 실직자는 다음과 같이 말했다.

"지난 3년 동안 시급 1만 엔을 받고 일용직 파견노동자로 일해왔지만 한 달에 손에 쥐는 돈은 10여만 엔으로, 기숙사비를 빼면 저축은커녕 생활비도 빠듯했다."

해고와 동시에 회사 기숙사에서도 쫓겨난 그는 인터넷 카페를 전전하다 돈이 바닥나 이곳을 찾았다. 파견촌이 문을 연 엿새 동안 1,692명이 자원봉사자로 참여했고, 5,000만 엔이 넘는 기부금이 답지했다. 매스컴들은 수십 명의 취재진을 보내 연일 파견촌 현황을 보도했고 전국에서 쌀, 야채 등 식료품과 텐트, 이불 등 지원품들이 쏟아져 들어왔다.

그렇다면 파견촌을 거쳐간 사람들은 어떻게 되었을까? 불행하게도 이들의 삶은 여전히 험난했다. 6개월 뒤, 소재가 확인되어 설문에 응한 108명 중 재취업한 사람은 파트타임 아르바이트를 포함해서 13명에 불과한 것으로 드러났다. 나머지는 여전히 거리를 방황하며 기약 없는 삶을 이어가고 있는 것이다. 파견촌의 반향이 워낙 컸던 탓에 1년 후인 2009년 12월 28일, 도쿄도(東京都)가 직접 파견촌을 세워 2010년 1월 4

일까지 운영하며 500명에게 숙식을 제공했지만, 이들 역시 6개월 뒤에 어떤 모습이 될지는 불을 보듯 뻔한 일이었다.

폭증하는 비정규직

2차 세계대전 이후 기적과도 같은 성장으로 세계 2위의 경제대국으로 등극한 일본은 1980년대에 이르러서는 '1억 명의 중산층' 신화를 만들어내며 세계의 부러움을 사기도 했다. 하지만 일본은 지금 2류 국가로 추락하는 것을 걱정해야 하는 처지가 되었다.

일본은 20년째 무기력에 빠져 있다. 1인당 소득이 2000년에는 OECD 국가 중에서 3위였던 것이 2006년엔 18위로 떨어진 현실도 그렇지만 사회 전반으로 급속하게 확산되는 빈곤의 그림자는 일본사회를 더욱 우울하게 만들고 있다. 1억 중산층의 나라가 이제 빠른 속도로 빈곤 대국으로 바뀌고 있는 것이다.

일본의 상대적 빈곤율은 1998년 14.6%에서, 2001년 15.3%로, 그리고 2007년에는 15.7%로 치솟았다. 이 같은 수치는 인구 6.4명당 1명이 생계 곤란을 겪고 있는 것을 의미하는 것으로, OECD 30개 회원국 중 4번째로 높다. 65세 이상 고령층은 이런 비율이 더욱 높아져서 무려 22%에 달했다.

더욱 놀라운 일은 상대적 빈곤층 가운데 82.8%가 일을 하고 있다는 점이다. 아무리 일을 해도 가난에서 벗어나지 못하는 근로 빈곤층, 바로 워킹푸어(Working Poor)들이다. 연간 200만 엔도 되지 않는 소득으로 간신히 살아가는 이들은, 저축이나 자녀 교육 같은 미래를 위한 투자는 엄두도 내지 못하고 있다. 그들은 그저 하루 벌어 하루 사는 신세를 면치 못하고 있는 것이다.

이 비율이 OECD 평균인 62.8%보다도 훨씬 높다는 데서 일본의 심각성을 알 수 있다. 이들의 비참한 현실을 반영하듯, 낮에는 거리에서 광고 전단지를 나눠주고 밤에는 술집에서 일하는 등 닥치는 대로 일하는 더블 워킹, 트리플 워킹, 아르바이트와 파트타임으로 연명하는 프리터족 등 신조어가 양산되고 있지만, 일본정부는 속수무책이다.

지난 20년 동안 정체된 경제보다 더 큰 문제는 소득 격차의 심화로, 소득이 어느 정도 균등하게 분배되는가를 나타내는 소득 분배의 불균형 수치를 뜻하는 지니계수(Gini's coefficient)는 1981년의 0.3143에서 2002년에는 0.3812로 올라갔다. 지니계수는 수치가 올라갈수록 불균형이 심화됨을 뜻하는데, 소득 불평등이 상당한 수준이 이르렀다고 판단하는 기준이 0.4이다. 일본의 경우, 이를 넘어서기 직전이다.

이렇게 소득 격차가 커진 원인은 비정규직 노동자가 양산된 상황과 관련이 깊다. 일본 내각부가 발간한 백서인 〈경제재정보고〉에 따르면, 2009년 1분기 비정규직은 1,699만 명으로 전체 노동자의 33.4%를 차지하고 있다. 2002년엔 1,406만 명으로 전체 노동자의 28.7%였다. 불과 7년 사이에 300만 명이나 늘어난 것이다.

비정규직 노동자는 임금에서 차별을 받을 뿐만 아니라 경기가 나빠지면 우선적으로 해고되는데다, 해고 뒤에는 실업급여 등 사회안전망에서도 철저히 소외된다. 정규직이 아니라는 이유로 사실상 2등 국민 취급을 당하는 셈이다. 통계에 따르면 비정규직이 평생 벌어들이는 소득은 정규직의 40%에 불과하여, 총수입 격차가 9,000만 엔에 달했다. 그런데 나이가 들수록 소득 격차는 더욱 커져서 50~54세의 정규직은 연평균 551만 엔을 벌었지만 비정규직은 20%도 채 안 되는 108만 엔을 벌었다.

미래가 불안하다 보니 결혼은 엄두도 내지 못하고 있다. 후생노동성이 발표한 자료에 따르면, 2002년 조사에서 독신이던 남성이 5년 이내에 결혼한 비율은 정규직이 24%였으나 비정규직은 절반인 12%에 불과했다. 소득별로는 더욱 심각해서 400만~500만 엔이 21%였지만 100만 엔 미만은 8%에 그쳤다.

양산되는 비정규직과 워킹 푸어는 돌이킬 수 없는 사회문제를 야기할 수도 있다. 이를 말해주듯 지난해 일본 전역에서 발생한 범죄 건수는 전년보다 6% 감소하고 살인 건수는 2차 세계대전 이후 최저치를 기록했지만, 편의점을 대상으로 하는 강도 사건이 896건을 기록하는 등 생계형 범죄가 5%나 증가했다.

노동 규제 완화가 탄생시킨 비정규직

일본에서 이렇게 비정규직이 양산된 것은 고이즈미 준이치로 전 총리가 주도했던 규제 완화 때문이라는 게 정설이다. 2004년에 노동자파견법을 개정하면서 일부 업종에만 허용했던 파견직 근로자 채용을 전 업종으로 확대했던 것이다.

일본에서 노동자파견법은 1985년에 처음 제정되었다. 당시에는 통역과 가이드 등 13개 직종에 제한적으로 적용되었지만, 1999년 법 개정으로 의료 일부와 항만, 건설, 경비, 제조업을 제외한 전 직종으로 확대되었다. 2004년에는 고용 창출을 명분으로 제조업까지 확대하면서 파견 기간도 3년으로 늘렸다. 이로 인해 일본에서 파견업은 날로 번창하게 되었는데, 한때 일본 최대 인력 파견업체였던 굿윌(Good Will)이라는 회사에 소속된 임시직 구직자들은 270만 명에 달했고, 1일 평균 파견 인력이 3만 4,000명에 이르기도 했다.

하지만 일용직들의 삶은 여전히 비참하다. 파견 기간이 30일이 채 안되는, 이른바 날품팔이 신세를 면치 못하기 때문이다. 이들은 파견회사에 등록한 뒤에 휴대폰 문자메시지 등으로 소개된 공장이나 창고 업무 등에 며칠 단위로 고용되는데, 심야 수당이나 사회보험도 없이 불안한 고용 조건에서 하루하루 연명해야 한다. 심지어 고용업체가 파산하면 체불임금을 받지 못하는 경우도 허다하다.

비정규직 중에서도 특히 파견노동이 심각한 사회문제를 일으키자 정치권의 대책 마련도 추진되고 있다. 집권 민주당은 제조업의 파견노동자 고용을 금지하는 법안을 추진하고 있다. 민주당은 2009년 8월 총선에서 파견 금지를 공약으로 내거는 등 파견법 개정에 강한 의욕을 보이고 있다. 재계의 반발이 거세지만 여당인 민주당이 참의원과 중의원에서 다수를 차지하는 만큼 법의 개정 가능성은 매우 높은 상황이다.

여기에 노동단체와 사회단체들도 거들고 있다. 노동단체와 반 빈곤네트워크, 일본 변호사연합 등이 연대해서 파견법을 근본적으로 개정하는 활동을 벌일 계획이다. 이들은 파견노동이 일본사회에 미치는 악영향을 고려할 때, 처우 개선이나 업종 규제를 넘어서 노동자파견 제도 자체를 없애야 한다고 목소리를 높인다.

후진국이나 기껏해야 개발도상국에서나 발견될 것으로 보였던 워킹푸어와 소득의 불균형, 그리고 빈곤의 문제가 경제대국 일본에 만연해 있고 그로 인한 고통의 그늘은 나날이 짙어지고 있다.

제5부

한국의
경제 전문가들이 보는
오늘의 일본

한국의
일본 전문가들은
이렇게 진단한다

대한민국의 일본 전문가들의 눈에 비치는 일본의 추락과 앞으로의 모습은 어떤 것일까? 오랫동안 일본 전문가로 일해온 그들의 눈이야말로 일본의 현재와 미래를 가장 객관적이고 정확하게 진단하는 창(窓)이라고 할 수 있다. 그들은 일본의 장인정신 DNA가 퇴색했다고 말하는 것은 일본을 너무 얕잡아 보는 것이라고 잘라 말한다.

도요타 리콜 사태, 세계 최저 수준의 출산율, 사상 유례가 없는 국가부채 등으로 더 이상 일본이 우리의 롤 모델이 될 수 없다고 말들 하지만, 이는 일본을 잘 모른 채 성급하게 내리는 판단이라는 게 그들의 공통된 의견이다. 일본이 더 이상 우리의 적수가 아니라고 자만할 게 아니라 일본의 전철을 밟지 않기 위해 정부와 기업이 각 분야에서 차근차근 계획을 수립해 나아가야 한다고 전문가들은 지적한다.

일본이 겪고 있는 일련의 어려움을 분석해보기 위해 일본 전문가 4인과 가진 긴급 인터뷰에서는, 이러한 현상에 대한 고민과 해답이 고스란히 드러나고 있다. 정부와 학계, 민간 싱크탱크 등 각 분야의 전문가들에게 일본의 지난 잃어버린 10년에 대한 분석부터 향후 일본경제에 대한 전망까지 다양한 이야기를 정리해보았다.

● **이호철**(주일 한국대사관 재경관)
(연세대 경제학과, 파리 제1대학 박사, 재정경제부 정책조정총괄 과장, 부산지방조달청장 역임)

Q : 도요타의 리콜 사태로 전 세계가 충격에 휩싸여 있습니다. 일본 현지에서는 이번 사태를 어떻게 바라보고 있습니까?

A : 일본인들은 이번 사태를 매우 충격적으로 받아들이고 있습니다. 특히 2010년은 일본이 세계 2위 경제대국의 지위를 중국에게 넘겨주게 되는 해라 그 충격이 더 큽니다. 일본인들은 양적인 면에서는 중국 등에 추월당해도 경제의 질적인 면에서 우위라는 자부심이 있었는데, 바로 그 점에서 세계적인 비난을 받는 일이 벌어지자 혼란을 겪을 수밖에 없는 것입니다. 특히 전자, 조선, 철강이라면 몰라도 기계, 자동차만큼은 세계 1위라는 자부심이 컸고, 도요타는 특히 하이브리드카에서 독보적인 기술을 갖고 있어 상당 기간 일본경제를 이끌어줄 것이라고 기대했었습니다. 그런데 연이어 기술적 결함이 발견됨으로써 일본 제조업의

신뢰에 흠이 나게 된 것입니다.

Q : 이번 리콜 사태를 단순히 도요타의 문제, 일본 자동차업계의 문제를 뛰어넘어 일본 제조업 전체의 위기로 볼 수 있을까요?

A : 이번 사태는 제조업 전체는 물론 일본경제 전반에 대해 다시 생각하는 반성의 기회가 될 것입니다. 도요타 리콜 사태의 직접적인 원인은 글로벌 경쟁시대에 과도한 사업 확장으로 인한 품질관리의 부실에서 나온 게 사실입니다. 그러나 오래 전부터 문제의 싹은 커왔습니다. 일본에서는 얼마 전부터 농산물을 비롯한 식품업계에서 원산지나 유효기간을 속이는 사건들이 발생했습니다. 안전제일이라는 일본 식품업계의 신뢰감이 무너진 것입니다.

이어 제조분야에서도 검사를 생략하고도 마친 것처럼 거짓 서류를 꾸민 사례들이 일부 발각되어 충격을 주었습니다. 글로벌 가격 경쟁 결과, 더 이상 비용 삭감이 힘든 기업들이 중국 등 외국으로 생산 거점을 옮겼는데, 이 과정에서 품질관리에 문제가 생겼습니다. 일본 국내에 남아 있던 기업들 가운데서도 더 이상 가격 삭감 경쟁이 어려워지자 부정한 방법으로 생산비를 낮추려는 유혹에 빠져든 것입니다.

Q : 일각에서는 민주당 정권 출범 이후 미국에 고분고분하지 않은 데 따른 버릇 길들이기 차원의 음모설도 제기하고 있습니다. 일본 내에서도 이 같은 이야기가 나오고 있습니까?

A : 일부 비주류 언론에서 그런 이야기가 나오긴 하지만, 주류 언론

등 전반적인 사회 분위기는 일본기업이 잘못한 부분은 인정하고 어떻게 잘못을 되풀이하지 않을 것인지에 초점이 모아지고 있습니다. 감정적인 대응은 많은 부분에서 자제되고 있습니다.

Q : 제조업뿐만 아니라 글로벌 금융위기 이후 일본경제는 한 마디로 '이보다 더 나쁠 수 없는 상황'에 직면했습니다. 지난해 하반기 또 다시 디플레이션에 빠지면서 심각성이 더욱 드러나고 있는데, 이런 상황이 벌어질 수밖에 없는 근본적인 원인은 무엇일까요?

A : 일본경제 번영의 양축이라 할 수 있는 품질과 기술이 동시에 무너졌기 때문으로 볼 수 있습니다. 품질의 경우, 글로벌 가격 경쟁이 심화되고 생산 거점이 값싼 중국 등으로 옮겨지면서 일본 내에서도 메이드 인 재팬 제품을 찾아보기 힘들게 되었습니다. 품질관리에 문제가 생길 수밖에 없게 된 것입니다. 기술적인 측면에서 일본은 여전히 자부심을 갖고 있지만 소비자가 원하는 기술과는 거리가 생기게 되었습니다. 전자제품이나 휴대폰에서 많은 기술을 갖고 있지만 애플의 아이팟처럼 소비자의 감성에 호소하는 획기적 기술개발이 아닌 사용법만 복잡한 어려운 기술이 되어버렸습니다.

Q : 최근 일본 중심가 세이부백화점 긴자점의 폐업이 한국에서도 화제가 된 바 있습니다. 그만큼 일본 내수 소비가 죽었다는 상징적인 의미일 텐데, 일본 소비침체와 그에 따르는 제조업 부진을 어떻게 연관지을 수 있을까요?

A : 1985년의 플라자 합의 이후 계속된 엔고로 인해 일본 상품은 해외시장의 가격 경쟁에서 어려움을 겪고 있습니다. 1990년대 초까지만 해도 독보적인 기술로 전자제품 분야 등에서 비싼 가격에도 경쟁력이 있었지만 한국, 중국 등이 빠른 속도로 기술을 따라잡으면서 값싸고 질 좋은 제품을 생산하자 굳이 값비싼 일본 제품을 찾을 필요가 없어지게 되었습니다. 여기다 일본 국내 사정도 좋지 않습니다. 개인소득은 늘지 않는 반면에 전체 인구는 줄어들어 내수가 갈수록 줄어들고 있습니다. 버블 붕괴로 주식, 부동산시장이 침체되자 자본 소득이 줄고, 정부의 제로 금리 정책으로 이자수입도 거의 없으며, 경기침체에 따라 임금 동결도 지속되고 있습니다. 내수가 줄어들면서 과당경쟁이 벌어져 대형 양판점을 중심으로 가격인하 경쟁이 벌어졌고, 이것이 다시 기업의 생산비 삭감 압력으로 작용하여 종업원의 임금을 올릴 수 없는 악순환이 계속되고 있는 것입니다.

Q : 양적인 팽창과 제조업에만 기대고 있는 산업구조는 사실 우리나라도 겪고 있는 문제이기도 합니다. 일본의 전철을 밟지 않기 위해 어떤 노력을 해야 할까요?

A : 50년 전 일본 자동차는 미국산이나 유럽산보다 한참 뒤처져 있었습니다. 당시 도요타 기술진은 미국차를 분해해서 자사 차와 하나하나 비교하면서 어느 부분이 문제가 있는지 품평했다고 합니다. 당시 자동차 충격을 흡수하는 스프링의 품질 격차가 크다는 지적에, 이 부품을 맡은 담당자들은 자기들 때문이라는 책임감에 눈물을 흘렸다는 일화는 지

금도 유명합니다. 그러나 기술의 정상에 서고부터는 프리우스 브레이크에 문제가 있다는 소비자의 고충이 있었음에도 자만에 빠진 기술자들은 운전자가 일시적으로 그렇게 느끼는 것일 뿐이라며 외면해 버렸습니다.

지금 일본에서는 초심으로 돌아가 외부의 비판에 귀를 기울이고, 한국을 비롯한 다른 나라의 강점을 배워야 한다는 분위기가 다시 일고 있습니다. 우리나라도 한때는 일본한테 열심히 배웠으나 언제부터인가 더이상은 일본한테 배울 게 없다며 외면하고 있습니다. 이렇게 되면 머지않아 일본과 같은 함정에 빠지게 될 것입니다. 이웃나라의 장점뿐만 아니라 단점도 겸손하게 배우고 연구해서, 반면교사로 삼는 자세가 절실한 시점입니다.

● **주형환(기획재정부 대외경제국장)**
(서울대 경영학과, 일리노이대학 경영학 석 · 박사, 미래기획위원회 부단장 역임)

Q : 도요타 리콜 사태가 일본 제조업 전체의 위기로 불거지고 있습니다. 우리 정부는 이번 도요타 사태를 어떻게 보고 있습니까?

A : 이번 사태는 그간 일본의 경제성장을 주도했던 제조업 중심의 수출 의존 경제구조의 한계를 드러낸 사례라고 볼 수 있습니다. 도요타는 일본 주요 자동차회사 중 하나라기보다는 일본 제조업 전체의 품질과 신뢰성을 상징하는 존재이기 때문입니다. 최근 JAL의 법정관리 신청, 혼다자동차 리콜까지 맞물려 그동안 구축되어온 일본 브랜드의 신뢰성에 큰 타격을 입힐 것으로 예상됩니다. 하지만 이번 도요타 사태를 일본 제

조업 전체의 위기로 직결시키는 것은 다소 성급하다고 봅니다. 일본 제조업 전체보다는 업종별로 나누어 볼 필요가 있는데 부품·소재, 기계산업의 경쟁력은 아직까지 일본이 세계 최고 수준입니다. 다만 일본 제조업의 기둥이라 할 수 있는 자동차산업이 흔들리고 있다는 점, 일본 제조업의 노동생산성이 전반적으로 하락 추세라는 사실은 일본경제 입장에서 매우 우려할 만한 부분이라고 생각합니다.

Q : 일본은 지난해 세계에서 거의 유일하게 디플레이션에 빠지면서 경기침체의 심각성이 갈수록 더해지고 있습니다. 세계경제가 모두 어렵다고는 하지만 유독 일본에서 경제위기가 더 크게 부각되는 이유는 무엇일까요?

A : 최근 일본경제는 경기침체가 물가 하락으로 이어지고, 물가 하락이 다시 경기침체를 가중시키는 소위 디플레이션 악순환에 빠져 있는 상황입니다. 근본적인 원인은 결국 내수 부족에 있다고 봅니다. 배경에는 여러 가지가 있겠지만, 일본경제에서 높은 비중을 차지하고 있음에도 불구하고 그간 제조업 중심의 경제성장 전략으로 인해 서비스산업의 경쟁력이 매우 취약했다는 점, 높은 실업률과 비정규직 증가 등 고용환경 악화에 따른 소비 감소가 지속되었다는 점, 기업투자 부진이 지속되었다는 점 등을 들 수 있을 겁니다.

Q : 일본경제의 위기에서 반드시 짚고 나가지 않을 수 없는 부분이 바로 재정 적자 문제입니다. 지난해 사상 처음으로 국가부채가 900조 엔

을 넘어서기도 했는데, 이러한 재정 적자가 앞으로 일본경제 회생에 어떤 식으로 걸림돌이 될 것으로 예측하십니까?

A : 현재 일본의 GDP 대비 국가부채 비율은 2008년 기준 196%로 주요 선진국 중 가장 높은 수준입니다. 저출산 고령화 대책, 하토야마 정권이 추진하고 있는 내수 진작책 대부분이 막대한 재원을 소요하고 있다는 점을 감안할 때 일본의 재정 적자 문제는 단기간 내 해결이 쉽지 않을 전망입니다. 또한 이 같은 막대한 규모의 적자는 재정 정책, 경기부양책 등 정책 집행의 폭을 제한합니다.

우리나라가 지난해 대규모 경기부양책을 써서 OECD 주요국들 중에서 가장 먼저 경제위기에서 빠져 나올 수 있었던 것도 바로 재정 상황이 다른 선진국들에 비해 월등히 나았기 때문입니다. 최근 그리스를 비롯한 남부유럽 국가들의 재정 위기 사례를 통해서 알 수 있듯이 지금 일본의 악화된 재정 적자는 국가 신뢰도에 부정적인 영향을 미쳐 단기적으로는 일본경제의 회복에, 중장기적으로는 일본경제의 지속 가능한 성장에 걸림돌로 작용할 전망입니다.

Q : 다소 성급하겠지만, 일본의 미래를 점쳐볼 수 있을까요? 지난 10년 넘게 전 세계 많은 경제 전문가들이 일본의 위기를 이야기했지만, 그렇다고 일본이 '제2의 남미'로 전락할 가능성을 점치는 사람은 거의 없었습니다. 일본의 앞으로의 10년, 더 나아가 앞으로 50년 후의 일본에 대해 어떻게 전망해볼 수 있을까요?

A : 50년 후의 일본경제를 전망하는 것은 결코 쉽지 않습니다. 다만

이런 점은 지적해볼 수 있겠습니다. 향후 일본경제의 성패는 저출산 고령화, 재정 적자, 혁신 마인드 부족, 서비스산업 등 경제구조 전반의 고질적인 문제에 대한 대응에 달려 있습니다. 이번 도요타 사태 등을 계기로 일본경제의 부정적인 측면이 부각되고 있지만, 일본의 부품·소재 등 제조업 분야의 국제 경쟁력은 여전히 세계 최고 수준입니다. 이런 점 등을 감안할 때 세계 2위의 경제대국으로 부상시킨 일본경제 전반의 시스템은 아직까지도 유효하다고 봅니다. 하루아침에 일본경제가 무너질 것처럼 얕잡아 봐서는 결코 안 될 것입니다.

- **구본관(삼성경제연구소 수석연구원)**
  (서울대 경영학과, 도쿄대 경제학 석사, 성균관대 경영학 박사)

Q : 도요타 리콜 사태로 세계 최고의 경쟁력을 자랑한다는 일본 제조업이 풍전등화의 위기에 직면했다는 말이 나오고 있습니다. 이번 사태로 일본 제조업에 닥칠 손실을 어떻게 평가할 수 있을까요?

A : 풍전등화라는 말이 무리가 있기는 하지만, 전적으로 틀린 말은 아닙니다. 무엇보다도 일본 제조업에서 도요타가 갖는 상징성 때문입니다. 버블 붕괴 이후 최종소비재를 생산하는 수많은 기업들이 어려움을 겪는 와중에도 도요타는 지난해까지 8년 연속 사상 최고의 순이익을 경신하며 성장을 지속했습니다. 닛케이 평균 주가가 1989년 3만 9,000엔에서 1만 엔 이하로 추락하는 동안 도요타의 주가는 2,000엔에서 8,000엔 대까지 오히려 상승했습니다. 세계 자동차 역사상 불가능하게 보이

던 GM의 벽을 넘어서면서 일본경제에서 차지하는 상징성은 더욱 커졌습니다.

도요타 리콜 사태는 그렇지 않아도 세계 최고의 서비스를 자랑하던 JAL의 도산으로 일본기업의 신화가 깨어지는 순간에 터져 나와 그 드라마틱함이 배가되었으니 일본 제조업의 위기로 비춰지는 것도 무리는 아닐 것입니다. 이번 대량 리콜 사태로 잃어버리는 것은 단순히 금전적인 손실보다도 브랜드 이미지 등 눈에 보이지 않는 손실이 더 크다고 볼 수 있습니다.

Q : 도요타 리콜 사태의 근본 원인으로 무엇을 지적할 수 있을까요? 일각에서 지적하는 대로 일본 특유의 장인정신 DNA가 퇴색되었기 때문일까요?

A : 어제까지 전 세계가 벤치마킹의 대상으로 삼았던 도요타의 불상사에 대해 마치 예상하고 있었던 것처럼 문제점의 근본 원인을 지적하는 것에 대해선 씁쓸한 생각이 듭니다. 도요타는 그간 '마른 수건도 짠다'는 말이 상징하는 것처럼 끊임없이 현장에서 부품과 소재, 프로세스 개선을 해왔고, 그 결과는 품질 향상과 원가절감, 개발 기간 단축 등으로 나타났습니다. 그런 과정에서 도요타는 기술력과 원가 경쟁력에서 더욱 자신감을 갖게 되었고, 이를 바탕으로 빠른 속도로 글로벌화를 추진해왔습니다.

이번 도요타 사태가 도요타의 가이젠 DNA가 퇴색했기 때문이라고 단정 짓기에는 너무 단편적입니다. 굳이 도요타 사태의 근본 원인을 이야기하자면 기술력에 대한 지나친 자만 때문이라고 진단하고 싶습니다. 과거에도 도요타를 비롯한 일본차들은 수시로 리콜을 실시했습니다. 오히려 리콜을 자주 실시했기 때문에 소비자들이 일본차에 대한 신뢰를 가졌습니다. 하지만 이번에는 과거와는 달리 외부의 힘에 밀려 마지못해 하는 늑장 대응으로 받아들여졌습니다. 만약 도요타가 문제를 알고도 은폐했다는 사실이 드러난다면, 이는 치명적인 타격이 될 수 있습니다.

하지만 도요타가 문제를 알고 일부러 은폐했다고 결론짓기는 어렵습니다. 물론 도요타도 문제는 알고 있었을 것입니다. 하지만 품질과 기술을 자랑하는 도요타로서는 결코 품질에 대한 하자는 인정하고 싶지 않았겠지요. 도요타가 리콜을 실시하면서 결함 때문에 리콜을 하는 게 아니라 문제가 확대되는 것을 막고 신뢰를 회복하기 위해 리콜을 실시한다는 입장을 보인 것도 그런 이유에서입니다. 도요타는 결국 세계 1등을 하기 위해 지난 십수 년 동안 지나치게 성장 속도만 강조한 나머지 품질 부분에서 문제가 생긴 것입니다. 즉, 단기 성과 위주의 성장 전략이 가져온 부작용의 산물이라고 볼 수 있습니다.

Q : 지난해 니혼게이자이신문은 일본경제를 '3D 불황(디플레이션 Deflation, 주가 하락 Dilution, 민주당 Democratic party)'이라고 지적한 바 있습니다. 이런 문제의 해결 가능성을 어떻게 내다보고 계십니까?

A : 먼저 디플레이션을 지적해볼까요? 전 세계가 양적 완화 등에 따른 통화량 증가로 인해 인플레이션이 우려되고 있는 상황인데 반해 일본만 유일하게 디플레이션에서 벗어나지 못했습니다. 최근 일본의 물

가가 하락하기 시작한 것은 2009년 3월 이후부터입니다만, 좀 더 크게 봐서 일본경제가 디플레이션 경제로 진입한 것은 1997년부터라고 할 수 있습니다. 이처럼 10년 넘게 일본경제가 디플레이션에 빠지게 된 원인을 한 마디로 표현하면 수요 부족입니다. 일본의 개인 소비 성장은 1997년 이후 정체돼 있습니다.

　문제는, 이러한 디플레이션이 언제 해소되겠느냐 하는 것인데 빨라야 2012년은 돼야 해소될 것으로 보입니다. 현재 일본의 수요·공급간 차이는 약 35조~37조 엔으로 GDP의 6.7~7.0%에 달하는데, 현재의 잠재성장률(1.0~1.5%)로 단순 계산한다면 이러한 수급 갭을 해소하는 데는 최소 4~5년이 소요됩니다. 수급 갭이 존재한다는 것은 디플레이션 압력이 작용한다는 것을 의미합니다.

　일본경제의 또 다른 문제는 대량 증자에 따른 주식 희석화(Dilution)가 초래하는 주가 하락입니다. 자본 확충에 의한 주가 하락보다는 일본기업 및 일본경제의 부진에 따른 주가 하락으로 봐야 할 것입니다. 디플레이션 하에 있는 일본경제는 다른 나라에 비해 상대적으로 주가 상승이 매우 어렵습니다. 또 디플레이션이 진행될 경우 엔고를 유발하는 요인으로 작용하기 때문에 주가 하락 압력으로 작용할 가능성이 매우 큽니다. 두바이 사태 등과 같이 글로벌 금융 불안이 생겨날 때마다 엔화가 급등하고, 일본의 주식시장의 하락 폭이 상대적으로 큰 것은 엔고에 따른 일본기업들의 수익 악화 우려 때문입니다. 앞으로도 이러한 상황은 반복될 것입니다.

　마지막으로 민주당의 경제정책 부재로 인한 일본경제의 부진 문제입니다. 하토야마 정권의 거시경제 정책 기본 방향은 아동수당 지급 등 개인 소비 진작을 통한 내수 활성화와 증세 없이 기존 예산에서 낭비를 없애 필요한 정책 경비를 조달한다는 것입니다. 그러나 하토야마 정권의 거시경제 정책은 성장 전략이 결여된 채 분배를 더 중시한다는 비판을 받습니다. 또 재원 확보와 정책 실현 가능성은 회의적이라는 비판이 지배적입니다.

실제로 2010년 예산 편성 과정에서 선거 공약과 현실 사이에서 갈팡질팡하면서 아동수당 지급, 잠정세율 폐지 등 하토야마 정권의 핵심 정책이 재정문제로 전면 수정되는 상황을 드러냈습니다. 일본 내에서 경제성장 전략과 관련하여 하토야마 정권에 대한 기대는 긍정적이라고 보기 어렵습니다. 극단적으로 말하면, 일본 국민은 자민당에 대한 반발로 민주당을 선택했을 뿐입니다.

Q : 일본의 계속되는 불황이 우리 경제에는 어떤 영향을 미칠까요? 도요타 사태로 현대자동차가, JAL 위기로 대한항공이 득을 볼 것이라는 시각도 있지만 일본의 최근 총체적 난국은 우리로서도 결코 남의 나라 문제가 아닐 것입니다.

A : 현재 일본기업이 겪고 있는 어려움을 결코 강 건너 불구경하듯이 볼 일이 아닙니다. 도요타 리콜 사태 같은 문제는 언제든 우리 기업에게도 생겨날 수 있는 문제이기 때문입니다. 그런 의미에서 도요타의 위기를 즐기기만 해서는 곤란합니다. 오히려 긴장의 끈을 더 죄어야 합니다. 위기관리 면에서 일본기업의 문제점을 반면교사로 활용할 필요가 있습

니다. 도요타가 초기 대응을 잘못하고, 제기된 문제점에 대해 기술적 자만에 빠져 안이하게 대응하다가 여론에 밀려 사태가 악화되었다는 점을 볼 때, 위기대응능력과 올바른 위기대응체제 구축의 필요성을 재인식하는 계기로 삼았으면 합니다.

일본기업의 위기가 일본의 내부적인 요인에 의해 생긴 게 아니라는 점도 주목해야 합니다. 일본기업의 위기는 글로벌시장에서 살아남기 위해 몸부림치는 과정에서 생겨난 것입니다. 거기엔 한국을 비롯한 후발국, 후발기업들의 추격이 압력 요인으로 작용했다고도 볼 수 있습니다. 그런 점에서 국내기업 역시 그러한 압력을 받을 수밖에 없으며, 1등 기업으로 갈수록 압력 요인은 더욱 강해질 것입니다.

Q : 지난 10년간 많은 경제 전문가들이 일본의 위기를 이야기했습니다. 앞으로의 10년, 더 나아가 앞으로 50년 후의 일본에 대해 어떻게 전망해볼 수 있을까요?

A : 일본이 당분간 디플레이션 경제에서 탈출하기는 어려울 전망입니다. 적어도 일본 스스로의 힘으로는 그렇다는 것입니다. 과거 쿠로부네(黑船-메이지유신 유발), 맥아더(패전 후 일본 개혁), 카를로스 곤(장기불황 후 일본기업 시스템의 개혁) 등의 예에서 보듯이 일본의 개혁은 스스로의 힘에 의해서보다는 외부의 힘에 의한 경우가 많았습니다. 앞으로 일본이 디플레이션 경제에서 탈출하기 위해서는 아시아의 힘, 아시아의 성장 동력을 활용하지 않고서는 매우 힘들 것입니다. 이를 위해 일본은 아시아, 특히 동아시아와의 FTA를 비롯한 경제적 파트너십이 절실히 필

요합니다.

하지만 이 역시 일본 주도하에서는 쉽게 이루어지기 어렵습니다. 그 과정에서 당분간 일본은 축소지향의 사회로 전환해갈 것입니다. 중장기 적으로도 그렇습니다. 특단의 조치가 없는 한 일본 인구의 감소는 계속 될 것이고, 외국인 노동력을 받아들이는 문제도 매끄럽게 진행되지 못 하고 있습니다. 재정 문제 역시 단기간 내 해결은 불가능하고, 미래에 세금 부담이 늘어날 것을 알고 있는 가계가 쉽게 소비를 늘리기는 어렵 습니다. 중장기적으로 일본경제의 앞날은 어둡다는 게 제 판단입니다.

• **이부형(현대경제연구원 경제연구본부 실물경제실장)**
(일본 주오대 경제학 석·박사, 대외경제정책연구원 일본연구자문위원 역임)

Q : 이번 도요타의 리콜 사태를 일본 제조업 전체의 위기로 보는 게 옳은 걸까요, 아니면 지나친 확대 해석일까요?

A : 이번 도요타 사태로 일본 제조업체들에 대한 세계적인 신뢰 상실 현상이 나타나고 있는 것은 분명한 사실입니다. 특히 자동차는 인명과 직결되는 상품이고 거의 모든 산업 부문과 연관되는 것이기에 영향이 더 크다고 볼 수 있습니다. 하지만 이번 사태를 일본 제조업 전체의 위 기로 연결짓기엔 다소 무리가 있지 않나 생각됩니다. 예컨대 도시바, 캐 논 등 여전히 세계적으로 압도적으로 뛰어난 경쟁력을 가진 일본기업들 이 다수 존재하고 있고, 이들의 경쟁 유지 전략이 날로 진화되어가고 있 다는 점에서 제조업 전체의 위기로 판단하기는 어렵다는 판단입니다.

Q : 도요타 리콜 사태의 근본 원인은 과연 무엇일까요? 일본 제조업의 근간이라고 할 수 있는 장인정신이 쇠퇴했다고 볼 수도 있을까요?

A : 장인정신이 사라졌다는 데 대해 동의하지 않습니다. 일본 시골마을만 가보더라도 아직도 수백 년 된 가게나 중소기업들을 흔히 볼 수 있습니다.

많은 기업들은 2000년대에 들어서서 단카이세대의 대거 은퇴 공백을 막기 위해 정년 연장 등을 도입해 기업 내 장인의 체화된 기술 이전 및 활용을 권장하고 있습니다. 전체 연구개발 및 기술개발에 대한 투자 역시 여전히 한국과는 비교할 수 없이 큰 규모입니다. 특히 부품 소재를 만드는 일본기업들의 경쟁력은 상상을 초월합니다. 일본 특유의 장인정신이 퇴색했다기보다는 경쟁기업들이 빠르게 성장하고 있는 가운데 세계 1등기업 유지라는 일본 메이커들의 압박감이 커지면서 다양한 문제점들이 발생하고 있다고 봐야 할 것입니다.

Q : 도요타도 그렇고 소니나 산요, 파나소닉 등 한때 세계를 주름잡았던 일본기업들이 갈수록 경쟁력을 잃어가고 있습니다. 일본 제조업이 근본적인 한계에 부딪친 걸까요?

A : 내수시장에서 높은 구매력을 지닌 소비자들을 잃어가고 있다는 점을 지적할 수 있을 겁니다. 1990년대 버블 붕괴 이후 일본경제가 저성장 시대에 돌입하면서 일본 국민들의 상대적 소득 수준이 낮아졌습니다. 이는 아주 사소한 일에도 클레임을 거는 깐깐하지만 구매력이 높았던 일본 소비자들의 소비패턴을 변화시키는 계기가 되었다고 봅니다.

내적으로는 소득 수준 상승에 대한 기대감이 낮아지고, 평준화사회가 도래하면서 자존심 높은 일본 국민들이 이제는 중국 등 개발도상국의 제품을 살 수 밖에 없는 한계점에 도달한 것 같습니다.

이처럼 깐깐하지만 구매력이 높고, 뛰어난 로열티를 보유한 자국 내 소비자들이 줄어들면서 일본 제조업체들의 내수시장에서의 상품 검증은 약해질 수밖에 없었습니다. 반대로, 한국과 중국 등 일본의 경쟁 대상 국가들의 기업들은 빠른 경제성장을 배경으로 자국민의 소득 수준이 향상되면서 갈수록 자국 내 소비자들에게 우선 검증을 받아야 하기 때문에 품질과 제품의 우수성을 담보하면서 비용 경쟁력을 지속시킬 수 있는 전략을 추진해야 했습니다. 최근 삼성전자, 현대자동차에 대한 일부 소비자들의 불만이 늘어나는 것은 제품의 질이 떨어졌기 때문이 아니라 소비자들의 눈높이가 갈수록 높아졌기 때문입니다. 바로 이 점이 세계시장에서의 일본 제조업체들과 한국 · 중국 등 제조업체들의 경쟁력 차이를 불러온 원인으로 작용했다고 생각합니다. 이미 고비용 체제 하에 있는 일본기업들의 경우 중국이나 한국기업들과 코스트 경쟁을 벌이기엔 한계를 보였고, 무리한 비용 인하 과정에서의 비효율성은 물론 평준화로 일등주의가 퇴색하면서 경쟁력도 같이 하향평준화되기 시작한 게 아닌가 합니다.

Q : 2009년 하반기에 일본이 또다시 디플레이션에 빠지면서 심각성이 더욱 드러나고 있는데, 이런 상황이 벌어질 수밖에 없는 원인은 무엇일까요?

A : 우선 고용과 소득 측면에서 하향평준화되면서 소비 여력이 크게 낮아졌다는 점입니다. 예로부터 저축 성향이 높은 일본인들이 장기불황을 겪으면서 더욱 지갑을 굳게 닫고 있습니다. 여기에 정치 리더십 부재로 경제 난국을 타개할 수 있는 정책적 대안들이 나오지 않고 있고 기업들도 한국, 중국기업들과의 경쟁에서 큰 어려움을 겪고 있습니다. 최근에는 정치자금 문제 같은 경제 외적 충격과 도요타 리콜 사태까지 벌어지는 등 통제 불능에 가까운 상태로까지 진입했다고도 볼 수 있습니다.

Q : 양적인 팽창과 제조업에만 기대고 있는 산업구조, 늘어가는 재정적자 등은 우리나라 역시 똑같이 겪고 있는 문제인데 일본의 전철을 밟지 않기 위해서는 어떤 노력을 해야 할까요?

A : 무엇보다 지속 가능한 성장 기반을 강화하기 위해 성장 잠재력을 키우는 게 중요합니다. 우리의 경제규모가 과거와는 비교하기 힘들 정도로 덩치가 커진 이상 한 번 저성장 기조에 빠지면 그 패턴이 장기화될 가능성도 그만큼 커지기 때문에 이를 방지하기 위해서는 성장 잠재력을 키우는 게 중요합니다. 일부에서는 제조업의 중요성에 대해 쉽게 간과하고 있지만 제조업의 중요성은 앞으로 더욱 커지게 될 것입니다.

우리 경제의 버팀목으로 제조업의 혁신을 가속화시키는 것은 매우 중요합니다. 다만 외부 충격에 약한 우리 경제의 체질개선과 질적인 성장력을 높이려면 제조업뿐만 아니라 서비스업과 농업 부문의 획기적인 발전이 필요하다고 봅니다. 저출산 고령화 같은 구조적 문제에 대한 근본적인 대책 마련과 국민적 합의가 필요합니다. 일본은 이미 20년 전부터 저출산 고령화 문제를 겪고 있지만 미래사회에 대한 대응에서 국민적 합의를 도출해내지 못하는 등 정치적 리더십이 부족했고, 교육 등에서 경쟁 심화 사회로 변화되는 가운데 무리한 평준화 정책을 쓰면서 경제 사회 전체를 하향평준화시키는 정책의 실패를 불러왔습니다. 우리는 이같은 전철을 밟아서는 안 될 것입니다.

제6부

일본은
어디로
가고 있는가

1장

일본의 저력은
살아 있다

100년 이상 존속한 기업 5만 개의 힘

많은 사람들이 잃어버린 10년, 아니 잃어버린 20년을 말하고 앞으로도 상당 기간 일본이 쇠퇴기에서 벗어나기 힘들다는 데 입을 모은다. 잃어버린 10년, 20년이 아니라 30년을 이야기한다고 해도 일본인들조차 아니라고 말하기는 쉽지 않을 것이다. 그만큼 일본의 현재 위기는 수십 년 동안 진행되어온 사회적 병폐가 곪을 대로 곪아 터져 나온 것이기 때문에 위기상황을 단기간에 치유하는 것은 거의 불가능하다.

엎친 데 덮친 것일까? 2008년 9월, 리먼브러더스의 파산으로 촉발된 글로벌 금융위기는 그 출발은 미국이었지만, 그에 따른 피해는 선진국

가운데 일본이 가장 크게 입었다고 볼 수 있다. 미국의 재채기에 일본이 폐렴까지는 아니더라도 큰 상처를 입은 것만은 분명하다. 가뜩이나 계속되어온 불황 국면에서 회복이 가시화되기도 전에 다시 한 번 태평양 건너에서 불황의 유탄을 맞았기 때문이다.

굳게 닫힌 소비자들의 지갑으로 인해 내수가 철저히 가라앉은 판국에 일본을 먹여 살리던 선진국들의 소비마저 침체 국면으로 들어가면서 일본을 지탱하던 수출이 치명상을 입은 것이다. 도요타의 리콜은 그 결정판이라고 볼 수 있다.

그 결과는 바로 디플레이션이었다. 여기에 소비 물가 하락뿐만 아니라 부동산 등 자산 가격 하락도 동시에 진행되고 있어 정부의 시름은 깊어지고 있다. 디플레이션은 정부가 벌이는 정책의 약발이 가장 먹혀들지 않는, 경기침체기 속에서도 가장 골치 아프고 치유가 힘든 병이다. 엄청난 자산 버블을 걱정하던 일본경제가 버블의 붕괴와 뒤이은 제로성장의 그늘에 이어 치명적인 디플레이션의 악몽에 빠져든 것이다.

게다가 파이낸셜타임스에 따르면 장기불황으로 인해 일본의 총 국가부채는 2010년 GDP의 227%까지 치솟을 전망이어서 정부의 디플레이션 해법에 우려를 더해주고 있다. 이 같은 부채 규모는 선진국 중에서 가장 높은 수준으로, 현재 금융위기론이 거론되는 그리스 등 남부유럽 국가들보다도 훨씬 크다. 이는 일본에서 경제난 해소 가능성이 더욱 힘든 이유이기도 하다.

그렇다면 일본은 이대로 영원히 가라앉고 마는 것일까? 한마디로 일본은 그리 호락호락하지 않다. 일본의 저력은 사라지지 않았다. 일본을 그저 그런 종이호랑이로 평가하는 건 수십 년 동안 응축된 거대한 경제력을 너무 과소평가한 것이다. 무엇보다 일본의 경제구조는 이미 선진화되어 있고, 여기에 일본인의 근성은 쉽사리 무너지지 않는 특유의 응집력으로 이루어져 있다.

일본의 GDP는 지난해 말 기준으로 5조 달러 내외를 보이고 있는데, 이는 우리나라의 5배가 넘는 수준이다. 선진국 위주의 수출 정책과 엔고 현상으로 인해 금융위기 이래 큰 타격을 입었고, 중국에 GDP 순위에서 세계 2위의 자리를 사실상 내주고 있지만, 그렇다고 당장 일본을 세계 2위의 경제대국에서 완전히 제외시키는 것은 매우 투박한 계산법이 아닐 수 없다.

일본 내에서는 100년 이상 존속한 기업의 숫자만 5만 개에 이르고 있다. 이들 기업의 상당수는 미국의 실리콘밸리처럼 두세 명의 기술자로 출발해서 선발기업의 도움이나 자기들만의 피나는 노력을 바탕으로 성장을 거듭해왔다. 같은 분야의 다른 기업을 지원하며 새로운 기업의 탄생을 뒷받침하는 이 같은 벤처형 기업문화가 아직 일본 내에 살아 있는 것이다.

게다가 부품 소재 등 일본의 기초기술 전문인력 역시 매우 튼튼한 편이다. 우리나라의 대(對) 일본무역 역조 현상은 부품 소재 기초기술의 도입이 주된 이유로, 2009년에만 270억 달러에 이르고 있다. ㈜대한민국이 글로벌 경쟁력을 갖추고 반도체 왕국으로 자랑하고 있지만, 여전히 핵심 부품을 일본에 의존하고 있는 현실은 일본의 경제적 뿌리가 얼마나 공고한지를 알 수 있다.

수출 못지않게 해외투자가 활발한 점도 지켜봐야 할 대목이다. 해외 자산을 통해 발생하는 이자나 임대소득은 전체 경상수지의 70%를 차지하고 있다. 우리가 상품을 수출해서 달러를 벌어들인다면 일본은 상품과 함께 막대한 투자를 통해 돈을 버는 구조인 것이다. 경제위기가 잦아들고 회복이 본격화될 경우, 이 같은 해외 부문 소득은 경기 회복에 큰 도움이 될 것이다. 여기에 선진국 비중이 높은 고부가가치 수출구조도 이에 발맞춰 더 큰 개선의 흐름을 보이게 될 것이다.

일본이 위기 이전부터 21세기형 전략을 세워 꾸준한 미래 투자와 기술개발에 매진해왔다는 점도 간과해서는 안 된다. 일본정부는 오랜 기간 미래를 위해 민간에 대한 지원을 수행해왔다. 일본의 관료주의를 욕하지만, 관은 한편으로 민간을 체계적으로 미래로 이끌면서 경쟁력을 확보해주는 데 전력을 다해왔다. 경제위기가 해소되고 세계경제가 회복세를 보일 경우, 응축된 힘이 다시 한 번 현저한 성과로 이어질 것이라는 데 이의를 제기하는 사람은 많지 않다.

종합상사 등 민간기업을 통해 진행되는 이 같은 해외 공략은 월가 진출, 곡물 확보, 에너지 개발, 브릭스(BRICs) 외 신규 지역 투자, 친환경산업 공략 등 곳곳에서 광범위하게 진행되고 있다. 여전히 일본은 차세대 산업 지도에서도 성큼 앞서 있는 나라인 것이다.

일본은 금융위기 국면에서 막대한 사내 유보금 등을 활용해서 부실 대형 금융사를 사들여왔다. 더불어 전 세계가 각축전을 벌이고 있는 차세대 녹색산업 공략에 적극 나서며 새 판 짜기에도 대비해왔다. 일본은 1980년대의 경제 호황기에 미국을 비롯한 전 세계의 자산 확보에 나섰다가 씁쓸한 실패를 맛본 경험이 있다. 그렇기 때문에 일본은 1990년대 버블경제 붕괴 이후에 자산가치 추락을 경험하면서 에너지원 확보를 제외한 전방위적인 기업투자에서 사실상 발을 빼왔다.

하지만 글로벌 금융위기를 계기로, 글로벌 경제지도의 재편성 기조가 나타나면서 유리한 고지를 선점하려는 투자가 다시 급증하는 분위기다. 경쟁자가 줄어들고 매물의 가격이 하락한 점도 매력을 더해주고 있는 것으로 파악된다. 기회를 포착하는 일본인의 능력이 다시 한 번 드러나고 있는 셈이다.

금융위기 이후 가장 주목할 만한 변화는, 일본 금융사들의 월가 입성이 조금씩 현실화되고 있다는 점을 꼽을 수 있다. 2009년 9월, 일본 최대 금융그룹인 미쓰비시UFJ파이낸셜이 미국 투자은행 모건스탠리의 지분 21%를 90억 달러에 사들인 것은 상징적 사례가 될 것이다. 미쓰비시는 지분 인수를 계기로 모건스탠리와의 공조를 통해 기업대출, 상품거래 등 미국 금융시장 진출이라는 대망에 도전하고 있다. 위기 속에서 그들이 좀처럼 장악하지 못했던 투자은행 시장을 서서히, 그리고 완벽하게 점유해 나가고 있는 것이다.

무모한 도전이라는 혹평을 받았던 노무라증권의 리먼브러더스 인수도 어느덧 가시적인 효과를 보이며 점차 긍정적인 반응을 얻고 있다. 노무라는 지난 수십 년간 글로벌 플레이어로 자리 잡기 위해 고군분투해 왔지만 리먼브러더스 인수 이전만 해도 현지시장에서 100위권 플레이어에도 들지 못했다. 그러나 인수 이후 런던증권거래소(LSE)에서 주식거래 비중 3위로 급등하는 등 메이저 금융사의 행보에 도전하기 시작했다. 이후 미국 연방준비제도이사회(FRB)가 노무라 미국법인을 정부 공인 증권 딜러인 프라이머리 딜러로 지명하여 달라진 위상을 실감케 했다. FRB가 지명한 프라이머리 딜러는 노무라증권까지 포함해 총 18개 사에 불과하다.

미래를 향하는 일본기업들

일본의 야심은 미래를 향해 뻗어가고 있다. 무엇보다 눈에 띄는 것이 21세기 인류의 또 다른 고민거리인 곡물시장에서의 메이저 진입을 꾀하고 있다는 점이다. 기존 질서가 흔들리는 틈을 노려 새 판 짜기에 대비한 투자에 적극적이라는 뜻이다.

글로벌 곡물시장은 미국, 프랑스 등 4대 메이저의 입김이 강하게 작용되는 극도의 독과점시장이기 때문에 일본이 아무리 노력해도 진입이 좀처럼 허락되지 않았던 곳이다. 하지만 금융위기로 이들의 위상이 흔들리면서 일본의 미쓰이(三井), 이토추(伊藤忠), 마루베니(丸紅) 등 5대 종합상사들은 전 세계 곡물기업과의 각종 투자 및 제휴를 통해 곡물 메이저 진입을 꾀하고 있다.

이들 일본기업들은 곡물 확보를 위해 미국, 브라질, 아르헨티나 등 곡창지대의 곡물 관련업체와 손을 잡은 뒤 유통망을 확보하여 아시아 지역에 곡물을 출하한다는 계획을 갖고 있다. 일본정부도 해외 식량자원에 대한 투자 지원 계획을 내놓는 등 이들의 움직임을 적극 후원하고 있다. 그런가 하면 일본은 러시아와의 제휴를 확대하고 북미와 호주에 의

존하고 있는 밀 수입을 다각화하기 위해 러시아로부터 연간 최대 150만 톤의 밀을 수입할 것이라고 밝히기도 했다.

자체적인 농업 선진화 역시 눈에 띄는 대목이다. 일본의 농업은 현지에서도 가장 빠르게 선진화되는 분야로 손꼽힌다. 일본은 중국에 브랜드 쌀을 수출하고 있으며, 대기업이 농업시장에 참여를 확대하여 다모작을 가능케 하고 있다. 이들은 남극 기지에 채소공장을 만들기도 했다. 장래의 생존권이 농업기술에 달려 있다고 보고 관련 기술 육성에 적극 공을 들이고 있는 것이다.

선진국들이 차세대산업으로 삼은 녹색산업에서도 일본은 아시아는 물론이고 전 세계적으로도 가장 앞서 있다. 도요타의 잇따른 리콜 파문으로 친환경 자동차 정책의 근간이자 일본이 사실상 기술 표준을 자처했던 하이브리드 자동차의 위상은 크게 흔들린 상태지만, 세계 수위 규모의 온실가스 감축을 공언하는 등 내구력이 상당한 상황이어서 그동안 오래 공들여온 차세대 핵심 분야의 성과가 이제 빛을 발하게 될 시점에 와 있다는 평가가 나오고 있다.

에너지산업 또한 변화를 선도하고 있다. 일본은 1970년대 오일쇼크 이래 꾸준히 재생에너지 정책을 추진해왔으며, 이 가운데 가장 앞서 있는 태양광 발전의 경우 발전 비용을 오는 2030년까지 현재의 6분의 1 수준으로 줄인다는 목표를 갖고 있다.

일본은 갈수록 중요성이 확대되고 있는 희귀금속 확보에도 열을 올리고 있다. 일본정부는 휴대폰과 친환경차 등에 필수적인 희귀금속을 안정적으로 확보하기 위해 아직 희귀금속 개발이 제대로 되지 않은 광산이 많은 아프리카와 남미, 아시아의 광산 주변 인프라 정비사업에 차관을 제공하는 방법으로 일본기업의 진출을 지원하고 있다.

이토추상사는 2009년에 프랑스의 수자원 분야 메이저기업인 수에즈 등과 공동 출자해서 호주에서 물 관련 사업에 가담한다고 밝혔다. 일본 정부 역시 수자원 비즈니스 확대를 위해 관련 기술개발을 지원하는 등 내년까지 수자원 메이저를 육성하겠다고 발표했다.

그런가 하면 에너지자원 투자도 활발해서 이제는 국가 차원의 협력으로 격상되고 있다. 지난해 일본은 블라디미르 푸틴 러시아 총리, 산자 바야르 몽골 총리와 동(東)시베리아 유전 개발 및 원자력기술 협력에 관한 협정 및 우라늄광산 공동 개발을 위한 양해각서에 각각 서명했다. 일본은 세계 주요 기업들의 경합이 치열한 러시아의 극동 사할린 지역에서도 상당한 개발권을 확보한 상태이고, 몽골의 우라늄광산 공동 개발을 위해서도 적극 나서며 이를 계기로 무역과 투자 확대에 힘쓰기로 했다.

금융위기를 계기로 중요성이 확인된 신규시장에서도 새롭게 위상 강화에 나서고 있다. 일본은 인도·러시아·브라질 같은 브릭스(BRICs) 국가를 포함한 신흥시장 개척에 힘쓰고 있는데, 인도는 이미 일본기업들의 아시아 최고 투자처로 부상했다. 일본기업의 아시아 국가별 직접 투자액을 조사한 결과를 보면, 이미 인도가 중국을 제치고 사상 최초로 1위에 올랐다. 인도는 미래 중국을 제치고 세계 최대의 소비시장이 될 것이라는 전망이 나오고 있는 곳으로, 일본은 벌써 미래의 최대 잠재시장을 착실히 장악해나가고 있는 것이다.

일본은 고가의 내구 소비재 수출 비중이 높아 경기침체로 인해 다른 나라보다 수출에 더 큰 타격을 받은 바 있다. 이 경우 신흥시장에 오랫동안 공을 들여왔던 국내기업들과도 주도권을 둘러싼 충돌이 불가피하다. 이미 닛산자동차는 경제위기가 여전했던 2009년 6월에 러시아 상트페테르부르크 근교에 현지 조립공장을 완공하고 가동에 들어가 세계를 놀라게 한 바 있다.

그 중에서도 가장 눈에 띄는 것은 일본 국민들의 달라진 자세다. 고이즈미 준이치로 총리 집권 이후, 일본 국민들은 자민당 정권 말기 3개의 내각을 모두 1년 내에 갈아치우며 개혁 열망을 전달해왔다.

하토야마 정권의 빠른 지지율 추락도 기실은 직전에 있었던 3개 자민당 정권이 보여준 흐름과 유사한 것이다. 이는 개혁 과제를 이행하지 못한다면 더 이상의 지지도 없다는 무언의 메시지를 정치인들에게 전달하고 있는 것이라고 볼 수 있다.

어쩌면 '위기는 위기라고 느낄 때 이미 위기가 아니다'라는 평범한 교훈이 지금의 일본에게 가장 들어맞는 말인지도 모른다. 일본인들은 그 교훈을 조금씩 실천해가고 있다. 여전히 일본은 배울 점이 많은 나라다.

2장

희망을 이끄는
기업들

천운이 된 금융위기, 월가를 접수한 노무라

2008년 9월 15일, 월가 4위의 투자은행인 리먼브러더스가 파산의 길로 접어들었다. 대마불사를 믿으며 설마 설마 하던 월가는 패닉에 빠졌고, 그로 인한 충격파는 쓰나미가 되어 전 세계 금융시장을 삽시간에 휩쓸었다. 월가가 충격에 빠져 허우적대는 동안, 금융시장에는 또 하나 놀라운 소식이 전해졌다. 158년 역사의 리먼브러더스를 일본의 노무라증권이 통째로 인수하겠다고 덤빈 것이다.

월가는 잔뜩 경계심을 품었다. 월스트리트가 형성된 18세기 후반부터 이곳은 유대인들의 자본과 앵글로색슨 자본의 성역과도 같은 곳이었다.

그런데 다른 나라도 아닌 일본이 접수를 하겠다고 나서다니, 월가로서는 충격과도 같은 일이었다.

리먼브러더스가 파산한 지 일주일 뒤인 9월 22일, 노무라홀딩스는 파산관리를 맡은 프라이스워터하우스쿠퍼스(PWC)와 리먼의 아시아법인을 2억 2,500만 달러에 인수키로 합의했고, 다음날에는 유럽과 중동 부문까지 손에 넣었다. 영국, 독일, 아랍에미리트연합(UAE), 쿠웨이트 등 10개국에서 주식매매와 M&A 등 IB(투자은행) 사업을 벌여왔던 알짜 사업을 단숨에 손아귀에 넣은 것이다.

인수 금액은 더욱 충격적이었다. 불과 2달러였다. 아이들 과자 값으로 미국 금융의 심장을 집어삼킨 것이다. 주식과 채권 자산은 인수하지 않고 직원만 떠안는 조건이었다. 이로써 노무라는 2,500명에 이르는 세계 수준의 인재를 단숨에 확보하게 되었다. 노무라가 사업 확장을 위해 확보해놓은 60억 달러의 자금 가운데 5%도 안 들이고 거둔 쾌거였다.

리먼의 본사가 위치한 북미 부문은 영국의 바클레이스에 넘어갔다. 노무라는 당초 목표로 했던 월가에 곧바로 입성하지 못했지만, 이것만으로도 엄청난 수확이었다. 그토록 원하던 고도의 금융 노하우와 최고급 고객을 동시에 갖게 된 것이다.

사실 노무라는 오래 전부터 해외시장으로 진출할 기회를 노려왔다. 하지만 월가가 수성해온 투자은행 분야를 공략하는 것은 쉬운 일이 아니었다. 더욱이 일본이 잃어버린 10년을 경험하는 동안 금융 분야 역시 침체의 그늘에 빠져들 수밖에 없었다. 그런데 뜻밖에도 글로벌 금융위기라는 미증유의 사태가 절호의 기회로 다가온 것이다. 노무라는 이렇게 글로벌화와 대형화라는 비전을 단숨에 실현해냈다.

노무라홀딩스는 1918년(다이쇼 7년)에 노무라 도쿠시치가 설립한 오사카노무라은행의 증권부에서 시작되었다. 1925년에 증권부가 노무라증권으로 독립했고, 일본경제가 버블로 치닫던 1980년대 후반에는 세계 최대 증권사로 뛰어올랐으나 일본경제의 침체가 절정에 달하던 1990년대 후반에는 적자기업으로 전락하기도 했다. 영욕과 부침의 역사를 고스란히 안고 있는 셈이다.

2001년에는 지주회사법에 따라 지주회사인 노무라홀딩스로 바뀌고, 산하에 100% 자회사로 노무라증권을 두는 구조로 바뀌었다. 사실 노무라증권은 일본 최대 증권사임에도, 잇단 해외시장 진출 시도에도 불구하고 미국과 유럽은 물론 아시아에서조차 그 영향력은 크지 않았다. 파이낸셜타임스에 따르면, 2008년 유럽의 M&A시장에서 노무라의 시장 점유율은 0.4%로 55위에 그쳤다. 반면 노무라가 인수한 리먼브러더스의 유럽 부문은 같은 분야에서 10위권 안에 들었다. 크레디트스위스은행의 평가는 노무라의 리먼 인수가 갖는 의미를 단적으로 보여준다.

"노무라가 최소 비용으로 그토록 바라던 세계 IB시장에 뛰어들게 되었다. 자기 힘으로 하려면 3년 이상 걸렸을 일을 단 몇 달 만에 이루게 되었다."

하지만 리먼과 노무라의 상이한 기업문화가 충돌하는 바람에 인수한 지 1년이 지나도록 갈등이 있었다. 2009년 9월, 월스트리트저널은 리먼 직원 대부분이 노무라의 경영 전략에 반감을 가지고 있으며, 기업문화에도 적응하지 못하고 있는 것으로 나타났다고 꼬집었다. 노무라는 거액의 보너스를 지급해 리먼 직원들의 이탈을 막아야만 했다.

월스트리트저널의 보도는, 리먼 인수 이후 노무라 내부에 깃들여 있던 잠재적 갈등 요인을 정확하게 지적한 것이었다. 실제로 2009년 7월, 제시 바탈 노무라 아시아 부문 CEO가 연말까지 물러나겠다고 밝히고 나섰다. 그는 노무라 소속 리먼 출신들의 정신적 지주와도 같은 인물이었다. 바탈은 1990년대에 리먼에 발을 들인 이후 20년 가까이 IB 부문과 아시아태평양 지역에서 입지를 구축해왔다.

2008년에 리먼브러더스가 파산하자 자신이 이끌던 리먼 아시아태평양 법인 소속 직원 3,000명의 고용 보장과 500명에 대한 2년간 보너스 보장을 조건으로 내세워 노무라와 2억 2,500만 달러의 거래를 성사시키기도 했던 그의 이탈은, 그렇기 때문에 더욱 단순히 개인적인 일이 아니었다. 이로 인해 리먼 출신들이 줄줄이 짐을 싸게 될 거라는 불안감이 고조되었다.

실제로 노무라는 리먼 인수 이후 1년 동안 손실이 7,080억 엔에 달하는 등 심각한 후유증을 앓았다. 같은 기간, 주가는 36%나 곤두박질쳤다. 2008년 3월에, 20년 만에 첫 공모를 통해 2,800억 엔을 조달한 데 이어 9월에도 신주 발행으로 5,113억 엔을 조달하자 노무라의 재정 상태까지 의심 받는 지경에 이르렀다. 하지만 노무라는 탄탄한 재무 기반을 확보하고, 핵심시장인 미국에서의 투자 확대를 위한 실탄 마련이라고 설명했다.

그렇게 힘든 시기를 보냈지만, 노무라의 도전은 결국 열매를 맺었다. 2009년 3분기에 277억 엔의 순이익을 기록하며 9분기 만에 최대, 2분기 연속 흑자를 기록한 것이다. 이로써 1년 전의 악몽(729억 엔 적자)을 홀가분하게 털어냈다. 3분기 매출은 1년 전 같은 기간에 비해 2.3배 늘어 3,000억 엔에 달했고, 사상 처음으로 해외 매출(1,600억 엔)이 자국 내 매출을 추월했다. 리먼을 인수하지 않았으면 도저히 불가능했을 일이다. 2009년 10월 28일, 타나베 겐이치 노무라홀딩스 CEO는 실적을 발표하는 자리에서 환호의 목소리를 질렀다.

"리먼브러더스 인수로, 우리는 진정한 글로벌 투자은행으로 한 단계 도약했다."

그해 3월 주주총회에서 무모한 인수라고 혹평하는 주주들을 달래야 했던 초라한 모습은 이렇게 7개월도 안 되어 180도 바뀌었다. 월스트리트저널은 이렇게 평가했다.

"글로벌 금융시장 회복과 유럽, 아시아 사업 호조로 노무라가 예상을 뛰어넘는 실적을 기록했다. 특히 리먼브러더스 인수가 커다란 성과를 냈다."

그런가 하면 아시아리서치는 리먼브러더스 인수가 처음에는 잠재적인 복병으로 인식되었지만 그 덕분에 노무라가 유럽과 아시아에서 주요 플레이어로 부상했다고 평가했다.

이러한 실적 호전으로, 글로벌 전략에 탄력을 받은 노무라는 금융시장의 본거지인 미국에서의 사업도 더욱 강화하겠다는 전략을 밝히고 나섰다. 나카다 마사후미 노무라 최고재무책임자(CFO)는 2010년 3월까지 미국에서 1,200명을 고용할 계획이라고 밝혔다. 가시와기 시게스케 노무라 미국지부 CEO 역시 미국 내 IB사업을 확장하고 있으며, 사업

성공을 도울 전문가들을 영입할 것이라고 밝혔다. 미국 금융시장에 대한 전면적인 공세의 예고인 셈이다.

리먼브러더스의 인수로 시작된 노무라 스토리는 과거 일본 금융산업의 상황을 감안하면 가히 혁명과도 같은 일이었다. 일본의 제조업은 일찌감치 전 세계를 주름잡았지만 금융산업은 우물 안 개구리 같은 신세를 면치 못하고 있었다. 은행을 정점으로 계열사들이 뭉치는 호송선단식 경영과 관치금융에 익숙해져 있었기 때문에 덩치만 컸지 금융산업의 소프트웨어는 사실 후진국이나 다름없었다.

글로벌 금융위기, 기회를 가져다주다.

일본은 잃어버린 10년을 계기로, 1996년에 사카키바라 에이스케(柳原英資) 대장성 재무관을 앞세워 본격적으로 금융개혁안을 만들기 시작했다. 사카키바라는 '미스터 엔'이라 불릴 정도로 일본 금융시장은 물론 국제 금융권에서도 막대한 영향력을 행사하던 인물이다. 그의 말 하나하나는 외환시장에 파문을 가져오기도 했는데, 지금도 시장에서는 그를 그리워한다.

그때의 개혁을 바탕으로 일본 금융산업은 다양한 형태의 M&A 등 이른바 금융 빅뱅이 일어났지만 덩치만 컸을 뿐 대외 경쟁력은 여전히 미국과 영국 등에 크게 뒤졌다. 2006년 1월, 자산 190조 엔대의 세계 최대 은행인 미쓰비시UFJ파이낸셜 그룹이 탄생했지만 국내용을 벗어나지 못했다. 거대한 덩치가 탄생했지만 월가는 이 공룡을 그들의 경쟁자로 전혀 상대하지 않았다.

하지만 2008년의 글로벌 금융위기는 미쓰비시UFJ에게 새로운 도약의 발판이 되었다. 금융위기로 자금난을 겪던 모건스탠리의 요청을 받은 미쓰비시UFJ는 2008년 10월, 90억 달러를 투자하면서 지분 21%를 확보했고, 이어서 이사를 파견하며 경영에 참여하기 시작했다.

그뿐만 아니다. 미쓰비시UFJ는 금융위기 때 인수한 미국 샌프란시스코의 유니온뱅크를 통해 미국시장을 파고들고 있다. 미쓰비시UFJ는 2008년에 30억 달러를 들여 유니온뱅칼(Union Bank of California)의 지분 35%를 매입하여 유니온뱅칼의 자회사인 유니온뱅크의 경영권을 인수한 데 이어, 11월에는 지분율을 100%로 늘렸다. 미쓰비시UFJ는 유니온뱅크의 재무구조를 개선시키기 위해 2009년에는 20억 달러를 추가로 투입했다.

전문가들은 미쓰비시UFJ가 유니온뱅크의 체력을 키운 뒤에 미국 내 금융기관 인수합병에 나설 것으로 전망하고 있다. 도요타 리콜 사태로 일본경제의 침몰을 얘기하고 미국시장에서의 점유율 하락을 말하고 있지만, 한쪽에서는 이렇게 무서울 정도로 미국의 심장부를 파고들고 있는 것이다.

유니클로의 기적은 무엇을 말하는가

2010년 1월, 프랑스의 유력 일간지인 파리지앵은 특집기사를 통해 일본의 한 의류회사를 집중 분석했다. 세계 패션의 리더인 프랑스인들을 매료시킨 이방인의 성공 비결을 파헤친 것이다. 주인공은 바로 '유니클로'였다. 일본 제조업이 거침없이 추락하고 있다지만, 유니클로의 성공스토리 속에는 일본인들이 갖고 있는 저력이 세계시장에서 여전히 숨을쉬고 있음을 보여준다.

2009년 10월 1일, 유니클로는 파리 시내에 대형 매장을 냈다. 매장 면적은 약 650평으로 외관은 역사적 풍광을 그대로 살렸다. 현대식으로개조된 지하 1층, 지상 2층의 매장에는 유니클로의 최신 상품이 진열되었다. 첫날 수백 명이 줄을 서는 진풍경이 벌어졌고, 갈수록 인기가 치솟으며 수많은 유니클로 마니아들을 만들어냈다. 파리지앵은 이를 '유니클로 현상'이라고 표현했다. 파리지앵은 유니클로의 성공 비결로, '히트 테크(Heat tech, 보온성이 탁월한 내의)' 등 혁신적인 제품과 세계적인디자이너와의 제휴, 숍인숍(Shop in Shop) 형태의 독특한 매장 구성, 메이드 인 재팬에 대한 믿음을 들었다.

유니클로는 중저가 브랜드 분야에서 늦깎이다. 스페인의 ZARA, 스웨덴의 H&M보다 10년에서 40년 가까이 출발이 늦었다. 1984년에 히로시마에 1호점을 내고, 1998년이 되어서야 도쿄에 진출했지만 이후 빠른속도로 성장해나갔다. 11년 뒤인 2009년의 매출은 6,600억 엔(8조 7,000억 원), 영업이익 950억 엔(1조 2,000억 원)으로 초고속 성장을 이뤄냈다. 매출액은 전년보다 13%, 영업이익은 무려 23% 증가한 것이다.

유니클로 매장은 중국, 프랑스, 미국 등 7개국에 814개에 이른다. 경기침체가 이어지고 있지만 매달 10개씩 신규 매장을 추가로 만들고 있다. 유니클로의 지주회사인 패스트리테일링의 야나이 다다시 회장은 미국 경제전문지 포브스가 선정한 2009년 '일본 최고 부자'에 등극했다. 2008년에는 소프트뱅크의 손정의 회장(2위), 파나소닉의 오쓰보 후미오 (大坪文雄) 사장을 물리치고 '올해의 경영자'에 올랐다.

유니클로가 초고속 성장기에 접어든 것은 잃어버린 10년으로 불렸던 일본의 경기침체기 때다. 불황용 아이디어상품인 플리스(Fleece) 의류가 공전의 히트를 친 것이다. 플리스는 합성섬유인 폴리에틸렌을 양털처럼 보드랍게 만든 것으로, 주로 방한용 내피로 사용되던 원단이다.

유니클로는 불황으로 난방비를 줄인 일본인에게 먹힐 것이라고 생각하고는 이를 활동복으로 만들었고, 예측은 적중했다. 2000년에 플리스로 만든 옷은 유니클로 매장에서 무려 2,600만 매가 팔려나갔다. 2008년에는 제2의 플리스라 할 수 있는 보온 내의 히트텍을 2,800만 장이나 만들어 겨울이 되기도 전에 모두 팔았다.

하지만 유니클로의 혁명을 단순히 옷을 싸게 만드는 데 있다고 생각하면 지극히 오산이고 이 회사를 폄훼하는 것이다. 아니, 일본경제를 지나치게 가볍게 본다는 평가가 옳을지 모른다. 유니클로는 싸구려 소리를 듣지 않기 위해 가격 대비 최고급이라는 소리를 들을 만큼 품질을 끌어올렸다. 또한 특정 연령대를 지정하지 않고 남녀노소 누구나 입는 기본형의 티셔츠, 니트, 청바지 등을 생필품처럼 고를 수 있도록 매장에 쌓아두었다.

이를 위해 도입된 것이 SPA방식이다. 의류를 납품받아 판매하는 종전의 소매 방식 대신 디자인과 제조, 그리고 판매를 직접 운영하는 시스템을 도입한 것이다. 이렇게 하여 생산원가와 유통비용을 줄여 제품의 생산가를 낮출 수 있었다.

유니클로는 브랜드 인지도도 높여나가고 있다. 2009년 3월, 독일의 유명 디자이너 질 샌더와 계약하고 '+J(플러스 J)'라는 협업 컬렉션을 내놓은 것이다. 저렴한 가격에 최고 품질의 패션을 전 세계에 제공한다는 콘셉트로 기획된 +J는 2009년 가을에 출시되자마자 불티나게 팔려나갔다. 이런 성공에 힘입어, 연말에는 겨울 컬렉션도 선보였다.

유니클로의 성장 목표는 원대하다. 2010년만 해도 7,000억 엔, 영업이익을 1,200억 엔으로 잡고 있다. 패스트리테일링은 전 세계 800여 개인 점포를 10년 뒤 4,000개로 늘리고 매출도 5배 이상 늘릴 계획이다. 매출의 대부분을 해외시장에서 거두겠다는 전략도 특이하다. 일본의 상당수 기업들이 우물 속에 머물며 퇴보를 거듭했던 실수를 범하지 않겠다는 것이다.

2020년의 전 세계 매출 목표는 5조 엔으로, 그 중에서 중국 등 아시아 매장에서 3~4조 엔을 달성하는 것이 목표다. 이를 위해 유니클로는 수백 명의 사원을 해외에 내보내겠다는 목표를 세워두고 있다. 한국과 중국, 러시아에 점포를 확대하여 현재 100명 정도인 해외 근무자를 몇 배로 늘릴 계획이다. 야나이 회장의 말에는 그 꿈이 담겨 있다.

"2010년에 유니클로가 세계 1위의 의류업체가 되는 것이 목표다."

야나이 회장의 꿈은 여기서 그치지 않는다. 사업 확장을 위한 그의 꿈은 1980년대 일본경제가 호황의 길을 걸었을 때 기업들이 해외를 향해 무섭게 뻗어나가던 상황을 연상케 한다. 그 핵심 전략은 바로 M&A이다. 유니클로의 지주사인 패스트리테일링이 갖고 있는 현금 180억 달러로, 순자산 규모만도 이제 280억 달러에 이른다.

야나이 회장은 경기침체로 인해 2010년 매물이 많아질 것으로 보고 대대적인 M&A에 나설 것임을 예고했다. 그는 한 인터뷰에서 유니클로 같은 회사는 1조 엔(약 13조 원) 정도를 투자하는 것이 흔한 일로, 이상적인 짝을 만날 필요가 있다며 기염을 토했다. 그는 이렇게 덧붙인다.

"M&A 대상은 의류사업을 하는 기업이어야 하며, 우리와 같은 철학을 가져야 한다. 물론 크면 클수록 좋다."

이어지는 그의 담대한 발언들은 일본 제조업의 미래가 결코 사라지지 않았음을 보여주고 있다. 도요타의 리콜과 세이부백화점의 몰락, 그리고 JAL의 법정관리 등 일본을 대표하는 기업들이 줄지어 쇠락하면서 일본의 자존심이 망가질 대로 망가지고 있지만, 일본 기업들은 이처럼 새로운 피를 만들어내고, 심지어 선진시장의 중앙부를 파고들면서 희망을 키워나가고 있다. 그로 인한 힘은 일본경제를 앞으로 10년 후 전혀 새로운 모습으로 변모시켜 놓을지도 모를 일이다.

제7부

일본의 추락,
한국의 **재발견**

1장

도요타의 좌절,
현대차의 도약

현대차, 지구촌을 질주하다

2010년 2월 초. 미국인들이 출근 전에 가장 많이 시청하는 프로그램 중 하나인 NBC-TV의 투데이 쇼(Today Show)에 이른 아침부터 짐 렌츠 도요타 북미시장 판매법인 대표가 초췌한 얼굴을 드러냈다. 이유는 하나, 잇따른 도요타 차량 리콜 사태를 진화하기 위해서였다. 그의 얼굴엔 무릎이라도 꿇는 듯한 심정이 묻어났다. 거듭 사과와 개선을 약속하며 미국의 소비자를 달래려 했지만, 미국인들의 마음은 이미 차갑게 굳어버린 뒤여서 호응은커녕 뒤늦은 사과에 반발만 살 뿐이었다.

며칠 후, 도요타 사태가 일파만파로 퍼져나가던 즈음에 미국 최대 중고차 잔존가치 평가기관인 오토모티브 리스 가이드(ALG)는 하나의 평가 결과를 내놓았다. 잔존가치란 신차를 일정 기간 사용한 뒤에 예상되는 차량의 가치를 말하는데, 잔존가치가 높을수록 중고차 가격을 높게 받을 수 있다. ALG는 현대차의 대표 상품인 신형 쏘나타의 3년 후 잔존가치를 52.8%로 평가했다. 이는 신형 쏘나타를 2만 달러에 구매해 3년 뒤 1만 56달러에 팔 수 있다는 것으로, 구형(NF) 쏘나타의 41.8%보다 11% 높아진 것이다.

평가 결과에서 주목할 부분은 쏘나타가 주요 경쟁 차종인 도요타의 캠리(49.5%)와 닛산의 알타마(51.1%), 포드의 퓨전(44.4%)을 가볍게 따돌렸다는 것이었다. 그동안 현대차가 미국시장에서 괄목할 만한 성장세를 보였다지만, 그 이면에 '싸다'는 이미지의 후광이 크게 작용했던 점을 감안하면, 이 평가는 현대차의 브랜드 이미지가 한 단계 도약했음을 알려주는 신호였다.

그리고 현대차는 미식축구 리그 챔피언 결정전인 슈퍼볼 광고를 통해서, 독자 개발한 2.4쎄타 GDi 엔진을 장착해 새로운 혁신을 불어넣은 신형 쏘나타 2.4리터 모델 출시를 본격적으로 알렸다. 다섯 편짜리 신형 쏘나타 광고는 '변함없는 품질력'이 집중적으로 부각되었다. 같은 세그먼트(segment)인 도요타 캠리의 명성이 회사의 리콜 사태로 날개 없이 추락하고 있을 때 신형 쏘나타는 보이지 않는 날개를 단 셈이었다.

국제 신용평가사 무디스는 2009년 4분기 실적이 2008년 같은 기간에 비해 4배나 증가한 현대차와 안전 문제로 리콜 사태 수모를 겪고 있는 도요타를 예로 들며, 이는 한국과 일본기업의 현주소를 전형적으로 보여주고 있다고 평가했다. 현대차가 그토록 선망하던 도요타 웨이는 가고, 메이드 인 코리아의 현대차 웨이가 부각되기 시작한 것이다.

세계 자동차업체들은 최근 몇 년간 가장 무서운 존재로 떠오른 메이커를 고르라고 할 때 이구동성으로 현대차를 꼽는다. 그도 그럴 것이 지난 2008년 미국 서브프라임 모기지론 사태로 글로벌 경기가 추락한 가운데서도 유독 현대차만이 성장을 구가했다.

내로라하는 글로벌 메이커들의 자동차 판매량이 곤두박질을 치는 동안 북미 대륙에서 유일하게 판매량과 점유율 신장을 보여줬던 현대차의 모습은 세계 자동차업체들에게 현대차에 대한 경계령을 내리기에 충분했다. 볼트 하나 제대로 만들지 못하던 자동차 볼모지에서 회사 설립 40여 년 만에 글로벌 5대 메이커로 우뚝 선 현대차에 대한 집중 조명이 이

2009년 2월 7일 미국 슈퍼볼 경기 중 방영된 현대자동차의 광고 중 하나로 현대자동차를 미국 현지인들이 만들고 있다는 모습을 상징적으로 표현한 광고다.

제 시작된 것이다.

현대차가 설립된 것은 1967년이지만, 현대가 자동차와 인연을 맺은 것은 1941년으로 거슬러 올라간다. 당시 20대였던 정주영 창업주는 서울에 '아도서비스'라는 이름의 정비업체를 설립했다. 이는 해방 이듬해 '현대자동차공업사'라는 이름으로 변경되어 현대차의 시초가 탄생하게 된다. 현대자동차공업사는 미군 군수차량과 일본 자동차를 수리했는데, 당시에도 정주영 창업주는 높은 품질의 서비스로 고객들 사이에 입소문을 탔다.

해방 이후 건설업에 대한 수요가 늘어나자 현대자동차공업사는 1950년에 현대토건사(현 현대건설)와 통합되고, 현대는 이때부터 자동차사업이 아닌 건설업종에 치중하기 시작했다. 하지만 정주영 창업주의 자동차에 대한 애정은 1967년 당시 정부가 자동차를 수출 주도산업으로 지정해 자동차공업 5개년 계획을 발표하면서 다시 살아나기 시작했다. 그해 자동차 정비업으로 시작해서 건설로 한눈을 팔았던 현대가 17년 만에 '현대자동차'라는 이름으로 다시 태어난 것이다.

자동차사업을 다시 시작했지만 자동차 제조의 핵심인 부품 조달은 생각만큼 호락호락하지 않았다. 이때만 해도 국내 자동차업계는 해외에서 부품을 들여와 겨우 조립을 하는 수준에 불과했다. 현대는 독자 기술개발로 어려운 출발이 아닌 파트너십을 통한 우회로를 선택했다. 가장 먼저 접촉했던 업체가 미국의 GM이었다. 그러나 GM은 해외 자회사들의 지분까지 100% 소유하는 직접 경영 스타일이었기 때문에 독자 경영을 고집한 현대차와의 파트너십은 끝내 체결되지 않았다. 결국 현대차는 미국 포드자동차와 손을 잡았다. 포드사와의 기술, 조립 계약 체결을 통해 1968년 첫 모델 '코티나'와 이듬해 '포드 20M'이 태어났다.

현대그룹의 자본과 정부의 정책에 힘입어, 현대차는 본격적인 자동차회사로서의 위용을 갖추게 된다. 1975년, 울산에 대량생산 설비가 갖춰진 종합 자동차공장을 완공했다. 이와 더불어 현대차는 같은 해 한국 최초의 고유 모델을 내놓았다. 그것이 바로 현대차를 대표하는 디자인 아이콘 '포니'였다. 이탈리아 유명 디자이너 조르제토 주지아로의 작품이었다. 1,238cc 직렬 4기통 미쓰비시엔진의 FR 방식 세단으로 세계에서 16번째였고, 아시아에서는 일본에 이어 두 번째 자체 고유 모델이라는 이름표를 달았다.

포니가 큰 성공을 거두자, 현대차는 또 다른 국산 모델을 준비했다. 이

1975년 출시된 한국 최초의 공유모델 현대차 포니. 포니는 2009년 디자인 전문가들 사이에서 지난 50년간 국내에 발표된 제품 디자인 중 가장 대표적인 상품으로 꼽히기도 했다.

제 현대차의 야심은 한층 커져서 내수시장이 아닌 글로벌시장까지 넘보게 되었다. 이렇게 탄생한 모델이 1985년에 출시된 '엑셀'이다. 엑셀은 국내 최초의 전륜구동 차량으로, 현대는 엑셀 수출 초기에 차량 이름을 '포니 엑셀'로 정하고, 현대차 브랜드 제고에도 애쓰는 모습을 보였다. 그만큼 글로벌 정상을 노리는 업체로서의 강력한 DNA가 내재돼 있었던 것이다. 현대차의 야심작 엑셀은 1986년에 국내 최초로 미국 수출길에 오르게 된다.

1985년, 엑셀의 바통을 이어받은 것은 현대차가 글로벌 메이커로 도약하는 데 일등공신 역할을 한 중형 세단 쏘나타였다. 쏘나타는 지금까지 전 세계적으로 470여 만 대가 팔려나갔다.

1세대 모델 쏘나타는 지속적인 디자인과 성능 향상 노력을 통해 1993년에는 쏘나타II, 1998년 EF쏘나타, 2004년 NF쏘나타, 2009년 YF쏘나타에 이르기까지 출시될 때마다 선풍을 일으키며 지난 26년간 한국 자동차 역사를 새로 썼다.

처음부터 수출전략형 중형차로 개발된 쏘나타는 설계에서부터 브랜드 명까지 철저히 미국시장에 맞춰 만들어졌다. 브랜드 이름은 임직원을 대상으로 공모해서 최종 후보안을 미국 현지 판매법인 딜러들의 의견을 수렴해 결정했을 정도로 신경을 썼다. 쏘나타는 미국시장에서 1989년 처음 출시된 후 엑셀, 아반떼(수출명 엘란트라)에 이어 세 번째로, 2007년 12월에 미국 판매 누적 100만 대를 돌파했다.

2010년 2월, 현대차는 지난 35년간의 모든 노하우가 집적된 야심작인 6세대 신형 YF쏘나타를 1만 9,000~2만 7,000달러의 가격으로 미국시장에 선보였다. 평소 캠리보다 가격을 낮게 책정한 데 반해, 이번에는 그 같은 꼼수를 쓰지 않았다. 그만큼 높아진 브랜드 이미지와 제품에 대한 자신감이 컸다. 이번 쏘나타는 시장에 나오자마자 신차 판매에 막대한 영향을 미치는 중고차 잔존가치 평가기관 ALG로부터 동급 경쟁 차종인 캠리, 닛산의 알티마, 혼다의 어코드보다 훨씬 월등한 점수를 받았다.

현대차가 글로벌 경제위기를 틈타 미국 빅3의 전유물이던 아카데미 시상식과 슈퍼볼 중계 광고를 꿰차고 들어갔듯이, 미국시장에서 신뢰를 잃어버린 캠리의 자리를 대신하는 일도 꿈으로만 그치지 않을 것이라는 기대감이 무르익고 있는 셈이다.

현대차 울산 공장 선적 부두에 수출용 차량들이 선적을 기다리고 있는 모습.

현대차의 위용에 세계가 놀라다

불과 몇 년 전만 해도 글로벌 메이커들은 현대차가 이처럼 부상할 것이라고는 꿈에도 생각하지 못했다. 더욱이 미국시장에서는 경제적으로 약자인 흑인 등 소수인종들이 타는 저가 자동차로 통했다. 하지만 지난 2년간의 글로벌 금융위기는 그런 현대차에게 사운(社運)을 역전시킬 수 있는 기회가 되었다. 지속적으로 실시해온 품질 및 브랜드 경영이 위기에서 빛을 발하여 현대차는 이제 최고 품질의 자동차 메이커라는 명성을 얻은 것이다.

도요타는 최근 몇 년 전부터 무섭게 치고 올라오는 현대차에 대해 두려움을 갖기 시작했다. 자신들을 벤치마킹하며 턱밑까지 쫓아오는 현대차의 쾌속 발전이 더 이상 손을 놓고 두고만 볼 일이 아니었던 것이다. 현대차가 도요타 차종들을 수도 없이 분해하고 분석했던 것처럼, 이제는 도요타도 현대차를 뜯고, 또 뜯었다.

글로벌 금융위기가 가라앉을 즈음인 2009년 9월, 도요타는 지난 4년간의 치밀한 시장조사 끝에 캠리를 앞세워 한국시장에 상륙했다. 당시 도요타 일본 본사의 고위 관계자는 '사실은 현대차가 독점 중인 한국 자동차시장을 교란시키기 위해서 왔다'고 실토할 정도였다. 중형차 캠리의 가격을 쏘나타와 그랜저의 중간으로 책정해서 소비자들을 공략했을 만큼 교묘한 가격 정책을 실시한 것도 같은 맥락이었다.

2010년 현재, 도요타는 날개를 잃고 추락하고 있다. 이제 현대차에 대한 두려움은 악몽이 되어버렸다. 한국, 중국, 인도의 자동차회사들과 가격 경쟁을 하다 보니 원가절감을 위해 부실 부품을 사용했다는 도요타 최고 수장의 옹색한 변명이 이를 말해주고 있다.

이에 더할세라 현대차에 대한 호평은 글로벌시장에서 하루가 멀다 하고 쏟아지고 있다. 이 같은 일이 브랜드 경쟁력 강화로 직결되는 것은 더 말할 것도 없다. 미국의 대표적인 경제전문지 포춘은 2010년 신년호에서 현대차에 대한 특집을 장장 10페이지에 걸쳐 대서특필하면서 '현대차의 발전은 속도위반 딱지를 뗄 정도'라고 표현했다. 그리고 정몽구 현대차 회장의 품질, 기술 중심 경영전략과 이에 대한 꾸준한 투자가 오늘날의 현대차로 성장시킨 배경이라고 칭찬을 아끼지 않았다.

2009년에 자동차의 본고장 미국에서만 50여 건이 넘게 현대차에 대한 찬사가 쏟아졌다. 최고로 급부상한 메이커에서 '최우수 추천 차종'과 '올해의 베스트셀러 카'라는 훈장까지, 자동차 제조업체로서 최고 영예로운 상은 죄다 휩쓸었다.

• **현대 · 기아차 글로벌 생산능력**

지역	연 생산 대수
국내 생산	2008년 311만 대
중국 베이징(현대)	2008년 60만 대
중국 옌청(기아)	2007년 43만 대
인도 첸나이(현대)	2008년 60만 대
미국 앨라배마(현대)	2006년 30만 대
미국 조지아(기아)	2009년 30만 대
체코 노소비체(현대)	2009년 30만 대
슬로바키아 질리나(기아)	2007년 30만 대
터키 이즈미트(현대)	2007년 10만 대
러시아 상트페테르부르크(현대) 건설중	2011년 10만 대

미국의 또 다른 경제전문지 포브스는 현대차를 소비자들에게 가장 존경받는 자동차 10대 브랜드에 꼽기도 했다. 더욱이 현대차의 럭셔리 세단인 '제네시스'는 2009년 세계 최대 모터쇼인 디트로이트 모터쇼에서 '북미 올해의 차'에 선정되는 기쁨도 누렸다. 이는 제네시스의 품질뿐만 아니라 현대차 브랜드를 세계시장에 알리는 기회가 되었다.

현대차의 한 고위 관계자는 시장조사를 위해 미국을 찾았다가, 이름을 대면 알 만한 10대 자동차 전문지 편집장들과 함께 한 미팅에서 과거의 노고를 한꺼번에 보상받을 만한 극찬을 들었다고 털어놓았다.

"얼마 전까지만 해도 현대차가 부르면 콧방귀도 뀌지 않았던 자동차 전문가들이 진심 어린 조언을 하기 위해 앞다퉈 참석했다. 그들은 제네시스를 보고 진짜 현대차의 실력과 디자인을 실감했다면서, 옛날의 현대차가 아니라고 입에 침이 마르도록 극찬을 아끼지 않았다. 그들은 제네시스는 현대차가 브랜드 인지도 제고를 위해 노력한 지난 10년을 단숨에 올려줄 모델인 만큼 딱 2년만 지금처럼 하라고 충고했다."

• **도요타 리콜 사태 이후 미국 자동차 시장점유율 추이(%)**

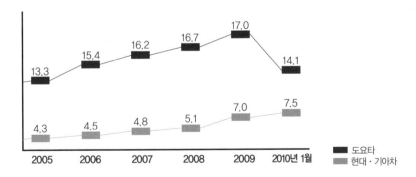

2010년 1월, 미국 디트로이트 모터쇼에서 만난 GM의 캘리포니아 선행 디자인센터에서 근무 중인 한국인 디자이너 서주호 씨는, 그가 디자인한 콘셉트카가 디트로이트 모터쇼 콘셉트카 부문에서 '올해의 디자인상'을 받았을 정도로 자동차업계에서는 유명인사다. 그는 한국 자동차에 대한 경외감을 이렇게 표현했다.

　"2008년에 제네시스를 디자인한 한국인 디자이너를 만날 수 있는 기회가 있었다. 나도 모르게 그를 보자마자 덥석 손을 잡고 영광이라고 외쳤다. 나는 GM에서 근무하고 있지만, 미국에서 제네시스 디자인을 보고 정말 자랑스러웠다."

　2008년 미국 발 서브프라임 모기지 사태에서 시작된 글로벌 경제위기로 전 세계가 몸살을 앓고 있을 때, 소비자들은 적은 기름으로도 많이 달릴 수 있는 차를 찾았다. 따라서 연비가 떨어지는 대형차보다는 고효율 저연비의 중소형차가 경쟁력을 얻었고, 이에 강점을 가진 현대차가 부각되었던 것이다. 덩치만 커서 연비는 최악인 미국의 빅3는 이 과정에서 소비자들의 외면을 받았다.

　적절한 라인업을 보유하고 있던 현대차의 기지가 제대로 발휘된 것은 이때부터였다. 10년 전에 '10년, 10만 마일 보장'이라는 파격적인 판촉전략을 도입했던 것처럼, 현대차는 이 무렵 세계 최대 자동차시장을 강타할 기발한 마케팅 전략을 채용했다. 다름 아닌 공전의 히트작 '어슈어런스 프로그램(Assurance Program)'이다.

　2009년, 현대차는 실직하면 차량을 되사주거나(어슈어런스 프로그램), 새로운 직장을 구하는 동안 3개월 동안 할부금을 대신 내주는(어슈어런스 플러스 프로그램) 같은 파격적인 마케팅으로 미국 소비자들의 심리를 파고들었고, 그 결과는 대박이었다. 1963년 1월 이후 최악의 판매 감소 (-37%)를 겪은 2009년 1월의 미국시장에서 현대차만이 14% 성장이라는 경이로운 성적표를 받았던 것이다. 그리고 전반적인 미국시장 판매 감소에도 불구하고 현대차만이 점유율을 늘렸다. 이 프로그램은 2009년 월스트리트저널이 선정한 '올해의 최우수 광고'로 뽑혀 세기의 마케팅 전략으로 회자되고 있다.

2009년의 높은 환율은 현대차에게 또 하나의 순풍으로 작용했다. 경쟁사들이 마케팅 비용을 줄이며 생존을 위한 원가절감에 몸부림을 치고 있을 때, 현대차는 그들이 떠나간 자리를 꿰차며 환율 상승으로 얻은 수익을 광고에 쏟아 부었다. 2009년 2월, 미국 슈퍼볼 중계 광고로 제네시

미국 현대차 앨라배마 공장 내부 모습.

스의 위용을 알렸으며, 이는 브랜드 이미지 제고로 직결되었다.

곧이어 미국 자동차산업의 상징인 GM이 미국정부에 구제금융을 요청하며 존폐 위기에 처한 사이에, 지난 11년간 이 회사가 후원하던 아카데미 시상식 중계방송 광고를 보란 듯이 낚아채 현대차 로고를 세상에 알리는 계기로 삼았다. 같은 기간 수요 감소와 엔화 강세로 허덕이던 일본 자동차업체들이 비용절감과 구조조정에 매달리느라 경영진이 핵심 경영 이슈인 품질관리에 집중하는 데 어려움을 겪었던 것과는 대조적인 모습이다.

현대차의 소비자 지갑 열기 프로젝트는 이제부터 시작이다. 2009년 히트 친 어슈어런스 프로그램에 응급 출동 서비스를 추가하여 한 차원 업그레이드된 고객 서비스를 펼칠 계획이다.

2010년 1월, 존 크라프칙 현대차 미국법인장은 현대차의 달라진 위상이 실로 놀랍다고 자랑했다. 시장조사 결과, 현대차 구매를 고려해 보겠다는 응답자가 2000년대 초에는 10%였던 것이 최근에는 30%로 늘었기 때문이다.

더구나 도요타 사태는 현대차에 대한 미국인의 시각을 다시 한 번 돌려놓았다. 도요타 사태가 본격 점화된 2010년 2월 10일, 증권과 금융 관련 정보를 제공하는 경제전문 매체인 마켓워치는 도요타의 리콜 사태 이후 판매 감소뿐만 아니라 도요타 웹페이지의 트래픽 감소로까지 이어졌고, 그 반사효과가 현대차로 곧바로 이어지고 있음을 타전했다.

마켓워치의 내용을 보면, 도요타 웹사이트에서 일부 모델의 경우 45% 가까이 트래픽이 줄어든 것으로 나타났다. 반면에 현대자동차의 쏘나타 모델에 대한 트래픽 규모는 도요타 리콜 사태 이후 27%나 증가했다. 도요타 코롤라의 경우 45% 감소한 반면, 기아의 포르테 페이지뷰는 33% 늘어난 것으로 나타났다. 마켓워치는 그러면서 미국 포드의 퓨전과 포커스 모델 역시 페이지뷰가 늘며 수혜를 보고 있지만, 한국 자동차에 비해서는 현저히 떨어지고 있다고 설명했다.

"한국업체들은 일본 경쟁사들이 오랫동안 즐겨왔던 견고한 명성을 빠른 속도로 쌓고 있다. 이미 자동차 제품의 질이 일본에 거의 근접했고, 리콜 역시 없다."

미국 언론은 물론이고 까다롭기로 소문난 미국의 소비자들도 현대차의 거침없는 비상을 진심으로 인정하고 있는 것이다.

정몽구 리더십의 또 다른 이름

부실 직전이던 가전회사를 초일류 이동통신회사로 변모시킨 노키아의 요르마 올릴라 회장과 파산 위기에 내몰린 애플사를 회생시킨 스티브 잡스 회장에겐 공통점이 있다. 이들 모두 위기를 기회로 반전시킨 파워 엘리트라는 점이 그것이다. 난세가 영웅을 낳듯, 불황일수록 최고경영자의 리더십은 기업의 운명을 가른다.

2010년 초, 정몽구 현대 · 기아자동차 회장은 미국의 자동차 전문지 모터트렌드가 발표한 '2010년 파워 리스트(세계 자동차산업에서 영향력 있는 인물)'에서 3위에 선정되었다. 2009년의 6위에 비해 순위가 3계단이나 상승한 것이다. 모터트렌드는 현대차가 2009년 3분기에 8억 3,200

만 달러의 순이익을 기록했다며, 같은 시기에 GM과 도요타가 미국시장에서 소폭 상승에 그친 데 반해 현대차의 판매는 49%, 기아차는 45.3%씩 늘었다고 소개했다.

이 잡지는 현대차의 이 같은 상승 이유에 대해 정몽구 회장의 '품질경영'에 주목할 필요가 있다고 강조했다. 1998년 현대 · 기아차 대표이사 회장으로 취임한 후, 2000년 국내 최초로 자동차 전문그룹을 출범시킨 정몽구 회장은 창업주 정주영 회장의 그늘에서 벗어난 지 10년 만에 현대차 그룹을 재계 2위, 생산판매량 '글로벌 톱 5'에 올려놨다.

현대차가 지옥의 카레이스보다 더 치열하다는 자동차업계에서 이러한 성과를 거둔 것은 거의 기적에 가까운 일로 받아들여진다. 이는 '전략형 CEO'와 '뚝심의 리더십' 양면을 모두 갖췄기에 가능한 일이었다. 위기를 기회로 삼은 역발상의 공격적인 마케팅에 더해서 품질이라는 튼튼한 기초체력이 시너지를 낸 결과라는 것이다.

정몽구 회장은 미국, 유럽 등 해외시장 방문을 통해 불량 차종에 대한 소비자들의 불만이 곧바로 회사 이미지를 실추시키고, 판매 급감으로 이어진다는 점을 정확히 인식하고 품질경영을 직접 진두지휘하기 시작했다. 정몽구 회장은 1999년에 미국시장에 도입했던 현대차 품질경영의 대명사인 '10년, 10만 마일 보증' 일화로도 유명하다. 사실 파격적인 제도였던 무상수리 제도는 참모들의 강력한 반대에 부딪쳤었다. 그렇지만 정몽구 회장은 '고장이 나지 않는 세계 최고의 차를 만들면 될 것 아니냐?'라는 논리로 그들의 반대를 돌파했다.

품질경영, 현장경영에 대한 그의 열정은 지금도 여전하다. 브랜드 경쟁력을 높이기 위한 근본은 소비자들이 믿고 탈 수 있는 자동차를 생산하는 것이며, 그 기본이 품질이라는 믿음에 흔들림이 없다. 그는 시중에 팔리고 있는 자동차에 대한 문제점을 점검하는 것은 물론이고, 현재 개발되고 있는 차의 실물을 회의 참석자들과 함께 만져보고 들여다보며 품질 개선 방안을 하나하나 지시하는 것으로 유명하다.

좋은 품질의 차를 생산해야 한다는 그의 철학 때문에 생산라인이 중단되기도 하고, 신차 출시 일정이 미뤄지기도 할 정도다. 현대차는 글로벌 위기가 한창이던 2008년 12월에 '실질 품질 3년 내 세계 3위, 인지 품질 5년 내 세계 5위'를 의미하는 'GQ(Global Quality)-3·3·5·5'를 목표로 삼고 '창조적 품질경영'이라는 슬로건을 선포하기도 했다.

이는 지난 10년간 이뤄낸 유례없는 고속성장에 만족하지 않고 현재의 위기상황을 품질로 한 단계 올라서겠다는 의지의 표현이었다. 또한 그것은 글로벌 경제위기 뒤에 다가올 기회에 대비해서 품질로 미래성장 기반을 확보한다는 각오를 다진 것이기도 했다.

이를 위해 현대차는 연구개발과 생산 공정에서 무결점 품질 달성을 위한 기존의 4M(Man, Machine, Material, Method) 품질관리에, '품질의 검증(Measurement)'과 '무결점 품질 의식(Moral)'을 추가하여 새롭게 확대한 6M 품질관리 기법을 시행하고 있다.

환상의 복식조, 현대차 & 현대모비스

현대차가 '포니 엑셀'로 미국시장에 첫 수출되었던 1985년 당시 미국 언론은 '5,000달러도 채 안 되는 싼 가격은 잔고장이 잦고 마무리가 깔끔하지 못해 저품질 차량이라는 것을 말해준다'고 혹평했다. 지금 현대차는 그때의 비웃음을 몇 배로 갚아주고 있다.

그 이면에, 이제는 글로벌 부품업체로 성장한 현대모비스가 있다. 현대·기아차가 공격적인 마케팅에 품질경영까지 가능했던 것은 품질에 대한 자신감에서 비롯되었다. 그러한 자신감이 곧바로 과감한 마케팅으로 이어지고, 이는 브랜드 인지도 상승과 판매 증가라는 선순환을 낳으며 세계시장에서 위력을 발휘하고 있는 것이다.

현대·기아차의 품질 향상은 현대모비스를 통한 모듈화가 있었기에 가능했다. 모듈화란 완성차를 만드는 데 필요한 수많은 부품들을 관련된 시스템 단위로 미리 결합해서 완성차 생산라인에 직접 공급하는 방식이다. 이는 모듈 생산 과정에서 사전 품질검사를 한 번 더 거치는 것은 물론 연관된 시스템 단위로 조립되기 때문에 전체 품질이 좋아질 수밖에 없는 구조다.

모듈화를 도입하면서, 완성차 라인에서의 품질 향상은 바늘에 실이 가듯이 자연스레 따라왔다. 기존에 단위 부품을 일일이 조립했던 방식에서 벗어나 미리 조립된 모듈 단위의 부품을 공급받자 완성차 생산라인의 작업 환경이 크게 개선되었던 것이다.

현대모비스만의 모듈 생산방식은 세계적인 수준을 자랑한다. 일명 'JIS(Just in Sequence)'이다. 도요타 생산방식으로 널리 알려진 'JIT(Just in Time)'에서 한 걸음 더 나아간 효율적이고 진화된 생산방식이라는 평을 받아 세계 각지의 유명기업들이 이를 벤치마킹하고 있다.

도요타의 JIT가 완성차 업체가 원하는 시간에 맞춰 부품을 공급하는 것이라면, 현대모비스의 JIS는 시간은 물론이고 완성차의 조립 순서까지 고려해서 납품하는 식이다.

도요타의 경우는 부품업체가 완성차의 상황에 맞추기 위해 일정량의 재고를 보유해야 하는 반면에, 현대차는 완성차 조립과 같은 서열로 모듈 부품을 생산하기 때문에 재고 부담이 제로에 가깝다. 더욱이 정확한 부품이 제대로 장착되는지를 확인하는 바코드 시스템을 통해 역시 불량률 제로 신화를 이어가고 있다. 이는 곧바로 가격경쟁력으로 이어진다. 현대모비스 고위 관계자는 말한다.

"우리가 배우기에 급급했던 도요타마저 현대모비스의 JIS 방식을 부러워하고 있다."

현대모비스는 모듈에 적용된 부품 정보에서부터 나사의 조임 상태까지 모두 칩에 저장하며, 이러한 정보를 최소 23년 동안 보관하는 등 사후 품질 보증까지 책임지고 있다.

현대모비스는 2009년에 자동차용 전장부품 생산업체인 오토넷과 합병하면서 경쟁력을 더욱 강화하여 종합 자동차부품업체로 새로운 출범을 알리기도 했다. 특히 하이브리드 변환기술과 엔진제어장치(ECU) 등 미래 자동차 기술개발이 가속화되고 있는 시점에서 현대모비스는 현대 · 기아차라는 주연을 빛나게 해준, 주연보다 빛나는 조연배우라는 평가를 듣는다. 현대차의 성공은 그들 자체의 힘뿐만 아니라 이를 뒷받침한 빛나는 조연의 조합이 이뤄낸 결과물이라 할 수 있다.

2장

세계 1등 기업
삼성 & LG

삼성 쇼크, 소니의 눈물

"엔고로 도저히 숨을 쉴 수가 없다!"

2009년 10월 어느 날, 일본 최대 전자업체인 소니의 주바치 료지(中鉢良治) 부회장은 긴 탄식을 내쉬며 이렇게 털어놓았다. 지난 40년 동안 전 세계 전자업계에서 절대 강자로 군림해왔던 소니의 간판 경영인이 고개를 숙인 것이다.

그는 엔고로 삼성전자 등 한국 경쟁사들을 상대하기가 갈수록 힘에 부친다고 하소연했다. 말이 하소연이지, 그의 목소리에는 떨림이 잔뜩 묻어났다. 당시 엔화 강세로 소니의 가격경쟁력은 사상 유례 없이 떨어진 데 반해서, 삼성전자와 LG전자 등 한국업체는 100달러가량의 가격 경쟁력이 생겼다. '소니의 눈물'이라는 단편소설 제목 같은 이 에피소드는, 한국 전자업체의 세계적 위상을 보여준 실질적인 사례였다. 한국의 전자산업이 정상에 있는 한, 이날의 상황은 두고두고 회자될 것이다.

일본의 '삼성 쇼크'는 반대로 삼성을 중심으로 한 우리 IT기업의 위상을 보여주는 것이다. 2009년 11월 26일, 일본의 유수 경제지인 닛케이 비즈니스는 한국의 IT에 대한 경외감을 '한국기업을 배워라, 병은 감추지 말고 자랑하라'는 제목으로 다음과 같이 표출했다.

"한국 제품은 일본 제품보다 싸고, 중국 제품보다 고품질이다. 일본과 중국에 끼인 샌드위치론이 나왔지만, 한국은 이를 역(逆) 샌드위치로 공략했다. 한국은 이미 일본의 학생이 아니라, 파트너이며 선생님이다."

2010 국제전자제품박람회(CES)에 설치된 삼성전자 부스의 LED TV 모뉴먼트와 3D LED TV.

과연 무엇이 한국의 IT, 그리고 삼성을 이렇게 강하게 만든 것일까? 삼성은 반도체, LCD, 디지털미디어, 휴대폰의 라인업을 모두 갖춘 지구상의 유일한 기업이다. 더욱 주목할 사실은, 이들 부문 모두 세계 1위를 달리고 있다는 점이다. 2009년 말, 삼성의 세계시장점유율 1위 제품은 무려 12개(컬러 TV, LCD-TV 단일제품 분류 시)에 달한다. 뿐만 아니라 CMOS(상보성금속산화막반도체) 이미지센서와 레이저 프린터, 드럼세탁기, 냉장고, 홈시어터 등도 조만간 세계 1위가 유력한 품목으로 꼽힌다.

다양한 부문에서 전 세계시장점유율 1위 상품을 생산하는 업체라는 이미지는 해당 제품의 수급과 가격에 막대한 영향력으로 이어지고 있다. 이른바 마켓파워를 휘두르는 위치를 스스로 만들어낸 것이다. 그리고 이것은 실적으로 고스란히 연결된다.

2010년 초에 발표된 삼성전자의 2009년 연결 기준 매출은 136조 2,900억 원(기말 환율 기준 1,170억 달러)에 이른다. 이는 쿠웨이트의 2008년 명목 GDP인 1,121억 달러(세계은행 집계)를 뛰어넘은 것은 물론이고 페루의 연간 GDP 수준(1,274억 달러)에 근접한 것이다. 16만 1,000여 명의 삼성전자 임직원들이 인구 2,918만 명인 페루와 비슷한 매출을 올린 셈이다. 본사 기준 매출 89조 7,700억 원은 한국은행이 발표한 2008년 우리나라 명목 GDP(1,023조 원)의 8.7%가량을 차지한다. 우리나라가 번 돈 100만 원 중 87,000원은 삼성전자의 몫이라는 얘기다.

삼성전자는 세계 최대의 전자 제조업체 자리도 굳혔다. 매출액 기준으로 2009 회계연도의 독일 지멘스(1,098억 달러)와 미국 HP(1,146억 달러)의 실적을 넘어서면서 전자, IT제품 제조업체로는 사실상 세계 최고의 자리에 올랐다.

삼성전자는 '신기록 제조기'라는 별명도 얻고 있다. 삼성이 휴대폰 사업에 뛰어든 것은 1988년인데, 그로부터 22년 만에 글로벌 누적 판매량이 사상 최초로 10억 대를 돌파했다. 단일기종으로 누적 판매량이 1,000만 대인 '텐 밀리언셀러'도 6종을 넘었다.

삼성전자의 질주는 가격별로, 소비자별로, 지역별로 호소력 있는 모델을 다양하게 갖고 있기 때문에 가능했다. 미국시장 점유율은 단연 1위이고, 노키아가 맹위를 떨치고 있는 서유럽에서는 4대 중 1대가 삼성이 만든 것이다. 다양한 제품을 만든 경험은 맞춤형 개발 능력 향상으로 이어졌다. 이는 각국, 각 지역별, 이동통신사업자들의 마음을 열기에 충분했다.

미국 버라이즌이 MP3형 음악폰을 요구하자, 삼성은 2기가 내장메모리를 넣고 음악을 고르기 쉽게 휠키(Wheel Key)를 단 '주크'로 응대했다. AT&T가 감각적인 디자인을 원하자 젊은 층에게 소구하는 '스마트

• **2009년 세계 메모리 반도체와 LCD 주요 기업별 실적**

구분	업체명	매출	영업이익
메모리 반도체	삼성전자	26.85조원	2.42조 원
	하이닉스	7.90조 원	0.19조 원
	엘피다	3,660억 엔	−6.5억 엔
	난야	425억 대만달러	−162억 대만달러
	이노테라	361억 대만달러	−96억 대만달러
LCD	삼성전자	22.28조 원	1.38조 원
	LG디스플레이	20.61조 원	1.08조 원
	AUO	3,593억 대만달러	−152억 대만달러

폰 블랙잭'을 만들어줬다. 삼성은 이 같은 기술력으로 전 세계 유행을 주도하고 있다. 고화소 카메라폰과 AM OLED(능동형 유기발광다이오드) 패널로 보는 휴대폰도 삼성전자가 만들어낸 트렌드이다.

삼성전자는 TV사업을 시작한 지 34년째인 2006년에 세계 정상에 오른 후 그 자리를 굳건히 지키고 있다. LCD-TV의 경우, 세계시장점유율 20%를 차지하고 있고, 디지털미디어 분야에서 슈퍼 히어로로 뜨고 있는 LED-TV를 통해 한층 더 프리미엄 시장 장악력을 높이고 있다. 이를 보면, 삼성을 먹여 살리는 효자사업이 반도체에서 TV로 넘어오는 듯하다. 업계 관계자들은 이를 두고 삼성전자가 전 세계 고가 TV시장에서 독주체제를 굳힌 덕분이라고 평가하고 있다.

투자가 생명인 반도체업계에서 삼성전자만큼 대규모 투자가 가능한 기업도 없다. D램업계 세계 2위 업체인 하이닉스반도체의 한 간부는 삼성전자는 반도체업계에서는 넘지 못할 4차원의 벽으로 통한다며 독주체제가 상당 기간 이어질 것으로 본다고 말했다.

삼성을 말할 때 빼놓을 수 없는 또 하나가 바로 '치킨게임'이다. 치킨게임이란 한밤중에 도로의 양쪽에서 2명의 경쟁자가 자신의 차를 몰고 정면으로 돌진하다가 충돌 직전에 핸들을 꺾는 사람이 지는, 1950년대 미국 젊은이들 사이에서 유행하던 자동차 게임에서 유래되었다. 핸들을 꺾은 사람은 겁쟁이, 즉 '치킨'으로 몰려 명예롭지 못한 인간으로 취급받는다. 하지만 어느 한쪽도 핸들을 꺾지 않을 경우엔 둘 다 승자가 되지만, 결국 충돌로 둘 다 죽을 수도 있는 엄청난 게임이다.

반도체시장에서는 오랫동안 이러한 치킨게임을 이어왔다. 업체들의 생사를 결정한다는 저주의 치킨게임은, 2004년에 소비량보다 많이 생산된 반도체 때문에 촉발되기 시작했다. 하지만 치킨게임이 한창이던 2007년부터 반도체 경기는 꺾이기 시작했다. 그 사이 불어닥친 세계 금융위기를 반도체시장이라고 비켜갈 수 없었던 것이다.

이때, 독일 키몬다를 비롯한 유수의 반도체업체들이 무너졌다. 하지만 삼성은 달랐다. 이 과정에서 2007년 이후 반도체 설비투자를 제대로 한 곳은 전 세계에서 삼성전자가 유일했다. 반도체 부문에 해마다 5~6조 원을 쏟아 붓는 삼성전자는 금융위기에도 투자를 게을리하지 않았다. 어쩌면 이것이 삼성전자가 지금까지 회심의 미소를 지을 수 있는 계기가 되었는지도 모른다.

반도체 분야는 투자가 생명이지만, 글로벌 경쟁자들은 지난 2년간 제대로 된 투자를 하지 못했다. 최신 반도체 라인 1기를 증설하는 데 약 3조 원의 비용이 들어가는 만큼 영업 적자에 시달리는 기업들에게 투자는 결코 쉬운 일이 아니었다. 그런데 삼성전자의 반도체 실적은 세계 금융위기가 불어닥친 와중에도 오히려 좋아졌다. 금융위기의 흔적이 아직 가시지 않은 계절적 비수기였음에도, 위기 직후인 2009년 2분기엔 매출이 전분기보다 18%나 늘었고 영업이익은 단숨에 흑자 전환에 성공했다.

반면에, 같은 기간 국외 경쟁사들의 성적표는 초라하기 짝이 없다. 난야, 엘피다, 마이크론 등 주요 메모리 반도체업체들의 영업이익률은 각각 마이너스 69.8%, 마이너스 58.3%, 마이너스 22.2%를 기록했고 이로 인한 대규모 적자로 심한 몸살을 앓았다. 그때 영업이익 흑자를 기록한 곳은 삼성전자가 유일했다. 일본업체들이 극심한 불황 속에서 허우적대는 동안, 삼성은 이렇게 멀찌감치 달아나고 있었던 셈이다.

2009년 10월 31일, 일본의 경제지인 산케이신문이 삼성과 일본 전자
업체들의 격차가 이렇게까지 벌어진 데 대해 집중적으로 조명한 내용
에는 한국과 일본의 전자업체들이 갖고 있는 차이가 무엇인지 극명하게
드러나 있다.

"그것은 기술력이 아니라 오히려 경영 능력의 격차일 것이다. 그것이
여실히 드러나는 것이 바로 거액의 투자를 필요로 하는 반도체와 LCD
등의 부품 비즈니스다. 일본기업은 경기가 악화되면 일제히 투자에 제
동을 걸지만 삼성전자는 그 반대다. 경기 하강 국면에는 제조 설비의 가
격의 내려가기 때문에 생각을 바꾸면 투자 기회이기도 하다.

그 기회를 놓치지 않고 대규모 투자를 실행하여, 경기가 바닥을 치
고 수요가 회복되는 국면에서는 생산력에서 경쟁사를 압도하게 되었
다. 1990년대에 D램으로 구축한 이러한 승리 패턴을 LCD 패널과 플래

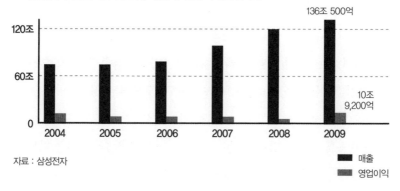

• **삼성전자 연결기준 연도별 매출과 영업이익**(단위 : 원)

자료 : 삼성전자

■ 매출
▨ 영업이익

시메모리 분야에서도 반복한 것이다. 그 배경에는 강력한 리더십을 발휘한 이건희 회장의 존재도 간과할 수 없다. 샐러리맨 경영자는 흉내 낼 수 없는 오너경영자의 담력이 고수익을 만들어낸 것이다.

또 한 가지 요인으로는, 세계화에 대한 열의의 차이다. 인프라를 구축해야 하는 사업의 비중이 큰 일본의 종합 전자업체들은 국내시장에 안주하는 경향이 강했다. 전력회사나 NTT, JR 등의 반관 공영기업을 상대로 하면 안정적인 수주가 가능해서 어느 정도 이익을 낼 수 있기 때문이다. 하지만 자국시장이 좁은 한국기업들은 사업을 시작하는 단계에서 세계 진출을 지향한다. 전자업계 전문가들은, 구글 같은 미국 실리콘밸리의 벤처기업들은 창업 직후부터 세계로 치고 나가는데 삼성전자에게도 이 같은 문화가 있다고 말한다. 휴대폰과 LCD-TV 등 가전제품 분야에서 세계시장점유율을 높이고 있는 것도 조직의 척추에 '세계 진출'이라는 유전자가 들어 있기 때문이라는 것이다."

LG의 기록적인 도약

〈애드버타이징 에이지(Advertising Age ; 미국 최대의 광고 마케팅 미디어 잡지)〉가 발표한 브랜드 조사 결과에서 미국 소비자가 느끼는 브랜드 가치 상승도 1위 기록(2009년 상반기 기준). 가장 많이 입소문을 타며 성장한 브랜드 2위 기록. 2개 부문 조사에서 10위 안에 든 한국기업으로는 LG가 유일하다.

까다롭기로 소문난 프랑스 소비자들로부터 '고객 혁신상' 수상. 프랑스 컨설팅업체 베어링 포인트, 경제지 렉스팡시옹, 시장조사업체인 TNS Sofre, 파리기술대학 등이 공동 선정한 '2009 혁신경영 대상'에 LG가 한국기업으로는 처음으로 수상했다.

삼성전자가 워낙 독보적이어서 빛이 가려져 있지만, LG전자의 선전 또한 글로벌 기업들이 혀를 내두르는 대목이다. LG가 세계시장에서 지배력을 확대하는 모습을 보면 거침이 없다. 내로라하는 글로벌 기업들이 경기침체로 부진하던 사이, LG전자는 세계 경기의 빠른 회복을 주도하는 리더 기업으로 급부상했다.

LG전자의 제품들은 글로벌시장의 트렌드를 주도하고, 이는 자연스럽게 2009년 사상 최고의 성적표를 받는 것으로 이어졌다. LG전자는 2009년 글로벌 기준으로 전년보다 12.5% 늘어난 55조 5,241억 원의 매출을 올렸다. 영업이익은 35.2% 증가한 2조 8,855억 원으로, 당연히 창사 이래 가장 큰 규모였다.

특히 LG전자의 핵심인 TV와 가전 부문에서의 활약이 두드러졌다. 평판 TV 판매량은 1,950만 대(LCD-TV 1,630만 대, PDP-TV 320만 대)로, 같은 기간 50%가량 급증했다. 그 덕분에 TV사업을 관할하는 HE사업부의 영업이익은 2008년 156억 원에서 지난해 7,642억 원으로 껑충 뛰었다.

가전시장에서는 지난해 상반기 글로벌 최대 강자인 미국의 월풀을 영업이익에서 앞서며 세계 1위 가능성을 엿보았다. LG전자는 그동안 영업이익률 면에서 세계 최고 수준을 유지하며 월풀을 앞서왔지만, 절대금액에서 월풀을 처음으로 제쳤다는 기록을 세웠다. 휴대폰 판매량은 전년보다 17% 늘어난 1억 1,800만 대를 팔아치워 역시 최고치를 기록했다.

기세를 몰아가는 LG전자의 모습에서는 무서움마저 드러나고 있다. LG는 올해 휴대폰과 TV 부문에서 삼성에 이어 세계 2위에 올라서겠다는 전략을 세워놓고 있다. LG전자는 현재 가전 부문별로 세탁기 2위, 냉장고 3위다. 가정용 에어컨시장에서는 1위 자리를 놓고 중국 저가업체 2곳과 경합하고 있는데, 이들의 최우선 목표는 2012년까지 세탁기와 냉장고 세계 1위 등극이다.

백색가전 시장의 판도 변화도 예고하고 있다. 1위 월풀과 2위 스웨덴 일렉트로룩스를 제치는 등 이들과의 매출 격차를 크게 좁힌 만큼, 수년 내에 세계 정상에 오를 기세다. TV와 휴대폰뿐 아니라 가전에서도 세계 1위 고지가 가시권 안에 들어온 것이다. 2009년 말 니혼게이자이신문이 전한 LG의 분석 기사에는 이 회사의 약진 원인이 어디에 있는지 함축적으로 드러나 있다.

"LG는 현지에서 원하는 상품 개발을 철저히 하고 있다. 중동에서는 이슬람교 성전인 코란을 읽어주는 TV를 판매하고 있고, '101'이라는 숫자를 좋아하는 인도인을 겨냥한 101가지 종류의 레시피를 담은 전자레인지도 큰 인기를 모으고 있다. 제품 판매처는 해외 160개국, 해외 사원은 5만 5,800명으로 전체 사원의 66%에 달한다."

삼성과 LG, 세계인의 골목을 지키다

삼성과 LG전자가 비상할 수 있었던 것은 그들만이 갖고 있는 '마법의 탄환' 덕분이었을까? 이들은 언제 일어날지 모르는 전쟁에 대비해 막강한 실탄을 준비해놓고 있다. 그런데 이들이 가진 실탄들은 경쟁사들이 허울뿐인 총만 가지고 있던 글로벌 금융위기라는 전쟁터에서 더욱 빛을 발했다.

그 가운데 '브랜드 고급화 전략'이라는 프리미엄 마케팅은 손을 대는 사업마다 성공을 거두는 진짜 마법의 탄환이 되었다. 고부가가치 제품을 통해 브랜드 이미지와 수익 등 두 마리 토끼를 동시에 잡을 수 있었기 때문이다. 삼성전자는 기존 LCD-TV보다 30% 가량 비싼 차세대 TV인 LED-TV를 가장 먼저 출시하면서 하이엔드(High-end) 제품 중심의 판매 전략에서 큰 재미를 봤다.

TV에 이어 이들이 내세운 고가의 프리미엄폰 역시 세계시장이 극심한 침체를 겪었던 2008년 4분기에 5,280만 대가 팔려나감으로써 분기 사상 최대 판매기록을 세우기도 했다. 더불어 삼성전자의 브랜드 이미지는 하이엔드, 즉 최고급이라는 이미지가 한 꺼풀 덧씌워졌다.

과거 '골드스타(Gold Star)' 시절의 저가 이미지에서 자유롭지 못했던 LG전자 또한 고급 제품 위주의 판매 전략으로 선회했다. 그러자 2006년 세계 4~5위에 머물렀던 TV 시장점유율 순위는 3년 만인 2008년에 3위권으로 도약했다. LG전자는 지난해 LCD-TV 부문에서 세계 2위로 올라선 기세를 몰아 LCD-TV와 PDP-TV를 합한 평판 TV에서 소니를 누르고 세계 2위를 차지하겠다는 각오를 다지고 있다.

삼성과 LG에게도 박리다매라는 저가 제품의 매출 기회가 왜 달콤하게 다가오지 않았겠는가. 하지만 두 회사는 경기침체로 세계 전역에서 실시했던 경쟁업체들의 저가 마케팅을 애써 뿌리쳤다. 삼성전자는 2009년 중국정부가 추진했던 농어촌 지역 가전제품 할인 프로그램에 참여하지 않았다. LG전자 역시 미국 최대 쇼핑 기간인 블랙 프라이데이 할인행사를 거들떠보지 않았다. 당장의 매출만 생각하면 적극 나서서 판매에 열을 올렸겠지만 제품 고급화 전략에 따른 장기 전략을 고수했던 것이다.

세계인들의 골목을 지키는 이들의 노출 마케팅도 주목할 만하다. 2009년 9월 12일, 스위스 베른 융프라우에 있는 유럽에서 가장 높은 곳에 위치한 기차역으로 유명한 융프라우요흐(해발 3,454m) 스핑스홀에서는 삼성전자와 융프라우 철도 간의 스폰서십 계약 체결식이 열렸다. 이를 통해 융프라우 산의 주요 기차역과 전망대에서 삼성의 대형 LCD-TV와 LCD 모니터는 물론 광고판을 설치함으로써 전 세계에서 몰려오는 관광객들에게 자사 브랜드를 알릴 수 있게 되었다.

영국의 버킹엄궁, 프랑스의 엘리제궁, 로마 바티칸박물관, 프랑스 루브르박물관과 같은 각국의 명소에서부터 지구촌 거리 곳곳에까지 삼성의 깃발이 꽂혀 있지 않은 곳이 없다. 삼성전자가 이 같은 '명소 마케팅'으로 재미를 톡톡히 봤다면 LG 브랜드의 세계시장 돌풍은 세계 곳곳의 관문과 길목을 지킨다는 뜻의 '관문 마케팅' 역할이 컸다.

LG전자 LCD-TV 공장이 있는 폴란드 브로츠와프에 가면 주 정부가 감사의 뜻으로 선사한 'LG로(路)'가 있다. LG전자와 LG화학 등이 모여

모스크바 레닌 도서관 삼성 옥외광고.

러시아 모스크바에 모바일 WiMAX 진출 광고 모습.

뉴욕 타임스퀘어 삼성 광고.

있는 중국 난징(南京) 시의 '난징경제 기술개발구'는 최근 행정 명칭을 아예 'LG산업원'으로 바꿨을 정도로 LG에 대한 신망이 두텁다.

또한, LG는 미국에서 2008년에 CNN과 전략적 제휴를 맺고 뉴욕, 시카고, 워싱턴 공항 등에 LCD-TV 1,000대를 공급하여 뉴스와 광고를 내보내고 있다. 뉴욕 맨해튼 브로드웨이 타임스퀘어와 영국 런던 피커딜리 광장, 독일 베를린 케겔 공항 등 세계 곳곳에서 '사랑해요, LG'를 만날 수 있다.

세계의 관문과 골목, 명소와 공항 등을 광고 전쟁의 전진기지로 삼고 있는 삼성과 LG의 마케팅 전략은 그들의 폭발적인 신장세와 더불어 마침내 결실을 맺고 있다.

수많은 잠재적 CEO를 낳다

2009년 12월 16일, 니혼게이자이

신문은 '한국기업의 힘, 비밀은 전 세계 속의 인재들'이라는 글을 띄웠다. 이 신문은 한국기업들이 인재를 육성해서 전 세계에 파견함으로써 해외시장에서의 힘을 키우고 있다는 기사를 대문짝만하게 실으면서 삼성의 인재경영을 다음과 같이 소개했다.

"한국기업의 철저한 글로벌화를 떠받치고 있는 것은 인재에 있다. '잘 놀다오세요' 삼성전자 글로벌 DMC 무선사업부 신재영 과장은 2006년 봄, 회사로부터 이 같은 말을 듣고 홀로 아르헨티나로 향했다. 장래가 촉망되는 젊은이가 세계 각지에서 1년 간 자유롭게 지내는 '지역 전문가 제도'는 그 지역에 정착해서 문화와 관습을 이해하는 일을 한다. 신재영 씨도 스페인어를 배워 친구와 안데스산맥을 여행했다고 말한다. 카자흐스탄, 나이지리아, 칠레 등 전 세계의 거리에 신재영 씨와 같은 젊은 삼성맨들이 있다. 1990년에 제도를 시작한 이후 그룹

영국 피커딜리 광장 LG 옥외광고.

뉴욕 타임스퀘어 LG 광고판.

블라디보스톡의 LG다리.

LG전자 액션스포츠 파리대회의 모습.

전체에서 3,800명을 파견했는데, 이들 대부분은 주재원으로서 다시 그 지역으로 보내진다고 한다."

오늘날 모든 기업의 성패는 직원들의 창의력을 어떻게 제고시킬 것이냐 하는, 질 높은 인사 정책에 달렸다고 해도 과언이 아니다. 그런 의미에서 삼성을 세계 굴지의 기업으로 만든 삼성만의 인재 개발 방식은 글로벌 기업들 사이에서도 연구 대상이다. 삼성전자는 국내외 정규직만 15만 명이 넘는다. 효율적 직원관리를 위해서는 당연히 철저한 평가와 보상 시스템을 가질 수밖에 없는 구조다.

세계 굴지의 기업으로 성장한 삼성전자의 대졸 초임은 성과급을 제외한 통상 연봉(상여금 포함)이 2,800만 원 수준으로, 주요 기업 중 가장 낮은 축에 속한다. 그러나 삼성에게는 누구나 부러워하는 실적 급여가 있다. 바로 PI(생산격려금 ; Productivity Incentive)와 PS(초과이익 분배금 ; Profit Sharing)로 대변되는 인센티브 시스템이다. 이는 연봉의 최고 60%까지 지급되며, 특히 주력사업부의 경우에는 성과급 비중이 더욱 클 수밖에 없다.

삼성전자의 이 같은 임금구조가 갖는 장점은 크게 두 가지 측면에서 발견할 수 있다. 경기침체 때는 실적이 줄어든 만큼 임금에서 성과급 비중이 줄어들어 영업 환경에 따라 비용을 신속하게 조절할 수 있다는 점이 첫째이고, 나머지 하나는 인센티브에 따른 사내 경쟁이 치열해져 이것이 기업의 경쟁력 강화로 이어진다는 것이다.

창업주 이병철 전 회장과 그의 아들 이건희 전 회장이 말한 '1명의 천재가 10만 명을 먹여 살린다'는 천재경영론이 삼성의 뿌리 속에 깊이 숨어 있는 인사 시스템이다. 그렇다는 것은 삼성 내부에는 수많은 잠재적 CEO를 품고 있다는 뜻으로, 바로 이것이 삼성만의 경쟁력인 셈이다.

세계 1위에 도전하는 LG화학

2010년 1월, 미국에서 열린 디트로이트 모터쇼에서 만난 밥 루츠 GM 부회장 겸 차량 개발·디자인 고문은 LG화학의 리튬이온 배터리에 대해 상당한 만족감을 나타냈다. LG화학의 리튬이온 배터리는 GM의 미래를 좌우할 중대한 프로젝트인 GM 최초의 전기자동차 시보레 볼트의 핵심 부품이다. 루츠 부회장은 기자들에게 이렇게 말했다.

"LG화학을 선정하기 전 리튬이온 배터리에 대한 매우 구체적이고 깊이 있는 조사를 했고, 그 결과 LG화학이 세계에서 가장 좋은 기술을 갖고 있다고 판단했다."

LG화학이 미국 최대 자동차업체인 GM마저 인정한 최고의 기술력을 가졌다는 사실이 실감나는 순간이었다. LG화학이 2009년 초에 GM 전기자동차 배터리 공급업체로 단독 선정되었을 때, 김반석 LG화학 부회장은 말하기를 이 일은 LG화학 60여 년 역사에 가장 큰 변화를 가져올 초대형 사업이 될 것이라고 흥분했다. 자동차용 배터리에서 가장 앞서 있는 일본기업을 따돌린 10년 후발주자의 통쾌한 역전승이었다.

지금껏 하이브리드카의 기술력을 선도해온 일본은 1990년대 초에 하이브리드카용 배터리시장에 진입한 이후 니켈수소 방식 배터리로 하이브리드카용 배터리시장을 장악해왔다. 현재 7,000억 원 규모인 하이브리드카용 배터리시장은 대부분 니켈수소 배터리로 PEVE, MBI, 산요 등 일본업체가 독차지하고 있다. 그러던 중에 LG화학이 리튬이온 배터리에 승부수를 던졌던 것이다. 리튬이온은 니켈수소 배터리에 비해 50% 이상 높은 출력과 에너지를 제공하지만 가격은 10~15% 가량 더 싸서 최근 그린카 시장에서 한껏 몸값을 높이고 있다.

LG화학이 국내 최초로 리튬이온 배터리 양산에 성공한 것은 10년 전인 1998년으로 거슬러 올라간다. 양산은 성공했지만 이미 일본업체에 비해 10여 년이 늦은 상태였다. 그러나 LG화학은 포기하지 않았다. 전기자동차에 사용되는 중대형 배터리 분야에 대한 잠재성을 간파하고, 2001년 중대형 배터리 연구 및 북미시장 개척을 위해 미국에 연구법인을 설립하여 본격적인 개발에 들어갔다.

그러기를 2년 반 만에 마침내 가시적인 성과가 나타나기 시작했다. 2002년 7월, 미국 콜로라도에서 열린 세계적 자동차 경주대회인 '파익스 피크 인터내셔널 힐 클라임'에서 LG화학의 리튬폴리머 배터리를 이용해 개발한 전기자동차가 우승을 거머쥔 것이다. 이듬해인 2003년에도 LG화학은 전년도 기록을 갈아치우며 2년 연속 우승을 거두는 쾌거를 올렸다.

자신감이 생긴 LG화학의 기세는 거침이 없었다. 2004년 8월에는 미국 에너지성과 GM, 포드, 크라이슬러 등 미국 3대 자동차업체의 컨소시엄인 USABC로부터 460만 달러 규모의 중대형 배터리 기술개발 프로젝트를 수주해 하이브리드카에 탑재될 고성능 배터리 개발을 공동 진행했다. 이에 앞서 2002년부터는 현대·기아차와 하이브리드카용 중대형 배터리 공동 개발을 비밀리에 진행했고, 그 결실은 2009년 7월이 되면서 드러났다. 현대차가 시장에 처음 선보인 최초의 하이브리드카인 아반떼 하이브리드 LPi에 LG화학의 배터리를 장착하는 데 성공한 것이다.

LG화학의 야심은 계속되고 있다. 2010년에는 상용차 부품 분야 북미 1위 업체인 이튼사와도 4년간 공급 계약을 맺고 하이브리드 상용차용 배터리를 공급하기로 했다. 기존과는 달리 이번 공급은 배터리 셀뿐만 아니라 배터리 제어시스템 등 다양한 부품으로 구성된 팩(Pack) 형태로 이뤄진다는 점에서, 한국의 세계적인 기술력을 다시 한 번 입증했다.

이어 세계 최대 자동차시장으로 부상한 중국에서도 낭보가 날아들었다. LG화학은 2010년 2월 5일, 중국 메이저 자동차 그룹인 장안기차(長安汽車)의 연구개발 전담 자회사인 장안 신에너지기차와 전기자동차용 배터리 협력과 관련해 전략적 제휴를 맺었다. 중국의 친환경 자동차용 배터리 시스템의 개발 및 상용화를 위해 적극 협력하고, 장안기차의 하이브리드 및 전기차 생산에 관련 기술을 적용해나가겠다는 내용이었다. 이는 미국, 한국에 이어 중국마저 손아귀에 넣은 것으로 LG화학은 이제 명실공이 전기차 배터리 세계 1위 업체 굳히기에 성공했다고 할 수 있다.

2013년으로 들어서면 330만 대 규모로 성장할 것으로 예상되는 전 세계 전기차시장에서, 리튬이온 배터리 채택 비율은 40% 수준으로 약 2조 원의 시장을 형성할 것으로 예상된다. 세계 대부분의 전기자동차에 한국산 배터리가 들어갈 날도 얼마 남지 않았다.

LG화학의 성공은 바로 글로벌 위기, 그리고 일본기업의 추락 속에서 한국의 기업들이 비상하는 상징적인 사례가 된다. 지금 이 순간에도 단순히 일본을 추격하는 것을 넘어, 일본을 멀찌감치 밀어내고 그들의 선망의 대상이 되는 우리 기업들이 속속 태어나고 있다.

3장

한국은 1등의 함정에서
자유로운가

모바일 코리아 잔치는 끝났나?

2010년 1월 29일, 삼성전자는 2009년 실적을 발표했다. 결과는 예상대로 사상 최대였다. 매출액 136조 2,900억 원, 영업이익 10조 9,200억 원으로 매출과 영업이익이 각각 2008년과 견주어 15.1%, 91.2%나 늘었다. 역대 최대 실적일 뿐만 아니라 국내기업으로는 '매출 100조 원-영업이익 10조 원'을 한 해에 동시 달성하는, 말 그대로 역사적인 쾌거였다. 특히 달러 기준 매출액이 1,170억 달러로 미국의 HP(1,146억 달러)와 독일의 지멘스(1,098억 달러)를 처음으로 제쳤다. 누가 뭐래도 세계 전자 업체 가운데 최대 기업의 반열에 오른 것이다.

그러나 이 무렵 삼성전자의 최대 실적은 세계 전자업계의 큰 관심사가 아니었다. 삼성의 매출 1위를 무색하게 만든 가장 큰 화두는, 유감스럽게도 애플사가 선보인 태블릿 PC였다. 삼성전자가 실적을 발표하던 당일, 검색업체인 구글의 뉴스 검색을 뜨겁게 달군 것은 애플의 스티브 잡스가 들고 나온 아이패드와 관련된 기사였던 것이다.

세계의 언론과 업계는 이 작은 아이패드에 온통 관심이 쏠렸다. 세계의 많은 언론들은 애플의 전략부터 시작해서 아이패드의 특징, 향후 전망에 대한 관련 글을 촉각을 다투며 속보로 올렸다. 아이폰의 돌풍을 고려할 때 아이패드 역시 세계 전자업계에 지각 변동을 일으킬 최대 변수로 부상했기 때문이었다.

지식경제부가 내놓은 자료(환율 달러=1,141원 기준)를 보면 휴대폰을 기준으로 할 경우 애플은 2009년에 2,500만 대를 팔아 17조 9,000억 원의 매출과 5조 원의 이익을 냈다. 영업이익률은 28.8%에 달했다. 이에 반해 삼성전자는 2억 2,700대를 판매해 42조 1,000억 원의 매출을 올렸으나 영업이익은 매출의 9.8%에 불과한 4조 1,000억 원이었다. 소프트웨어기업인 애플은 하드웨어 중심의 삼성전자보다 판매 대수는 9분의 1에 불과했지만 영업이익률은 3배에 달한 것이다.

매출액이 한 기업의 외형을 보여주는 잣대라면, 영업이익률은 실속을 의미한다. 결국 실속 면에서 삼성은 세계 최대 전자업체로의 등극이라는 화려함을 받쳐주지 못한 셈이다. 미래사업군에서의 뒤처짐과 실속이 떨어지는 상황! 삼성전자 내부에서 황색 경고등이 켜진 것은 당연한 일이었다. 삼성이 시장 흐름에 뒤처질 수 있다는 우려와 경고의 목소리가 심심치 않게 나오고 있다. 스마트폰과 3D 텔레비전사업 등에서 국외 경쟁사들에게 잇따라 선수를 빼앗기는 상황은, 비약하면 '수모'라는 표현이 옳을 정도다.

2009년 삼성이 풀터치 휴대폰과 LED-TV시장을 주도하며 여기에 주력하고 있는 사이에, 경쟁사들은 스마트폰과 3D 입체영상 시장에서 한발 앞서 시장을 선도하고 있었다. 휴대폰 경쟁구도에서 완전히 밀려났던 모토로라 역시 스마트폰 흐름에 발 빠르게 편승해서 새로운 도약을 모색하고 있다. 제품 사이클이 갈수록 짧아지는 휴대폰의 특성상 처음에 그 흐름을 놓친다면 영영 후발주자의 멍에를 지울 수 없다. 영국의 파이낸셜타임스가 던진 충고는 오늘 삼성이 안고 있는 모습을 그대로 보여주고 있다.

"삼성은 잘 단련된 생산과 추격 능력이 강점이지만 장기적으로 혁신성이 부족해서 수익을 훼손할 것이다."

뼈아픈 일침이 아닐 수 없다. 글로벌시장에서는 블랙베리가 만들어낸 스마트폰시장의 성장세가 가히 폭발적이었다. 글로벌시장에서는 휴대폰 판매가 줄어든 반면에, 스마트폰은 휴대폰보다 비싼 가격에도 불구하고 판매량이 늘었다.

국내에는 2006년에 블랙베리가 처음 나왔지만 세간의 관심을 크게 끌지는 못했다. 공짜 무선인터넷 사용이 늘면 전화 수입이 줄 것을 우려해 국내 이동통신업계가 스마트폰 보급을 꺼린 나머지 스마트폰의 위력을 알리지 않은 탓이었다. 하지만 이후 나온 애플의 아이폰 열풍은 실로 놀라울 정도였다. 애플은 지난 2007년에 아이폰을 출시한 이래 90여 개

나라에서 4,000만 대를 팔았다. 광풍이라는 표현이 어울릴 정도다.

아이폰은 2009년 12월 국내에 상륙하자마자 한 달 만에 20만 대가 넘는 판매량을 기록했다. 무선인터넷으로 가는 도도한 흐름은 그동안 세계의 IT시장을 주름잡아온 국내 휴대폰 제조업체도 막을 수는 없는 노릇이었다. 한국의 얼리어답터들 사이에서 이미 아이폰 커뮤니티가 형성됐고, 아이폰을 중심으로 한 새로운 문화가 만들어지고 있다는 소식은 시장의 대세가 이미 변했음을 반증하는 것이다.

하루가 다르게 확산되고 있는 아이폰 열풍은 분명 '모바일 혁명'이다. 휴대폰은 이렇게 스마트폰으로 수렴되고 있다. 애플과 같이 핵심적인 UI(사용자 환경)를 탑재한 제품 개발에 뒤처지면, 이는 곧 정상의 자리를 내줘야 한다는 얘기와 같다. 그러한 혁명 앞에 서 있는 삼성전자와 LG전자의 심정은, 어쩌면 절박하다는 표현이 맞을 것이다. 아이폰의 위력은 이렇게 강력하다. 비상체제에 돌입해야 한다는 목소리가 곳곳에서 들려오고 있다.

시장 트렌드를 따라가지 못하고 초기 대응에 뒤처졌다가는 자칫 스마트폰 대열에서 탈락할 수 있는 불안감, 어느 순간 1등의 자리를 넘겨줄 수도 있다는 절박감은 우리의 기업들이 일본을 제치고 1위로 올라서면서 누구보다 잘 알고 있을 터이다.

급기야 삼성전자가 서둘러 자사의 스마트폰인 '옴니아폰'을 내놓고, 삼성전자와 LG전자가 2010년에만 각각 40여 종, 20여 종의 스마트폰을 국내외에 내놓겠다고 호언했지만 시장의 흐름을 따라잡을 수 있을지는 미지수다. 그리고 분명한 것은 지금까지 해왔던 것처럼 기존의 휴대폰처럼 하드웨어, 즉 껍데기만 잘 만들어서 물량을 쏟아내면 되겠지 하는 생각은 시대착오적인 발상이라는 점이다. 물론 흐름을 다시 주도하기 위한 현실의 상황은 그리 녹록하지 않다. 2010년 초 미국의 전자제품 관련 사이트에 올라온 글은 우리의 IT기업들이 처한 위기를 직설적으로 드러내고 있다.

"삼성 옴니아2의 하드웨어는 괜찮은데, 소프트웨어는 끔찍하다."

이 짧은 리뷰의 글은 삼성과 우리의 IT업계에게는 분명 충격적이다. 파이낸셜타임스가 칼럼을 통해 삼성전자를 비하하여 '세일즈 머신'이라는 호칭으로 부른 것이 단순히 우리를 끊임없이 폄훼해온 영국언론이 가한 비난성 글이라고 치부했던 것이라면, 이 리뷰는 분명 우리의 기업들이 두고두고 되새겨야 할 부분이 아닐 수 없다. 우리 스스로가 어느 사이엔가 일본기업들이 처했던 1등의 함정에 빠지고 있음을 반증하는 것이기 때문이다.

바야흐로 시장은 소프트웨어가 경제산업을 디자인하고 하드웨어와 소프트웨어, 서비스, 인프라가 결합되는 이른바 '쾌드로버전스' 시대다. 우리의 기업들이 장점으로 여겼던 하드웨어의 성능과 디자인만이 중요한 시대는 이미 지나가고 있다. 대신 지금 시장에는 소프트웨어와 콘텐츠로 승부가 나는 스마트폰의 시대가 활짝 열리고 있다. 시장을 주도하는 규칙이 변화하고 있는 셈이다. 대한민국의 IT업체는 지금 분명 위기이면서 동시에 기회인 기로에 서 있다.

1위 D램에서도 일본업체들이 추격하고 있다

2009년까지 수년 동안 반도체업계에 이어진 힘겨운 치킨게임에서 세계의 D램과 낸드플래시시장을 석권해온 대한민국은 분명 명실상부한 반도체 왕국이다. 메모리 반도체의 영원한 경쟁자였던 일본과 대만업체들은 삼성전자를 위시한 우리 반도체업체들에게 완전히 무릎을 꿇고 말았다.

하지만 그것은 꿈이었다. 2010년 연초부터 한국 반도체업계에는 때 아닌 일본 엘피다 발(發) 경고등이 들어왔기 때문이다. 최근 2년 만에 흑자를 기록한 엘피다가 메모리 부문 시장점유율에서 2009년 4분기에 세계 1위 삼성전자의 몫을 잠식하며 2위 하이닉스반도체와도 격차를 크게 좁힌 것이다.

2010년 1월 반도체시장 정보 및 거래 중개업체인 D램 익스체인지가 집계한 시장점유율을 보면 엘피다는 19.4%를 기록하여 전 분기(16.8%)보다 2.6% 상승해 20% 선에 바짝 다가섰다. 2분기에 잇따라 21.6%를 가까스로 유지한 하이닉스를 위협하는 수준이다. 부동의 1위 자리를 고수해온 삼성전자는 같은 기간 3.9% 포인트나 하락한 31.7%로 뒷걸음질을 쳤다.

삼성전자의 점유율 하락에는 엘피다 외에 미국 마이크론테크놀로지와 대만업체들도 합세했다. 4위 마이크론은 3분기 11.5%에서 4분기에는 12.2%로 상승했고, 3분기 점유율이 각각 5.5%, 3.2%였던 대만 난야와 파워칩의 4분기 점유율은 5.7%와 4.7%로 뛰었다.

국내업체와 이를 바짝 뒤쫓고 있는 일본업체의 격차는 앞으로 더욱 좁혀질 것으로 보인다. 구조조정과 감산으로 체질 개선에 성공한 도시바와 엘피다 등 일본의 반도체업체들은 이제 축적된 내공에다 공격적인 설비투자를 통해 생산 규모를 대폭 확대할 계획이다.

도시바는 2007년 초 이후 처음으로 올 상반기 최대 1,000억 엔을 투자해 메모리 생산 능력을 40% 이상 확대하기로 했다. 일본업체들의 증산 전환은 곧 글로벌 반도체 시장의 치열한 서바이벌 게임을 예고하는 것이다. 하이닉스를 턱밑까지 따라온 엘피다는 또 삼성과 하이닉스가 주도했던 40나노급 DDR3 D램 양산에 착수하면서 기술 격차를 좁히기 위해 더욱 안간힘을 쓰고 있다.

파워칩, 프로모스, 난야테크놀로지 등 경쟁력 약화로 고전해왔던 대만의 반도체업체들도 생산ㆍ투자 전략을 최근 들어 속속 변경하고 나섰다. 파워칩의 경우 최근 55억 대만달러 규모의 투자 자금을 유치한 데 이어 새해부터는 D램에만 주력하지 않고 낸드플래시로 주력 제품을 변경하겠다고 나섰다. 한때 파산위기에 몰렸던 프로모스도 2009년 11월부터 일본 엘피다에 D램 위탁 생산을 개시하는 등 차별화된 경영 전략

• **D램 시장점유율 추이**(단위 : %)

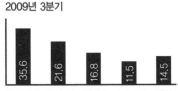

2009년 3분기

삼성전자	하이닉스	엘피다	마이크론	기타
35.6	21.6	16.8	11.5	14.5

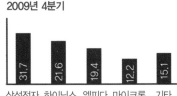

2009년 4분기

삼성전자	하이닉스	엘피다	마이크론	기타
31.7	21.6	19.4	12.2	15.1

을 선보였다. 치킨게임으로 경쟁자들을 물리쳤다는 안도와 오만함에 젖어 있는 사이에, 경쟁자들은 이렇게 전열을 가다듬고 우리를 맹렬히 공략해오고 있는 것이다.

비메모리 분야 키워야 삼성이 산다

삼성전자는 누가 뭐래도 D램, 낸드플래시 분야의 세계 1위다. 그러나 비메모리시장에서는 후발주자나 다름 없었다. 비메모리시장은 전 세계 반도체시장의 70%를 차지하고 있는 거대한 시장으로, 현재까지는 미국의 인텔이 장악하고 있다. 결국 삼성을 비롯한 우리나라의 반도체업계가 진정한 반도체 왕국을 이루려면 비메모리시장을 장악해야 하고, 이것이 바로 삼성전자가 가야 할 방향인 셈이다.

삼성전자가 월등한 우위를 점하고 있는 메모리 반도체시장은 경기에 직접적인 영향을 크게 받고, 수요 공급의 부침도 극심하다. 언제나 만성적인 공급과잉으로 몸살을 앓는 반도체시장이 바로 메모리 분야다. 메모리 반도체 가격이 떨어지면 이는 고스란히 삼성전자의 매출 하락으로 이어진다. 그렇기에 삼성은 경기가 좋을 때는 수조 원의 이익을 냈다가 경기가 꺾이면 거액의 적자로 전락하는 천수답 영업을 쳇바퀴 돌듯이 반복해 오고 있다. 명색이 세계시장점유율 40%의 최대 공급자임에도 불구하고 마냥 시장에 끌려다니는 구조인 것이다.

시장 영향을 덜 받고, 안정적인 수익을 창출하기 위해서라도 삼성전자는 비메모리 반도체사업을 강화할 수밖에 없다. 반도체사업부 내의 제품 포트폴리오 조정이 시급하다는 지적은 오래 전부터 나왔었다. 그 래서 삼성전자는 메모리사업에 대한 집중을 줄이는 대신 비메모리 비중을 늘리고 전자에서는 D램보다 낸드플래시 등 부가가치가 높은 사업에 주력하겠다고 밝힌 상황이다.

사실, 삼성전자는 오래 전부터 이에 대한 준비를 해왔다. 노후화한 일부 메모리 반도체 라인을 LED나 시스템 LSI 등으로 돌렸다. 이 과정에서 메모리 반도체 인력 또한 비메모리 부문에 투입시켰다. 권오현 삼성전자 반도체 담당 사장이 파운드리사업을 차세대 성장 동력으로 육성하겠다고 밝혔듯이 미국 자일링스사와 비메모리 반도체 위탁 생산 계약을 체결하는 등 파운드리사업에서 일부 성과도 내고 있다. 파운드리사업이란 생산 능력이 없는 반도체 설계디자인회사의 주문을 받아 사양에 맞는 제품을 대신 생산해주는 것을 말한다.

현재 비메모리 반도체업체로서의 삼성전자의 입지는 미약하기만 하다. 비메모리 반도체의 경우 소프트웨어가 함께 동반되는 경우가 많은데, 삼성전자의 소프트웨어 개발 능력은 여전히 세계 수준에 한참 못 미치는 것이다. 소품종 · 대량생산방식의 메모리산업과 달리 다품종 · 소량생산방식의 시스템 반도체로의 이동이 아직은 인력이나 생산 인프라 측면에서 위력을 발휘하지 못하고 있는 것이다. 소프트웨어 분야가 약한 만큼 결국 휴대폰이나 LED용 반도체, 파운드리사업, 아날로그 반도체 등을 비메모리 핵심 분야로 키울 수밖에 없는 이유이기도 하다.

삼성전자가 택한 방법은 결국 완제품산업에 영향을 받을 수밖에 없는 반도체의 속성을 간파하고 TV, 휴대폰, PC 등 삼성전자의 세트사업 부문과 협력을 통한 융합형 신제품을 발굴하는 것이다. 철저하게 수요와 공급에 따라 가격이 결정되는 반도체의 한계를 뛰어넘는 것이 반도체 사업에서 진정한 세계 최고의 강자가 되기 위한 삼성전자의 과제인 셈이다.

렉서스와 올리브 나무는 어디로

2002년, 일본 요코하마에서 도로를 달리던 미쓰비시 트럭의 바퀴가 빠져 나가면서 때마침 사고 지점을 지나던 29세 여성이 숨지고, 두 아들이 크게 다쳤다. 미쓰비시는 즉시 자체 조사를 벌였고, 트럭 바퀴 축에 중대한 결함이 있다는 사실을 확인했다. 하지만 미쓰비시는 이를 은폐하기에 급급했다. 리콜에 따른 부담이 컸던데다 이 사건이 미치는 파장이 엄청날 것 같아 겁이 났던 것이다. 미쓰비시는 대신 운전자의 정비 소홀을 물고 늘어졌다. 정부 당국에는 바퀴축만 교환하면 안전에 문제 없다는 허위보고서를 제출했다.

하지만 일본 언론들은 1992년부터 2002년까지 미쓰비시 트럭에서 바퀴가 빠지는 사고가 33건이나 발생한 사실을 지적했고, 이에 따라 정부 당국은 추적에 들어갔다. 은폐 사실을 확인한 경찰은 결국 2004년 미쓰비시 전 회장 등 임직원 7명을 체포하고, 12만 대의 버스·트럭에 대해 리콜을 실시했다. 이 사건 이후, 미쓰비시는 과거의 위상을 되찾지 못하고 여전히 일본의 마이너 메이커 신세에 머물고 있는 형편이다.

독일 폭스바겐 그룹 산하의 고급차 브랜드 아우디는 1985년에 미국에서 출시한 대형 세단 5000이 급발진 사고를 일으켜, 운전자가 소송을 제기하는 바람에 막대한 피해를 입었다. 당시 현지의 비난 여론에 직면했던 아우디의 판매량은 하루아침에 바닥으로 추락했다. 1991년에는 1985년 판매량 7만 4,000여 대보다 83% 급락한 1만 2,000여 대에 그쳤다. 그때의 부정적 이미지는 한 세대가 넘게 아우디에게 검은 그림자를 드리웠다. 1980년대의 판매 수준으로 회복되기까지는 2000년까지 15년이란 시간이 걸렸다.

두 가지 사례는 다른 사건이지만 공통점이 있다. 운전자의 목숨이 담보로 걸린 자동차 사고로 인해 소비자들에게 뿌리 내린 부정적 이미지를 걷어내는 데는 상당한 시간이 걸릴 수 있고, 어쩌면 아예 벗어나지 못할 수도 있다는 무서운 교훈이다.

국제 자동차 전문 리서치기관인 HIS 글로벌인사이트의 존 볼코노비츠 애널리스트는 최근 블룸버그통신과의 인터뷰에서 도요타가 이번 리콜 사태를 극복하는 데는 최소 7년 이상의 시간이 걸릴 것이라며 혀를 찼다. 심지어 그는 어쩌면 한 세대에 걸쳐 영향을 미치게 될지도 모른다는 예언까지 서슴지 않았다. 토머스 프리드먼이《렉서스와 올리브나무》에서 세계화의 상징으로 칭송했던 도요타의 명품 브랜드 렉서스의 신화가 역사 속으로 사라져버릴지도 모르는 것이다.

지난 3년간 세계 정상에 오르며 줄곧 가속페달을 밟아 온 도요타의 브레이크가 고장 난 이유는 무엇일까? 이번 사태는 지나치게 빠른 속도로 해외사업 확장에만 치중하다가 도요타를 지탱해온 장인정신의 DNA인 모노즈쿠리를 잃어버렸기 때문이라는 분석이 가장 지배적이다. 일본 제조업의 자존심이었던 장인정신이 설 자리를 잃으면서 품질관리에 구멍이 뚫려버린 것이다. 부품 공통화와 현지화를 통한 원가절감으로 가격경쟁력을 강화시켜 판매량을 세계 1위로 올려놓았지만, 결국 제품 결함이 부메랑이 되어 도요타에게 되돌아온 것이다.

이번 사태는 도요타가 2006년에 미국 텍사스 주 샌안토니어 시에 세운 새 공장에서 신규 인력을 투입하여 만든 신 모델 툰드라가 제동장치 이상으로 리콜 대상에 오르면서 문제가 불거지기 시작했다. 2009년 11월부터 시작해서 불과 3개월 사이에 도요타가 바닥 매트와 가속페달 결함으로 리콜 조치에 들어간 차량 수는 연간 생산 대수인 700만 대를 훨씬 웃돈다.

이번 리콜 사태로 도요타가 입을 경제적 손실은 수조 엔대에 달하겠지만, 이보다 더 중요한 것은 천문학적 규모로도 땅에 떨어진 신뢰를 어떻게 회복할 수 있을까에 관심이 모아진다. 소비자들이 내릴 징벌은 수치를 산정할 수 없는 천문학적인 수준에 이를 것이기 때문이다.

그렇다면 글로벌 확장 전략의 저주에서 한국의 현대차도 자유로울 수 있을까? 도요타는 '도요타 웨이'라는 품질 신화를 만들어낸 대표적인 글로벌 제조업체로, 품질관리 시스템인 '가이젠(改善)'은 도요타의 오늘을 만든 닉네임으로 통한다. 현대차 역시 1999년 미국시장에 도입한 '10년, 10만 마일 무상 보증 프로그램'이라는 경영 전략 덕분에 당시 1%에 불과하던 시장점유율을 2009년에 7%까지 올렸다.

현대차의 성장 방식 또한 도요타와 무서울 정도로 닮은꼴이다. 양사 모두 글로벌시장에서의 판매 확대를 위해 생산공장을 급속히 늘리고 있다. 비용절감과 전략적인 현지화를 위해 부품과 인력을 현지에서 조달하고 있다. 2002년 14만 7,000대에 불과했던 현대·기아차의 해외 생산량은 2010년에는 243만 대로 늘어난다. 같은 기간 공장은 4개에서 11개로 늘어났다.

도요타가 해외 신규 공장의 급증으로 외국 부품업체에 도요타식 품질 관리 시스템인 가이젠을 철저히 요구할 수 없는 한계에 봉착했듯이, 현대차도 이 같은 문제에서 자유로울 수 없다는 결론이 나온다. 하지만 이러한 글로벌 생산 전략은 한국의 모든 글로벌 기업들이 추구하고 있는 것으로, 도요타의 고난을 보며 마냥 기뻐할 일이 아니라는 사실을 말해준다. 어떤 기업이든 도요타의 함정에 빠지지 말라는 보장이 없기 때문이다.

결국 글로벌 메이커들은 잠재적으로 시한폭탄 하나씩을 들고 사는 셈이다. 언제, 어디서든, 누구에게든 재연될 수 있는 비극과 다름없다. 현대차의 한 임원이 '밖에서는 현대차가 반사이익을 보는 것이라고 하겠지만 요즘 현대차 품질 담당 부서는 하루하루를 살얼음판에서 걷고 있다'고 털어놓은 것은 자동차시장의 냉엄한 현실을 토로한 솔직한 고백이라고 할 수 있다.

현대·기아차가 도요타의 전철을 밟지 않기 위해서는 이번 사태를 반면교사로 삼아 성장 위주의 글로벌 전략을 재검토할 필요가 있다고 전문가들은 지적한다. 양적 팽창과 단기적인 성과주의에 눈이 멀어 품질이라는 제조업의 기본 철학을 도외시한다면 제2의 도요타가 되지 말라는 법도 없기 때문이다.

도요타의 장점을 취하되 단점은 고치고 보완해 지혜로운 강자로 거듭나기 위해서는 현대차의 성장과 함께 가는 협력업체와의 상생도 외면하면 안 된다. 도요타는 2009년 말에 부품업체에 납품가격을 30% 이상 내리도록 요구했다. 엔고에 따른 경영 위기감으로 부품가격 억제를 통한 저가 차종의 가격 인하에 공격적으로 나섰던 것이다. 갑작스러운 가격 인하 요구로 도요타에 부품을 납품하는 업체들은 원자재 가격 인상과 더불어 이중고를 겪었다. 부품업체의 고통이 결국 원청업체인 도요타의 품질저하로 이어진 것은 볼 보듯 뻔한 일이다.

현대차 역시 내수시장 점유율이 80% 이상으로 독점하고 있어 부품업체와의 가격 협상에서 무한적인 권한을 행사하고 있다. 과도한 부품 단가 인하를 통한 가격경쟁력 유지는 불량 부품 납품으로 이어져 무서운 결과를 초래할 수 있다.

현대차가 이번 기회에 협력업체와 소비자들의 의견에 더욱 귀를 기울여야 한다는 목소리가 곳곳에서 나오고 있는 이유다. '열악한 부품업체 하청 문제를 개선하고 이들의 수익구조를 보장해주지 않으면 좋은 품질을 기대하기 어렵다(김필수 ; 대림대학 자동차학과 교수)'는 조언은 현대차가 가슴속에 담아야 할 충고가 아닐 수 없다.

잃어버린 600년을 되찾겠다는 중국 조선업체들

지금으로부터 600여 년 전인 1,400년대 초, 명나라의 환관 정화(鄭和)는 중국이 낳은 위대한 탐험가이자 탁월한 외교관이며 무역상이었다.

중국인들은 정화가 방대한 선단을 이끌고 7차례에 걸쳐 해상 원정을 펼쳤던 15세기 당시, 중국의 조선기술이 세계 최고였다고 자부하고 있다. 정화가 원정 항해에 나설 수 있었던 것, 그리고 거대 선박을 건조할 수 있었던 것은 세계 최고의 조선기술이 있었기에 가능했을 것이기 때문이다.

정화가 세계를 항해했을 당시, 그가 지휘하는 선박 가운데 가장 큰 것은 콜럼부스의 산타마리아호보다 100배나 큰 규모였다고 한다. 길이 150m, 폭 62m에 2,500톤의 초대형 화물을 실을 수 있는 어마어마한 규모로 알려져 있다. 그때로부터 600년이 지난 오늘, 잃어버린 세월의 자존심을 회복하겠다는 중국인의 기세가 점점 거세지고 있다.

글로벌 금융위기 이후 해운 및 조선업계가 처한 심각한 위기를 기회로 삼겠다는 중국의 의지는 무서울 정도다. 중국은 2015년이면 한국을 제치고 조선업 1위에 오를 것이라고 선언했다. 명나라 때 정화가 누렸던 세계 최고의 조선력을 5년 내에 재연하겠다는 각오를 다지고 있는 것이다.

100여 년의 역사를 지닌 장난(江南) 조선그룹의 궁한밍 서기는 2009년 말 상하이에서 한국 기자들과 만난 자리에서 2015년이 되면 중국은 한국을 누르고 세계 제 1위의 조선강국이 될 것이라고 밝혔다. 그의 말에는 오만하면서도 세계 조선시장을 선도해온 우리의 간담을 서늘하게 하는 의지가 담겨 있었다.

"수주가 2012년까지 모두 차 있는 상태로, 중국의 조선업계는 금융위기에도 타격받지 않고 날로 성장을 거듭하고 있다."

장난조선은 1865년 청조 대에 설립된 장난기계제조총국이 모체로, 중국 500대 기업 중 하나다. 그는 현재 기술면에서는 한국보다 5~8년 뒤떨어진 상태지만, 그동안 최신 기술을 흡수하면서 비약적으로 발전하고 있다고 자신 있게 말했다. 이 정도 속도라면 몇 년 내에 세계 조선업 1위에 오르는 것은 시간문제라는 것이다.

궁한밍 서기의 예언이 현실화되고 있는 것일까? 실제로 2009년 한국은 수주량과 수주 잔량에서 처음으로 중국에 역전당했다. 중국 조선업의 이 같은 성과는 세계 조선업이 경기침체의 직격탄을 맞아 전년도보다 80% 이상 발주가 급감한 상황에서 보여준 선전이었다.

조선 · 해운 분석기관인 클락슨의 2009년 자료를 보면, 우리 조선업계의 연간 선박 수주량은 315만 4,721CGT(표준 화물선 환산 톤수 · 점유율 40.1%)로 349만 2,435CGT(44.4%)를 기록한 중국에 이미 추월당했다. 척수로도 한국은 113척을 수주해 191척을 따낸 중국에 뒤졌다.

수주 잔량에서도 2010년 첫날 기준으로 5,283만 8,998CGT(점유율 34.7%)로 집계되어 5,322만 5,664CGT(34.9%)의 잔량을 기록한 중국에 밀려나는 수모를 겪었다. 중국이 월간 기준으로 2009년 6월 이후 8개월 연속 한국을 앞서고 있는 것이다.

우리 업체들이 수주 가뭄에 시달리는 상황에서, 세계 1위인 한국 조선업의 위상이 흔들리고 한국과 중국 간에 조선업 역전 현상이 본격화되는 게 아니냐는 우려가 나올 법하다. 2000년 2월 일본을 제치고 10년간 정상을 지켜온 한국 조선업이 세계경제 위기 이전까지 연평균 13%의 성장세를 이룬 기록은 이미 과거지사가 되어버렸다.

이런 현상은, 심하게 표현하면 1등에 취한 우리 조선업의 오만함이 묻어난 것일지도 모른다. 중국의 급성장은 저가 수주 전략 덕분이기는 하지만, 중국정부의 대대적인 지원책이 합세했다. 특히 요즘 같은 어려운 환경에서 선박 수주의 최대 관건은 선박 금융이다. 중국 내 발주 선박은 모두 중국 조선소에 맡겼고, 국영은행은 중국 조선소에 발주하는 선박에 대해 상당한 대출까지 전폭적인 지원 사격을 아끼지 않고 있다. 정부와 업체가 하나가 되어 '조선입국'이라는 목표를 향해 나아가고 있는 것이다.

중국 발 충격은 곧 한국의 조선산업에겐 위기가 맞지만, 정작 조선업체들은 대수롭지 않다는 분위기다. 업체들은 중국의 선전이 벌크선 등 값싼 상선 등을 많이 수주했기 때문이라고 입을 모으고 있다. 국내업체들은 수주량이 아닌 고부가가치의 선박 수주에 신경을 쓰겠다는 입장이다.

하지만 이것은 또 하나의 오만일 수 있다. 중국 조선업의 빠른 추격에 경계의 고삐를 늦추고 있다가는 일본이 한국에 1위 자리를 내줬듯이 다음 세대에 중국에 그 자리를 내놓게 될지도 모를 일이기 때문이다. 중국은 2015년을 한국 조선업과의 기술격차 '제로(0)'의 원년으로 삼고, 정책적으로 조선업 육성에 전력을 쏟아 붓고 있다. 현재 한국과 중국 조선업의 기술 격차는 5년까지로 좁혀져 있다.

중국 조선업이 수주 잔량에서 한국을 추월할 것이라는 예상은 오래 전부터 나왔다. 만약 한국 조선업이 물량이 아닌 LNG선이나 해양플랜트선 등 고부가가치 선박으로 눈을 돌리는 시점을 조금이라도 늦추면 1

등 조선국의 위상은 당장이라도 날아갈 수 있다. 이런 상황에서 위기의 해운 및 조선업을 위해 정부가 적극 나서야 한다는 지적이 나오고 있다. 다행히 국회 국토해양위원회는 '해운 및 조선산업 발전 결의안'을 만장일치로 채택하여 작금의 현실을 직시하기 시작했다.

무엇보다 중국의 사례에서 보듯 세계적인 수주 가뭄 현실에서 조선업체들이 고부가가치 선박 기술의 개발에 더욱 힘써야 하며 정부는 자금에 목말라 있는 선주들을 끌어들이기 위해 선박 금융 집행을 위한 장치를 마련해야 한다는 여론도 높아지고 있다.

세계시장을 선점해온 1등 조선은 지금 위기이자 기회인 기로에 서 있다. 오만함에 젖어 우리에게 1등을 내준 일본의 전철을 밟느냐, 새로운 기술을 통해 재도약의 발판을 마련하느냐, 세계 1등을 구가해온 우리의 조선산업은 지금 분기점에 놓여 있다.

4장

Why Japan?
Where Korea?

주식회사 대한민국은 지금 어디로 향하고 있나? 지금 우리는 '한국판 잃어버린 10년'이 없으리라고 장담할 수 있을까? 일본경제의 추락을 보면서 대다수 한국인은 야릇한 쾌감을 느끼고 있을지 모른다. 가슴 속에 깃들여 있는 일본에 대한 한국인들의 내면의 질시는 오랫동안 이어온 정치사회적 반목과 어우러져 갈등의 골을 키워왔다. 그런 우리들에게 일본이 겪고 있는 경제적 고통은 극단적으로 표현해서 카타르시스적 감흥까지 불러온다고 털어놓는 사람도 있다.

하지만 지금 한국의 현실은 그러한 정서적 포만감에 젖어 있을 만큼 한가롭지 못하다. ㉠대한민국의 현실을 비춰보면, 지금 일본이 겪고 있는 고통은 10년 후 우리의 모습을 거울 속에 투영하고 있는 듯한 섬뜩한 느낌마저 들게 한다. 그만큼 우리의 모습은 일본이 현재 겪고 있는 추락과 너무나 흡사한 궤적을 그리고 있기 때문이다.

역설적인 표현일 수 있지만, 지난 2007년 대선 당시 야당이었던 한나라당이 선거전의 모토로 당시 집권 여당인 민주당 정권을 향해 '잃어버린 10년'이라고 칼날을 세웠던 것이 어쩌면 적합한 표현일지도 모른다. 지난 세월 일본이 밟아왔던 고통의 과정을 그대로 닮은 한국의 사정을 하나하나 짚어 보자.

저성장의 늪에 빠져드는 ㈜대한민국

우리 경제는 지난 10년 동안 극심한 부침을 겪어왔다. 환란과 글로벌 금융위기로 대변되는 두 차례에 걸친 미증유의 경제적 고비를 세계가 놀랄 정도로 빠르게 극복해냈다지만, 이후의 상황은 우리 스스로도 창피할 정도로 극심한 부침을 겪어왔다.

당장 표면적으로 드러난 성장률이 그것을 극명하게 보여준다. 참여정부 초기인 지난 2003년 우리나라의 GDP성장률은 3.1%로 미끄러졌다. 이어 이듬해인 2004년에 4.7%를 기록하더니 2005년에는 4%로 다시 주저앉았다. 이후 2006년과 2007년 5.2%, 5.1%의 성장세를 기록했다지만 같은 기간 세계경제가 활황세를 보였던 점을 감안하면 초라하기 이를 데 없다. 참여정부의 업적 중 하나로 1인당 국민소득 2만 달러 돌파를 내세우지만 전 세계적인 호황의 기운을 감안하면 그리 자랑만 할 일은 아니다.

저성장을 지속하면서 우리 경제의 체질 또한 현저하게 쇠약해져 갔다. 한 나라의 경제성장 능력을 보여주는 잠재성장률은 5%대에서 어느덧 3% 수준으로 내려앉았다. 국회 예산정책처가 2009년 12월 말에 내놓은 〈글로벌 금융위기와 한국의 잠재성장률〉이라는 보고서에는 이 같은 한국의 위기 상황이 극명하게 드러나 있다.

이 보고서는 글로벌 금융위기에 따른 경기침체의 여파로 앞으로 5년(2009~2013년) 동안 한국의 잠재성장률이 3.7% 수준에 머물 것이라고 내다보고 있다. 이전까지 간신히 4% 초중반을 유지했던 것이 3%대의 저성장 국면으로 빠져든다는 것인데, 우리나라의 경제적 실력이 그만큼 떨어졌다는 얘기가 된다. 올림픽과 월드컵을 주최하면서 세계 속의 한국이라는 자부심을 잔뜩 품고 살았지만 한국의 경제적 실속은 오히려

• **한국의 잠재–실질 GDP 추이**(단위 : 조원)

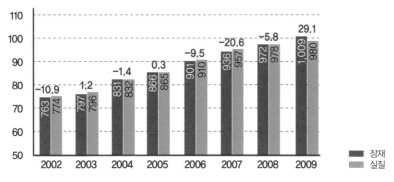

자료 : 삼성경제연구소

추락하고 있었던 셈이다.

이렇게 내려앉은 ㈜대한민국의 힘은 지난 2008년에 극명하게 드러났다. 글로벌 경제위기라는 파고에 휩쓸린 결과라고는 하지만 2008년의 성장률이 2.2%로 주저앉았고, 2009년에는 0.2%라는 사실상의 제로성장에 빠져들었던 것이다. OECD 국가 가운데 호주와 폴란드를 제외하고 플러스성장을 한 나라는 우리나라뿐이라고 자화자찬하지만, 이것은 우리만의 자족에 불과하다.

물론 우리의 성장률은 일본에 비하면 한참 낮다. 일본은 거품이 붕괴되고 잃어버린 10년에 들어서면서 사실상 성장률이 스톱되었다. '제로금리에 제로성장'이라는 말에서 극명하게 드러나듯 일본의 성장률은 바닥을 헤맸고 지금도 허우적대고 있다. 거품이 붕괴되기 시작한 1992년부터 2008년까지 일본의 연평균 성장률은 1%를 갓 넘었고, 저성장의 그늘은 앞으로도 상당 기간 이어질 게 분명하다.

하지만 일본과 절대적인 수치를 비교하기에는 한국의 경제적 상황이 처한 환경이 너무나 녹록하지 않다. 일본과의 경제적 격차만 놓고 봐도 비교 자체가 우습다. 저성장의 늪에 금방이라도 빠져들 것 같은 위기감, 이것이 바로 한국경제의 현주소다.

새로운 성장 동력의 상실

오늘의 한국 경제성장을 이끈 힘은 제조업에 있다. 자동차와 반도체를 위시한 IT와 조선 등 주력 사업이 그것이다. 그 중에서도 삼성과 LG

등 소수 대표기업들에 의해 한국이 컸다고 해도 무방하다. 한국의 세계화 역시 그들에 의해 이루어졌다.

미국의 경제전문지인 포브스가 지난 2009년 선정한 '세계 200대 기업 순위'를 보면 삼성전자가 47위, 포스코가 153위, 현대차가 196위에 올라 있다. 단순히 기업의 순위만이 아니다. 전 세계 안방으로 중계되는 영국 프리미어리그 경기에서 첼시의 메인 스폰서인 삼성과 풀럼의 LG 마크가 생생하게 보이는 모습을 보면서 국민들은 쾌감을 맛본다. 오죽하면 국내에서 정치적 논쟁에 매몰되었던 노무현 대통령마저 해외 순방 길에 공항에서 내리자마자 걸려 있는 우리 대표기업들의 간판을 보면서 기업들에게 경외 섞인 찬사를 보냈을까.

하지만 여기까지다. 우리의 산업은 지금 중요한 기로에 놓여 있다. 한국경제가 선진국에 비해서는 기술과 품질 경쟁에서, 후발 개발도상국

• **포브스 선정 200대 기업**(단위 : 억 달러)

순위	회사	매출	순익	자산
1	GE	1825	174	7977
2	로열더치셸	4583	262	2784
3	도요타	2634	172	3249
4	엑슨모빌	4257	452	2280
5	BP	3611	211	2282
12	중국공상은행	536	1116	11,880
47	삼성전자	1044	78	994
153	포스코	335	37	384
195	한국전력	308	15	864
196	현대자동차	737	17	890

자료 : 포브스

에 비해서는 가격 경쟁에서 밀리는 현상을 의미하는 넛 크래커(nut-cracker)라는 표현이 말해주듯이 한국의 기업들은 지금 중국과 일본 사이에서, 그리고 선진국과 개발도상국의 틈새 속에서 중대한 도전을 맞이하고 있다.

노동력이 우수한 중국과 인도 등 이머징 국가들에게 쫓기고, 자본과 기술력이 뛰어난 미국과 일본 등 선진국들의 본격적인 반격에 시달리고 있는 신세인 것이다. 일부 주력산업에서는 이미 중국이 우리의 턱밑까지 따라왔다.

한국의 이 같은 상황을 단적으로 보여주는 단어가 이른바 신(新) 샌드위치론이다. 일본의 경우 일부 주력 기업들이 세계의 도전에 시달리고 있다지만, 그들이 가진 저력은 여전하다. 특히 삼성과 LG에 글로벌 선두 자리를 내준 반도체와 LCD-TV 등 IT부문에서 일본업체들의 거센 반격은 상상을 초월할 정도다.

반격은 투자에서 나타나고 있다. 낸드플래시 세계 2위 업체인 도시바는 오랜 겨울잠에서 깨어나 2010년 상반기부터 일본 미에현에 있는 낸드플래시 생산공장에 최대 1,000억 엔을 투자하여 생산능력을 40% 이상 확대하기 시작했다. 도시바가 대규모 투자를 단행한 것은 2007년 이후 처음이다.

특히 D램 3위 업체인 엘피다의 반격은 섬뜩할 정도다. 2년여 만에 흑자를 기록하더니 시장점유율에서도 삼성전자의 몫을 잠식하며 2위인 하이닉스반도체와도 격차를 크게 좁혔다. 엘피다는 여세를 몰아 히로시마 공장에 올해 600억 엔을 투자하여, 65나노급 D램 생산라인을 45나노급으로 전환한다.

샤프는 올해 현존하는 최대 크기인 10세대 LCD 패널 생산량을 두 배까지 확대키로 하는 등 양산 경쟁에 본격적으로 뛰어들었다. 세계 TV시장에서 1996년 이후 삼성전자에 세계 1위를 내주었던 소니는 3D TV로 올해 TV시장 1위 탈환을 노리고 있다.

일본뿐만 아니다. 우리 전자업체의 또 다른 경쟁자인 대만의 반도체 업체들도 중국과 협력을 통해 우리 업체들을 압박하고 있다. 이른바 '차이완(중국+대만)'으로 상징되는 협공이다.

LCD 업계에서는 2009년 11월에 그동안 경영난에 허덕이던 세계 4위 LCD 패널업체인 치메이옵토일렉트로닉스(CMO)가 세계 최대 전자제품 위탁생산(EMS)업체인 폭스콘 계열의 이노룩스와 전격 합병하여 규모 면에서 세계 3위로 부상했다.

자동차 또한 마찬가지다. 일본이 주춤한 사이 중국 자동차업체들은 덩치 키우기를 통해 한국차를 위협하고 있다. 상하이차는 GM과 인도시장을 공동 공략하기 위해 1억 달러 규모의 합작 법인을 설립했다. 중국의 지리(吉利)자동차는 호주의 변속기업체인 DSI를 5,600만 달러에 인수한 데 이어 중국 국영투자회사와 함께 포드의 스웨덴 볼보 인수 작업을 진행하고 있다.

이동훈 삼성경제연구소 수석연구원은 〈2010년 5대 불안 요인〉이라는 보고서에서 이렇게 지적한다.

"중국과 일본기업들이 글로벌 경쟁력을 강화하면서 주력산업에서 한중일 3국간의 정면대결이 불가피해졌다. 3국 경쟁체제에서 승리하기 위해서 첨단기술과 시장 지배력을 일거에 획득할 해외 인수합병을 적극 활용하거나 신성장 영역을 발굴해야 할 것이다."

정작 문제는 경쟁국들의 추격이 아니다. 우리의 대표 기업들이 새로운 성장 동력을 찾지 못해 투자에 나서지 못하고 있는 상황이 지속되고 있다는 점은 국가 전체가 심각하게 고민해야 할 부분이다. 2009년 주요 대기업들의 현금성 자산을 보면, 이 같은 사실을 쉽게 확인할 수 있다.

국내 15개 상장 대기업들의 IR 자료를 분석해보면, 기업들이 보유한 현금성 자산 규모는 42조 823억 원인 것으로 집계되었다. 이는 2008년

• **15개 상장 대기업 현금성 자산 추이**(단위 : 원)

기업명	2008년 말	2009년 말
삼성전자	6조 6,000억	12조 4,000억 (+87.80)
현대자동차	5조 130억	7조 3,810억 (+46.80)
포스코	3조 7,720억	6조 7,450억 (+78.0)
SK 에너지	3조 6,211억	2조 1,268억 (−11.2)
GS 건설	8,030억	1조 4,870억 (+87.30)
삼성 SDI	1조 2,804억	1조 8,034억 (+40.84)
LG 전자	1조 2,100억	1조 100억 (−18.5)
대한항공	4,945억	7,180억 (+44.7)
하이닉스	3,900억	1조 3,290억 (+240.7)
현대제철	1조 1,240억	1조 9,820억 (+78.3)
기아자동차	1조 710억	1조 91,20 (+58.0)
SK텔레콤	8,090억	9,690억 (+7.7)
삼성전기	1조 088억	1조 838억 (+7.41)
현대모터스	1조 710억	7,770억 (−27.4)
NHN	3만 7,771억	3,913억 (+5.4)

자료 : 15개 개별 기업

( )은 전년대비 증감률. %

말 기준 현금성 자산 28조 6,807억 원에 비해 13조 4,016억 원(46.73%)
이나 늘어난 것이다. 글로벌 금융위기로 기업들이 잔뜩 움츠린 결과이
기는 하지만, 기업들의 현금 보유량이 외환위기 이후 지속적으로 늘어
났던 점을 감안하면 이런 상황을 간단하게 넘어가기엔 문제의 심각성이
매우 크다.

특히 최대 기업인 삼성전자의 현금성 자산은 12조 4,000억 원으로
2008년 말의 6조 6,000억 원에 비해 5조 8,000억 원이나 늘었다. 무려
87.88%가 증가한 것이다. 이런 규모는 최대 호황으로 7조 원대 현금성
자산을 보유했던 2003~2004년에 비해서도 훨씬 많은 금액이다.

현대차도 7조 3,610억 원으로 전년도의 5조 130억 원보다 2조 3,480
억 원(46.84%) 늘었으며 포스코도 6조 7,540억 원으로 전년도의 3조
7,720억 원에 비해 2조 9,820억 원(79.06%)이 증가했다.

이렇듯이 기업들이 보신에 급급하고 새로운 성장 분야를 찾지 못한 채
현금만 쌓아 놓고 있는 사이에, 경쟁국들은 본격적인 투자에 나서는 상
황이다. 이것은 분명 ㈜대한민국이 직면한 가장 큰 위협이 아닐 수 없다.

재정 확대의 함정

한국은 그동안 참 운이 좋았다. 전 세계를 괴롭히고 있는 국가부채의
문제에서 비교적 자유로웠기 때문이다. 전 세계를 휩쓸었던 글로벌 금
융위기 속에서 가장 빨리 회복할 수 있었던 것도 재정의 건전성이 다른
나라에 비해 양호했고, 이를 바탕으로 과감하게 재정 확대 정책을 펼쳤

기 때문이다.

반면에 일본은 잃어버린 10년에서 재정이 고갈된 데 이어 지금은 어느 나라 못지않은 재정 악화에 시달리고 있다. 2010년 3월 말로 끝나는 2009년 회계연도 기준에 따르면, 일본은 전후 최초로 세수(37조 엔)보다 국채 발행(54조 엔)이 커졌다. 나라 살림이 세금보다 빚에 더 의존하고 있다는 의미다.

하지만 한국과 일본의 대조되는 이런 상황이 영원히 지속될 것이라고 보는 것은 분명 오판이다. 한국의 재정, 즉 나라 곳간에도 비상등이 켜지고 있기 때문이다. 2010년 봄의 문턱에 들어서기 전에 국가 재정으로 또 다른 위기의 도화선 역할을 하는 포르투갈, 이탈리아(또는 아일랜드), 그리스, 스페인 등 이들의 앞 글자를 딴 이른바 '피그스(PIGS) 국가군'의 위협적인 상황이 우리에게도 결코 먼 나라 얘기가 아니라는 것이다.

• 우리나라 국가채무 추이(단위 : 조 원)

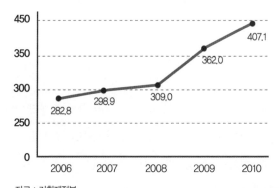

자료 : 기획재정부

2009년 잠정치, 2010년은 전망치임

그렇다면 ㈜대한민국의 나라 곳간 살림은 어떤가? 한국은 지난 2009년 30조 원에 달하는 사상 최대 규모 추가경정예산안의 극약 처방으로 침체에 빠져드는 경기를 일으켜 세우는 데 성공했다. 하지만 늘어난 나랏빚은 초읽기에 들어간 시한폭탄처럼 눈앞으로 다가오고 있다.

　정부는 우리나라의 재정이 선진국에 비해 튼튼한 만큼 재정 적자에 따른 경제위기 가능성은 거의 없다고 강조한다. 국제통화기금(IMF)에 따르면 2009년 우리나라의 재정 적자는 GDP 대비 2.8%에 불과하다. 그리스(12.7%), 포르투갈(9.3%) 등과 비교해보면 6분의 1 수준에 불과하다. 우리나라의 GDP 대비 국가부채 비중도 지난해 35.6%로 주요 20개국(G20) 평균인 75.1%에 비해 아직은 월등하게 낮다. 게다가 재정 건전성 강화를 위해 2009년 본예산은 지난해보다 9조 원이나 줄인 292조 8,000억 원으로 책정했다.

　그렇다고 정말로 안심할 수 있을까? 추세를 보면 절대 그렇지 않다. 외환위기 직후 93조 6,000억 원이었던 국가부채는 지난 2009년 362조 원(잠정치)으로 10년 사이에 무려 4배가 늘었다. 2005년(28.7%)부터 2009년(30.1%)까지 28~31%에 머물던 GDP 대비 국가부채 비율은 35.6%까지 치솟았다. 정부의 재정 운용 계획에 따르면 2010년에도 국가부채는 40조 원 가까이 증가해서 407조 1,000억 원 수준에 이를 것으로 예상된다.

　2008년에 52조 원이었던 국채 발행액은 2009년 세수 부족을 메우기 위해 발행을 늘려 무려 63.4%가 증가한 85조 원을 기록했다. 지나치게 빠르게 국가부채가 늘고 있는 셈이다.

나랏빚이 이렇게 빠르게 늘어나는 이유는 어찌 보면 당연하다. 지난해 글로벌 경제위기 이후 정부가 경기부양을 위해 막대한 돈을 쏟아 부었기 때문이다. 여기에 대규모 재정이 투입되는 대형 국책공사를 줄줄이 추진하는 것도 국가부채 증가에 영향을 미치고 있다. 이명박 정부가 들어서면서부터 추진 중인 굵직한 국책공사만 해도 세종시 건설(12조 원), 4대강 개발(22조 4,000억 원), 새만금 개발(21조 원) 등으로, 이들 모두 엄청난 재정을 필요로 한다. 이런 점을 반영하듯, 국회 예산정책처는 우리나라의 국가부채 증가 속도는 OECD 국가 중에서도 가장 빠르다며 국가부채 수준을 안정적으로 관리하기 위한 대책 마련이 필요하다고 지적하기도 했다.

'빚의 함정'은 또 있다. 바로 공공기관들의 숨겨진 부채가 그것이다. 이것은 국가부채의 논란이 나올 때마다 항상 뜨거운 감자처럼 불거지는 요인이다. 공공기관의 부채는 정부의 공식통계에 빠져 있다. 이것은 국민을 속이는 일로, 공공기관의 사업에 차질이 생겨 부실화되면 언제든 국민의 세금으로 메워야 하므로, 이 또한 엄연한 국가부채다.

공공기관의 부채는 2008년에 320조 원에서 2009년 377조 원, 2010년에는 446조 원에 달할 것으로 예상된다. 2011년에는 512조 원으로 늘고, 2014년에는 617조 원에 달할 것으로 보인다. 공공기관의 부채 증가는 결국 부실로 이어지고, 이를 국민 세금으로 메워야 하는 악순환의 고리가 될 수도 있다.

정부의 직접적인 보증채무와 함께 국가 예산으로 메워야 할 공기업 확정 채무, 공적 연금 부족분, 손실 보전 약정, 민자유치사업(BTL) 미지급금도 모두 나랏빚이다. 통계에 잡히지 않는다고 나 몰라라 할 단계는 아닌 것이다. 삼성경제연구소가 2010년 2월 10일 내놓은 〈국가 채무의 재조명〉이라는 보고서는 이런 점에서 많은 것을 시사한다. 삼성경제연구소는 보고서에서 2040~2050년이 되면 우리나라도 나랏빚이 GDP의 90%를 넘어 재정 위기를 맞을 수 있다고 전망했다.

"정부 예상대로 균형 재정이 이뤄지더라도 연금과 의료비 등 고령화의 영향을 받는 재정 지출이 늘어 2050년이 되면 재정 적자가 GDP의 10%에 이르고, 국가부채는 GDP의 91%에 달할 것이다."

정부는 2013년까지 관리 대상 수지(통합재정수지에서 국민연금 등 사회보장성 기금을 제외한 재정수지)의 적자가 GDP의 마이너스 0.5%로 축소되어 균형재정을 달성할 수 있을 것으로 예상했지만, 상황은 그리 단순하지 않다는 것이다. 삼성경제연구소는 특히 '정부 예상과는 달리 적자가 만성화하면 재정 위기 시점이 10년 앞당겨져 2040년에는 국가부채가 GDP의 92%에 달하고, 2050년에는 이 비중이 111.6%까지 높아질 것'이라고 예측했다.

삼성경제연구소는 따라서 재정을 보수적으로 운영하여 국채 조기 상환을 확대하고, 장기적으로 공공연금 수급 개시 연령을 늦춰야 한다며 만기 10년 이상의 장기 국채를 늘려 국채시장을 다양화하고 연기금 등이 국채를 오래 보유할 수 있도록 해야 한다고 주문했다.

나랏빚에 대한 보고서 중 반드시 짚어볼 또 하나의 보고서는 현대경제연구원이 내놓은 〈일본 국가 재정 악화의 교훈 – 한일 간의 유사점과 대책〉이다. 이 보고서는 다음과 같이 지적하고 있다.

"일본은 장기불황 결과 재정 적자가 10년간 4.5배 이상 확대되어 2009년 3월 말 현재 국가부채가 778조 엔으로 GDP 대비 148%에 이른다. 한국도 일본의 국가 재정 악화 과정을 그대로 답습할 가능성이 높다."

현대경제연구원의 보고서는 한국이 일본의 재정을 닮아가고 있는 이유로 여섯 가지를 들었는데, 이 중 가장 눈에 띄는 부분이 감세로 인한 세수 축소다. 경제위기에 직면하면서, 일본은 1990년대 경기부양을 위해 대대적인 감세 조치를 단행했다. 현대경제연구원의 보고서를 보면 일본은 1994년과 1998년에 각각 소득세에 대한 특별 감세 조치, 1999년에는 소득세의 정률감세 조치를 연이어 단행했다. 이어 1998년에는 법인세율을 37.5%에서 34.5%로 인하했고, 1999년 다시 30.0%까지 인하했다.

그러자 당연히 세수는 급격하게 쪼그라들었다. 1991년에 26조 7,000억 엔에 달하던 소득세는 1999년으로 접어들면서 15조 4,000억 엔까지 감소했고, 1989년에 19조 엔이던 법인세는 2003년에 9조 8,000억 엔으로 하락했다. 한국정부의 최근 정책 구사 상황을 보면, 일본의 이런 모습을 조금씩 닮아가고 있음을 확인할 수 있다.

이명박 정부도 경기부양을 명분으로 출범 이후 대대적인 감세 정책을 쓰고 있다. 현행 6~35%인 소득세율을 6~33%로 낮추고, 법인세율은 11~22%에서 10~20%로 내리겠다고 밝혔다. 뿐만 아니라 임시투자세액공제를 비롯한 다양한 투자 유인책을 펼쳤고, 개인에 대해서도 경기부양과 서민 살리기를 명분으로 하는 감세 정책을 대거 수행했다. 현대경제연구원은 이에 따라 2009년에만 11조 2,000억 원의 세수가 부족할 것으로 예상했다.

이 보고서에서 또 하나 주목할 부분이 바로 지방재정이다. 일본의 지방재정은 기본적으로 세출이 세수보다 많기 때문에 중앙정부의 지방교부세, 지방양도세, 지방특별교부세 등에 의존할 수밖에 없다. 중앙정부의 살림 악화가 지방으로 직결될 수밖에 없는 셈이다. 현대경제연구원의 보고서에 따르면 일본 지방자치단체를 대상으로 한 경상수지 비율은 1990년에 최빈치가 70~74%였던 데 반해서 2003년에는 85~89%로 악화되었다.

한국의 지방정부 또한 나날이 살림살이가 나빠지고 있다. 참여정부 당시만 해도 종합부동산세가 큰 도움을 주었지만 이명박 정부가 들어서며 종부세 부담을 완화하면서 지방교부세가 현저하게 줄어들었다. 현대경제연구원의 보고서에 따르면 우리나라의 지방재정자립도는 2004년에 57.2%에서 2009년에는 53.6%로 하락했다. 특히 지역 간 재정의 불균형 현상도 심화되어 2009년 서울의 재정자립도는 92.0%에 달하지만 전라남도는 19.4%에 불과하다.

이런 점들을 종합적으로 감안하면 주요 선진국들이 국가채무 수준관리를 위해 목표치를 설정하여 운용하고 있는 만큼 우리나라도 하루빨리 국가채무의 규모와 관련된 목표치를 설정하고, 이를 준수해야 할 필요성이 커지고 있다고 볼 수 있다. 아울러 필요한 세출을 줄이는 등 재정운용의 효율성을 늘리고, 국내경제의 20%에 달할 것으로 추측되고 있는 지하경제에 대한 세원 확보 노력 등 세원 확충이 필요하다는 결론이 나온다.

현실로 다가온 ㈜대한민국의 고령화

일본의 고령화 문제는 세계 최고 수준일 만큼 심각하다. 1990년대로 들어서면서 15~64세의 생산 가능 인구 비율이 정점을 찍으면서 경제도 내리막길로 들어섰다. 인구의 고령화가 경제의 쇠락에 직결됨을 보여주는 명백한 사례다. 그렇다면 한국은 어떤가? 전문가들은 한국 또한 고령화 문제가 재앙이란 표현이 옳을 정도로 심각한 수위에 다다르고 있다고 지적한다. 정부가 나서서 저출산 고령화 문제를 해결하기 위해 다양한 방책을 내놓고 있지만, 위험수위는 갈수록 높아지고 있다.

지진(earthquake)에 따른 자연재해에 빗대어 영국의 고령화 전문가인 폴 윌리스가 인구구조의 변화가 초래하는 사회경제적 충격을 '인구 지진(Agequake)'이라고 칭한 것처럼 한국 또한 인구 지진의 늪으로 점점 빠져들고 있는 셈이다.

실제로 대한민국에는 지금 지진에 비유될 정도로 무서운 저출산과 고령화의 악령이 다가오고 있다. 1960년대에 6명이던 출산율은 2008년에 1.19명으로 곤두박질쳤다. 가히 세계 꼴찌 수준이다. 고령화 속도는 더하다. 초고령사회로의 진입 예정 기간은 불과 26년으로, 프랑스(156년)보다 6배나 빠르다. 역사상 유례가 없는 일이다. 이렇게 되면 일할 사람이 급격하게 줄어들어 성장률은 추락하고, 노인부양비로 재정 부담이 커져 국가 경쟁력은 급격하게 떨어질 것으로 보인다. 당장 노동력의 주축인 30~40대는 이미 2006년부터 감소하기 시작했고 베이비붐 세대는 곧 은퇴 시점을 바라보는 등 인구 재앙의 시계는 째깍째깍 돌아가고 있다.

국내외 전망 기관에서 내놓는 대한민국의 인구 리포트는 충격적이다.

최근 유엔이 예상한 2005~2010년 우리나라의 합계 출산율은 1.13명으로, 세계 평균(2.56명)의 절반에도 미치지 못한다. 선진국(1.64명)은 물론 저출산의 대명사인 유럽(1.50명)보다도 현저히 낮다. 이렇게 세계 꼴찌 수준의 저출산 현상은 결국 급격한 인구 감소로 이어질 것이라고 유엔은 경고한다. 대한민국 인구는 2018년을 정점으로 감소하기 시작해서 2050년에는 640만 명이나 줄어든 4,234만 명을 기록할 것으로 예상된다.

이 같은 인구 감소율(-13.1%)은 OECD 회원국 중 일본 · 폴란드 · 독일에 이어 네 번째로 높다. 인구 순위도 현재 26위에서 46위로 20계단이나 추락하게 된다. 심지어 이 같은 저출산율이 지속된다면 100년 뒤에는 인구가 반 토막이 나고, 200년 후에는 50만 명의 초미니 국가로 전락하게 될 것이라는 아찔한 보고서까지 나왔다.

고령화 전망은 더욱 충격적이다. 통계청은 인구 감소와 함께 고령화가 진전되면서 2016년부터 유소년 인구(0~14세)보다 65세 이상의 노인 인구가 더 많아질 것으로 내다봤다. 무엇보다 우리나라의 고령화 추세는 세계에서 유례를 찾아보기 어려울 정도로 빠른 속도로 진행되고 있다는 점에서 충격적이다. 2018년에는 고령화사회로 진입하고, 2026년에는 초고령사회에 도달할 것으로 관측되고 있다. 고령화에서 초고령으로 넘어가는 기간이 불과 26년으로, 이는 일본(36년)은 물론 독일(77년), 프랑스(156년), 미국(94년) 등을 뛰어넘는 엄청난 속도다.

이런 속도로 2050년에 들어서면 65세 이상 인구가 2010년 11.0%에서 38.2%로 껑충 뛸 것이라고 유엔은 전망한다. 충격적인 인구 감소와 고령화는 우리 사회가 과거에 경험해보지 못한 재앙의 모습을 초래할

- **합계 출산율 및 출생아 수 추이**(단위 : 명)

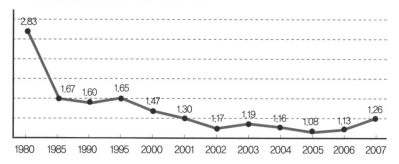

- **고령화의 추이 및 전망**(단위 : %)

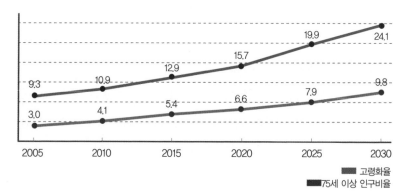

- **인구구조 변화 전망**(단위 : %)

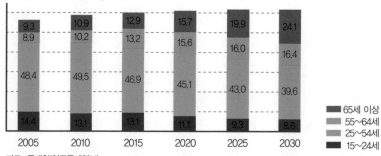

자료 : 통계청(인구통계연보)

것이라는 경고가 속속 나오고 있다.

통계청에 따르면 생산 가능 인구(15~64세)는 2016년(3,619만 명)부터 감소하여 2050년에는 현재의 3분의 2 수준인 2,242만 명까지 떨어진다. 특히 노동력의 주축인 30~40대는 이미 2006년부터 줄어들기 시작했다. 경제학자들은 고령 인구가 1% 늘어나면 성장률이 0.04% 줄어든다고 보고 있다. 이런 분석을 따른다면, 우리나라의 잠재성장률이 3~4% 수준에서 1%대로 추락하는 것은 시간문제라고 할 수 있다.

더욱 심각한 것은, 그동안 교육 · 주택 · 노동 등 각종 시장에서 수요를 증폭시켰던 베이비붐 세대의 은퇴가 5~10년 내에 시작될 것이라는 점이다. 이는 우리 경제사회가 내수 위축, 노동력 부족 등으로 구조적 침체를 겪게 될 수밖에 없다는 뜻이다.

일본의 경우 1990년대 초반부터 베이비붐 세대의 은퇴와 함께 잃어버린 10년이 진행되었다. 시사주간지 이코노미스트는 미국 역시 최근 부동산시장 불황의 원인은 1946년 이후 태어난 7,500만 명의 베이비붐 세대가 60대에 접어들면서 주택 매도자로 전환되었기 때문이라고 분석

• **서울시 신생아 수 추이**(단위:명)

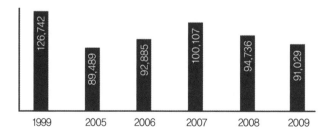

1999	2005	2006	2007	2008	2009
126,742	89,489	92,885	100,107	94,736	91,029

자료 : 서울시

하기도 했다.

인구구조의 충격은 노인 부양비의 급격한 증가로 이어져 결국 국가 재정에 큰 부담이 될 수밖에 없다. 국제통화기금(IMF)은 한국의 노인부양비가 2010년의 15%에서 2050년에는 72%로 급증할 것으로 예측했다. 통계청은 군 입대 자원자도 2012년(37만 명)을 기점으로 급감해서 국방 개혁이 불가피하고, 주택 수급 계획도 재검토해야 한다고 분석했다.

인구 문제에 대한 해법은 다양하다. 그 중 정부와 전문가들이 주문하는 해법 중 하나가 바로 이민이다. 대한민국의 이민 빗장을 풀어헤치는 것이다. 2010년에서 2050년 사이에 전체 인구는 600만 명 정도 감소하지만 생산 가능 인구는 1,300만 명 이상 줄어들어, 고령자와 여성 인력 활용으로는 한계가 있기 때문에 장기적으로 이민자를 받아들여 문제를 해결해야 한다는 것이다. 고령화 문제는 이처럼 순수 백의민족이라는 오랜 대한민국의 혈맥에도 변화를 가져오고 있다.

부동산 버블의 붕괴가 다가오고 있다

일본경제의 몰락은, 1985년의 플라자 합의로 돌아간다는 게 전문가들의 공통된 의견이다. 미국 경기 회복을 위해 엔화의 평가절상, 즉 엔고시대가 찾아오면서 일본기업들의 수출이 벽에 부딪히기 시작했던 것이다. 일본정부가 그 타개책으로 찾은 것이 내수 부양이었다. 일본정부는 대놓고 중앙은행인 일본은행에 기준금리를 내리라고 압박했다. 일본 중앙은행은 세계적으로도 독립성이 보장되지 않는 금융기관 중의 하나

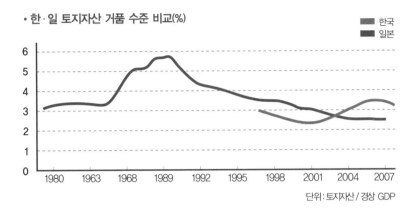

• 한·일 토지자산 거품 수준 비교(%)

■ 한국
■ 일본

단위 : 토지자산 / 경상 GDP

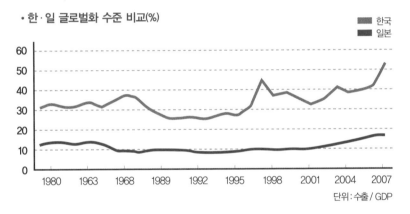

• 한·일 글로벌화 수준 비교(%)

■ 한국
■ 일본

단위 : 수출 / GDP

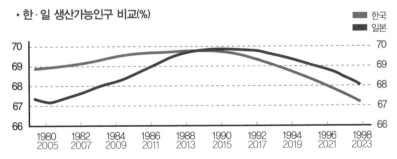

• 한·일 생산가능인구 비교(%)

■ 한국
■ 일본

자료 : LG경제연구원

로, 독립성 면에서 본다면 한국은행보다도 아래다.

일본은행은 결국 기준금리를 1985년의 5%에서 불과 2년 만에 절반 수준인 2.5%로 낮췄다. 저금리는 자금 흐름에 엄청난 변화를 몰고 왔다. 자산시장에 일대 지각 변동이 생긴 것이다. 자산 중에서도 금리에 가장 민감한 것이 땅값이다. 저금리를 타고 돈을 빌린 일본인들은 곧바로 땅을 사들이기 시작했고, 결과적으로 일본의 땅값은 플라자 합의 이후 5년여 만에 4배나 뛰었다.

1986~1990년 사이엔 엔화가치 상승과 저금리, 기업들의 과도한 설비투자가 계속되면서 부동산가치는 한때 GDP의 5.5배까지 확대되었다. 일본 자산 가격 거품이 최고조에 달했을 때, 명목 GDP 대비 닛케이 225 주식 시가총액은 150%를 웃돌았다. 일본은행은 결국 1989년에야 뒤늦게 기준금리를 올리는 등의 긴축 정책을 펼쳤지만, 그로 인한 결과는 참담했다. 주가가 폭락하고 부동산 값은 급락하는 등 그동안 한껏 부풀어 올랐던 자산시장의 버블이 급격하게 꺼지기 시작했던 것이다. 거품이 붕괴되면서 일본의 부동산 가격 지수는 고점 대비 절반 수준으로 내려앉았다.

버블의 붕괴는 금융기관의 부실로 이어지고, 이는 다시 대출 억제와 내수 붕괴 등 침체의 곡선을 그리기 마련이다. 이른바 일본의 장기침체가 본격적으로 촉발되기 시작한 것이다. 일본정부가 1990년대 중반에 대규모 재정을 투입하고, 금리를 또 다시 내렸지만 이번에는 경기침체보다 끔찍한 디플레이션, 즉 물가 하락과 경기침체가 동반하는 상황이 도래하고 말았다.

1999년 말 당시 일본의 가계 금융자산은 1,400조 엔으로 현금·예금 등 저축성 자산이 750조 엔에 달했음에도 죽은 경기는 좀처럼 살아날 기미를 보이지 않았다. 기업은 투자를 하지 않고, 개인은 저축만 하는 상황이 만들어진 것이다. 이른바 돈을 풀어도 돈이 돌지 않는 유동성의 함정에 빠져든 것이다.

결국 일본경제는 잃어버린 10년이라는 악몽 속에 빠졌고, 1990년대 연평균 성장률은 1.7%에 그치고 말았다. 부동산을 중심으로 한 자산 버블의 붕괴에서 비롯된 일본경제의 침몰을 떠올리면서, 그렇다면 한국은 어떤지 생각해보지 않을 수 없다.

한국 역시 끔찍한 부동산 버블의 악몽 속에 빠져든 적이 있고, 그 상처는 여전히 치유되지 않고 있다. 한국의 부동산 버블은 공교롭게도 일본과 흡사하다. 일본의 버블이 정부의 정책적 오류에서 비롯된 것처럼 우리 또한 정부가 버블을 키웠다고 해도 과언이 아니기 때문이다.

경기를 띄우기 위해 지속한 저금리 정책, 여기에 8·31 부동산대책을 중심으로 쏟아져 나온 40여 차례의 크고 작은 부동산 투기 억제책에도 불구하고 부동산 광풍은 좀체 사그라지지 않았다. 정부 정책에 대한 불신은 버블 세븐이라는 신조어를 남겼고, 이념적 갈등으로 이어지기도 했다.

그럼에도 '부동산 불패'라는 그릇된 맹신 속에서 집을 사려는 행렬은 계속 이어지면서 주택 담보대출은 기하급수적으로 늘었다. 우리나라 전체 가계소득은 500조 원인데 가계부채는 700조 원을 넘는다. 한국은행에 따르면 2009년에 우리나라 가계의 금융 부분 부채는 818조 4,000

억 원으로, 불과 1년 만에 38조 원 이상 늘어났다. 특히 주택 담보대출은 350조 원을 넘고, 이 중 은행권이 대출해준 것만 260조 원대에 이른다.

부동산의 광풍은 영구적으로 이어질 것인가? 전문가들은 단연코 아니라고 말한다. 도리어 우리나라 역시 일본식의 버블 붕괴를 대비해야 할지 모른다는 경고의 목소리가 높아지고 있다. 손상호 금융연구원 선임 연구위원이 내놓은 〈주택 담보대출의 잠재적 불안 요인 최소화〉라는 보고서는 이런 경고를 그대로 담고 있다.

그에 따르면 우리나라의 명목 GDP 대비 가계부채 비율은 주요 선진국과 큰 차이가 없는데 주택 담보대출은 최근에도 지속적으로 증가하는 모습을 보이고 있다. 또한 주택 가격이 15~30% 하락한 선진국과 달리 우리나라는 큰 변화가 없다. 이는 반대로 저금리시대가 막을 내리고 금리가 올라가면 계속 부채의 비명이 들리기 시작할 수 있다는 뜻을 함축하는 것이기도 하다.

실제로 부동산 버블 붕괴는 이미 진행형이라는 시각도 있다. 국토해양부에 신고된 실거래가 통계를 보면, 서울과 수도권 대부분 지역의 아파트 가격은 2008년 말과 2009년 초에 과거 고점 대비 10~40% 하락한 것으로 나타났다. 재건축 아파트가 일부 고공행진을 이어가고 있지만 장기적으로 하락을 피하기는 어렵다는 시각이 우세하다.

그 바탕에 고령화를 비롯한 인구 문제가 자리하고 있다. 당장 베이비붐 세대의 본격적인 은퇴는 주택 가격의 하락을 예고하고 있다. 우리나라에서 주택 수요가 가장 많은 연령층은 35~54세 군(群)이다. 이들은 2012년을 정점으로 그 수가 감소한다. 일본의 경우 35~54세 인구가 가장 많았던 1990년에 주택 가격이 정점에 올라선 이후 부동산 거품이 붕괴하기 시작했다. 이런 현상은 비단 일본뿐만이 아니라 미국과 유럽 어느 나라에서도 마찬가지였다.

부동산 연착륙에 실패할 경우, 우리나라도 꼼짝없이 부동산 버블 붕괴로 저성장의 늪에 빠진 선진국의 전철을 피할 수 없다는 결론이 나온다. 통계청이 2009년에 내놓은 〈향후 10년간 사회 변화 요인 분석 및 시사점〉이라는 보고서에 다음과 같은 내용이 나온다.

"우리나라의 출산율이 1983년에 2.1명 이하로 하락한 이래 저출산 현상이 지속되면서 10년 후인 2018년에는 4,934만 명을 정점으로 인구가 감소할 것이다. 이 같은 인구구조의 급격한 변화로 주택 정책 등 주요 정책 과제를 재검토할 필요가 있다."

유동성의 함정이 ㈜대한민국을 위협하고 있다

그렇다면 부동산을 중심으로 하는 자산시장의 버블이 붕괴되면서 일어난 유동성의 함정은 우리나라에는 과연 먼 나라 얘기일 뿐일까? 많은 사람들은 인식하지 못했지만, 우리나라도 최근 수년 동안 몇 차례 유동성 함정에 빠질 뻔했다. 대표적인 상황이 글로벌 금융위기 직후인 2009년 초다.

한국은행은 리먼브러더스 파산 사태가 발생했던 2008년 9월 이후 총액한도대출 증액(1조 9,000억 원), 환매조건부채권 매매(15조 9,000억 원), 통안증권 중도환매(7,000억 원), 국고채 단순 매입(1조 원), 채권시장안정펀드 지원(2조 1,000억 원) 등 21조 6,000억 원의 유동성을 공급했다. 이는 엄청난 돈을 시중에 푼 것으로, 말 그대로 유동성의 시대였다.

뿐만 아니라 기준금리를 5% 수준에서 2%까지 내리면서 경기를 떠받치기 위해 사력을 다했다. 여기에 재정 확대 정책을 통해 나라 곳간까지 풀었다. 하지만 끝내 돈은 돌지 않았다. 자금은 넘쳐흐르는데 돈이 단기 자금시장에만 몰리고, 기업과 개인에게는 흘러가지 않는 상황이 발생한 것이다. 한국은행 관계자가 사석에서 내놓은 발언은 당시 상황을 고스란히 보여준다.

"정신없이 돈을 공급하고 있지만 금융시장 전체를 안정시키기에는 한계가 있는 것 같다. 유동성 정책 효과가 서서히 종착역에 다다르고 있는 느낌이다."

다행히 세계 경기가 회복세를 타고 재정의 약발이 먹히면서 일본과 같은 실질적인 유동성 함정에는 빠지지 않았지만, 한국 또한 그 함정에서 자유롭지 못함을 당시의 상황이 여실히 보여준다. 이는 앞으로도 마찬가지다. 부동산 버블의 붕괴 시기가 다가오고, 잠재성장률은 갈수록 떨어지는 상황인 것이다. 기업들의 투자는 제자리걸음을 하고 있고, 새로운 성장 동력을 찾지 못하는 현실이 더해진다,

여기에 이해 당사자들의 다툼에 내수의 새로운 동인인 서비스업 개방이 주춤하는 상황은 ㈜대한민국에도 위기의 그늘이 도래하고 있음을 보여준다. 잃어버린 10년에 이어 또 다른 상실의 20년을 맞이하고 있는 일본의 위기 상황이 한국에도 색깔을 달리한 채 다가오고 있는 것이다.

내리막길 걷는 한국의 GDP

일본이 GDP에서 중국에 세계 2위 자리를 내줄 처지에 몰려 있다지만, 우리나라 역시 상황이 그리 좋지는 않다. 대한민국은 월드컵을 개최했던 2002년까지만 해도 세계 11위의 경제대국을 자랑했다. 그때는 당장이라도 세계 톱10에 들어갈 듯한 기세였다.

하지만 ㈜대한민국의 부(富)의 성장은 거기까지였다. 우리나라의 성장률이 주춤하는 사이 신흥경제국들이 연거푸 우리를 추월하기 시작했다. 인도와 러시아, 브라질 등이 매년 한국의 GDP를 넘어섰고 급기야 2009년에 우리나라의 GDP는 세계 15위까지 털썩 내려앉았다. 우리나라의 GDP는 명목 기준으로 지난 2007년까지 꾸준히 늘어 1조 493억 달러까지 올라서면서 1조 달러대에 진입했지만, 글로벌 금융위기의 유탄을 맞고 2009년에는 8,200억 달러로 주저앉았다.

하지만 정부는 올해 5% 안팎의 경제성장을 하고 나면 GDP가 다시 1조 달러를 넘어설 수 있을 것이라고 예상하고 있다. 이 같은 정부의 낙관적 전망대로 성장을 한다고 해도, 우리 앞에 있는 멕시코와 호주 등을 따라잡을 것 같지는 않다. 멕시코의 경우는 우리보다 성장률이 높고, 호주 역시 주요 국가들 중 금리를 가장 빨리 인상하는 등 출구전략을 과감하게 실천할 정도로 빠른 경기 회복 속도를 보이고 있다.

오히려 우리 뒤에 있는 네덜란드나 터키에 자리를 내줄지 모른다는 전망이 비등하다. 정부가 부처 간 이해 다툼과 이해집단의 반발 등으로 새로운 성장 동력인 서비스산업의 경쟁력을 좀처럼 찾지 못하고, 기업들이 미래의 먹을거리를 찾는 대신 현금 확보에만 치중하는 동안 우리나라의 경쟁력은 어느새 일본을 닮아 조금씩 내리막길을 걷고 있는 것이다.

정부가 G20 정상회의를 개최하는 등 우리나라의 국제적 위상이 높아지고 있다고 강조하지만, 이에 앞서 우리나라의 국부(國富)를 먼저 쌓아올리는 일이 급하다는 얘기가 곳곳에서 들린다. 국제사회에 한국의 브랜드가치와 이미지를 올리는 것도 매우 중요한 일이지만, 이에 맞춰 한국과 한국인이 미래에 먹고 사는 일을 찾는 방법에 대해 진지한 고민이 필요하다는 이야기다.

Why Japan? Where Korea? 일본이 어쩌다 이 지경이 되었으며, 한국은 어디로 가야 하는지를 전력을 다해 고민할 때다. 일본이 2류 국가로 전락할 처지에 몰린 것처럼 한국도 3류, 아니 4류 국가로 주저앉지 않는다고 아무도 보장할 수 없기 때문이다. 도요타의 리콜 사태로 대변되는 일본의 추락을 지켜보면서 ㈜대한민국이 심각하게 우리 자신을 바라봐야 할 필요가 여기에 있는 것이다.

1980~2010년 일본 경제연표
도요타 사태일지

• 1980~2010년 일본 경제연표(자료 : 오사카 경제연구소 JC)

서기	주요 사건	1인당 GDP	닛케이 평균 (최고/최저)	엔 시세 (12월말)
2010	도요타 북미 248만 대 가속페달 결함으로 리콜 (1월)	–	–	–
2009	닛케이 평균지수 버블 붕괴 후 최대 폭락(7,054엔) (3월) 54년 만에 수평적 정권교체, 민주당 정권 출범 (8월) 도요타, 북미에서 리콜 결정 (9월) 일본정부, 디플레이션 재진입 공식선언 (11월)	–	10,639.71 7,054.98	93.08
2008	도야호 G8 정상회담 개최 (7월) 노벨 물리학상에 남부 요이치로 등 수상 (10월)	38,095	14,691.41 11,787.51	90.65
2007	도요타, GM 제치고 생산 대수 세계 1위 (12월) 식품회사들의 잇따른 원산지 위장사건, 우정공사 해체. 일본 우정주식회사 및 4개사 출범 (10월) 금융상품거래법 시행 (9월)	34,312	18,261.98 14,837.66	113.12
2006	규제완화를 골자로 한 통합회사법 시행 (5월) 라이브도어 주가조작 쇼크, 도쿄거래소 일시 거래중지 (1월)	34,264	17,563.37 14,218.60	118.92
2005	일본 총인구 첫 감소(1억 2,776만 명), 총선거 자민당 압승 (9월) 우정 민영화 법안 가결, 아이치엑스포 개최 (3월)	35,699	16,425.37 10,825.39	117.48
2004	도요타, 일본 최초로 순이익 1조 엔 돌파 (4월) 전후 최초 자위대 국외(이라크) 파병	36,076	12,163.89 10,365.40	103.78
2003	NHK 등 지상파 디지털 방송 시작 (12월) 닛케이 평균지수 20년 만에 최저 수준(7,607엔) (4월)	33,180	11,161.71 7,607.88	106.97
2002	일본 최초로 노벨상 동시(물리학, 화학) 수상 (10월) 북일정상회담: 납치 피해자 5명 귀국 (9월) 주민기본대장 네트워크 가동 (8월) 한일 월드컵 공동개최 (6월) 공립학교 완전 주5일제 실시 (4월)	31,476	11,979.85 8,303.39	119.37
2001	일본 최초 광우병 발생 (9월) 오사카 유니버설스튜디오 개장 (3월), 도쿄 디즈니시 개장 (9월) 1부 12부처로 부처 개편 (1월)	33,363	14,529.41 9,504.41	131.47
2000	기업도산 부채총액 24조 엔으로 전후 최악 기록, 규슈·오키나와 G8 정상회담 (7월) 미야케지마 화산 분화 (6월) 개호보험 제도 시작 (4월)	38,026	20,833.21 13,423.21	114.90
1999	국기·국가법 제정 (8월) NTT 도코모 i모드 서비스 개시 (2월) 전 국민 대상 상품권(지역진흥권) 지급 (1월)	35,911	18,934.34	102.08

연도	주요 사건			
1998	세계 최장 현수교 아카시해협 대교 개통 (4월) 금융개혁조치 단행 (4월) 7자리 우편번호제 실시 (2월) 나가노 동계올림픽 개최 (2월)	31,792	17,264.34 12,879.97	115.20
1997	소비세 5%로 인상 (4월) 일본 최대 탄광 미쓰이 미이케 폐광 (3월) 야마이치증권 등 잇따른 금융기관 파산	34,647	20,681.07 14,775.22	129.92
1996	주택 금융채권 관리기구 발족 (7월) 세계 최대 은행 도쿄미쓰비시은행 발족 (4월)	37,722	22,666.80 19,161.71	115.98
1995	제조물 책임법(PL법) 시행 (7월) 옴진리교 도쿄지하철 사린사건 (3월) 한신 대지진 (1월)	42,558	20,011.76 14,485.41	102.91 ※최고치 4월 79.75
1994	오에 겐자부로 노벨 문학상 수상 (10월) 간사이 국제공항 개항 (9월)	38,838	21,552.81 17,369.74	99.83
1993	냉해로 쌀 긴급수입 (10월) 홋카이도 남서해 지진 (7월) 정기예금 금리 완전 자유화 (6월) 프로축구 J리그 개막 (5월)	35,484	21,148.11 16,078.71	111.89
1992	PKO 법안 통과 (6월) 공무원의 완전 주5일제 실시 (5월) 하우스텐보스 개장 (3월) 도쿄-오사카 신칸센 '노조미' 운행 개시 (3월) 조지 부시 미 대통령, 미국 자동차 '빅3' 사장단과 방일 (1월)	30,876	23,801.18 14,309.41	124.65
1991	운젠 후겐타케 화산 분화 (6월) 고르바초프 대통령 일본 방문 (4월)	28,386	27,146.91 21,456.76	125.25
1990	오사카 '꽃과 초록의 박람회' 개최 (4월)	25,082	38,712.88 20,221.86	135.40
1989	닛케이 평균주가 최고 기록 38, 915엔 (12월) 일반소비세 도입 (4월) 히로히토 일왕 사망 (1월)	24,280	38,915.87 30,183.79	143.40
1988	소액저축비과세제도 원칙 폐지, 예금이자 20% 과세 (4월) 세토대교 개통 (4월) 도쿄 돔구장 준공 (3월) 세이칸 터널 개통 (3월)	24,465	30,159.00 21,217.04	125.90
1987	NHK 위성방송 개시 (7월) JR철도 분할 · 민영화 결정 (4월) 부동산 가격 폭등, 긴자 평당 1억 엔 돌파	20,372	6,646.43 18,544.05	122.00
1986	엔화 평가절상으로 일본 기업들 경쟁력 하락-일본 정부, 기업 경쟁력 확보 위해 금리인하 단행-1986년부터 1987년 초까지 일본 정책금리 연 5%에서 2.5%로 하향 조정(1986~1987년) 이즈제도 미하라산 분화 (11월) 남녀고용기회균등법 시행 (4월)	16,852	18,936.24 12,881.50	160.10

1985	플라자 합의(9월)-일본의 막대한 무역흑자에 미국 정부, 인위적 엔화 평가 절상 압력-뉴욕 플라자호텔에서 정부 개입을 통한 엔고에 합의 JAL 점보기가 군마현 산중에 추락 (8월) 일본전신전화(NTT), 일본담배공사(JT) 민영화 (4월) 츠쿠바박람회 개최 (3월)	11,508	13,128.94 11,545.16	200.60
1984	1만 엔, 5,000엔, 1,000엔 새 지폐 발행 (11월) 일본 제2 전화회사 DDI 설립 (6월) 일본 첫 위성방송 시작 (5월)	10,703	11,577.44 9,703.35	251.58
1983	레이건 대통령 일본 방문 (11월) 금융기관 격주 주5일제 실시 (8월) 도쿄 디즈니랜드 개장 (4월)	10,101	9,893.82 7,803.18	232.00
1982	전화카드 사용 개시 (12월) 상업포경전면금지안 가결 (7월) 토호쿠, 조에츠 신칸센 개통 (6월) 500엔 동전 발행 (4월)	9,288	8,026.99 6,849.78	235.30
1981	후쿠이 겐이치 노벨 화학상 수상 코베 포트피아박람회 개최 (3월)	10,050	8,019.14 6,956.52	220.25
1980	일본의 자동차 생산 대수 세계 1위 등극 (12월) 화궈펑 중국 총리 일본 방문 (5월) 다이에 소매업 첫 연간매상 1조 엔 돌파 (2월)-일본, 엔저 타고 미국 소비재 시장 장악 -막대한 무역수지 흑자 기록	9,257	7,188.28 6,475.93	203.60

• 도요타 사태 일지

일자	주요 사건
2010년 2월 17일	도요다 아키오 사장 3차 사과, 미국 상·하원 출석 불응 발표
2010년 2월 16일	도요타, 2010년 생산목표 10만 대 하향 조정 美 켄터키 공장 4일, 텍사스 공장 10일간 가동 중지키로
2010년 2월 13일	도요다 아키오 사장 일본 대리점 방문. 재차 사과
2010년 2월 12일	미 하원의원, 아키오 사장 청문회 출석 요청서 제출
2010년 2월 10일	캠리 7,000여 대 추가 리콜, (혼다) 에어백 관련 43만 7,763대 리콜 발표.
2010년 2월 9일	프리우스 등 4개 하이브리드 차종에 대해 국토교통성에 리콜 신청. 대상은 전 세계에서 43만 7,000대. 도요다 아키오 사장 2차 기자회견 사과.
2010년 2월 5일	도요다 아키오 사장이 리콜 사태 발생 이후 첫 기자회견을 갖고 사과.
2010년 2월 4일	미 고속도로교통안전국(NHTSA)이 프리우스 브레이크 제동 불량 진정에 대한 본격 조사 착수 발표.
2010년 2월 3일	레이 러후드 미국 교통장관이 도요타자동차 사장과 통화에서 안전 대책 강화 요청.
2010년 2월 2일	미국 정부가 리콜 지연에 대해 민사상 제재금 부과 검토 보도. 품질보증담당 부사장 사과 기자회견.
2010년 2월 1일	2차 리콜과 관련해 8개 대상 차종 약 230만 대의 페달 수리 발표.
2010년 1월 29일	(혼다) 창문 스위치 결함으로 전 세계에서 64만 6,000대 리콜 발표.
2010년 1월 28일	가속페달 문제로 유럽에서도 리콜 실시 발표, 중국에서 7만 5,000대 리콜
2010년 1월 27일	바닥 매트 관련 미국에서 5개 차종 109만 대 추가 리콜 발표. 추가된 리콜 모델은 하이랜더, 코롤라, 벤자, 매트릭스, 폰티악 바이브.
2010년 1월 26일	8개 차종의 미국 내 판매 및 북미에서의 생산 일시중지 발표.
2010년 1월 21일	가속페달 부품의 다른 결함으로 미국 내 230만 대 리콜 발표. 캐나다, 중국, 유럽으로 리콜 확대, 총 리콜 대수 약 444만 대
2009년 11월 25일	가속페달의 매트 끼임 문제 등의 리콜을 결정. 리콜 대상 426만 대로 확대.
2009년 10월	아키오 사장, "현재 도요타는 대기업이 패망에 이르는 5단계 중 이미 4단계에 도달했다" 고선언
2009년 9월 29일	가속페달이 바닥 매트에 걸려 폭주가 발생할 가능성이 있다며 7개 차종 약 380만 대의 운전자에 매트 제거 당부 및 개선 방침 발표
2009년 8월 28일	미국 캘리포니아 주에서 고속도로 순찰대 소속 경관 마크 세일러가 렉서스 ES350를 타고 가다가 차량이 시속 190㎞로 폭주, 일가족 4명 전원 사망.
2009년 6월 25일	도요다 아키오 사장 취임

2009년 5월	하이브리드 차량인 신형 프리우스 판매 시작
2008년 12월	도요타, 영국 등에서 가속페달 폭주 가능성 발견-부품 결함으로 결론짓고 해당 페달 재설계. 미국 당국에는 보고하지 않음
2007년 9월	미국 도로교통안전국(NHTSA), 캠리 운전자가 가속페달 매트 끼임에 따른 폭주 사고로 사망한 사고 접수, 도요타 부인
2007년	20조 원 순익-사상 최대 이익 실현
2007년 1분기	세계 자동차 1위 등극-판매량, 생산 대수 등에서 GM 추월

Why Japan?
Where
Korea?

일본은 왜?
한국은 어디로?

초판 인쇄일 ｜ 2010년 2월 25일
초판 발행일 ｜ 2010년 3월 05일

지은이 ｜ 김영기, 문병도 외
발행인 ｜ 이승용
발행처 ｜ ㈜홍익출판사

주간 ｜ 이미숙
책임편집 ｜ 김정한, 우창희
책임디자인 ｜ 설혜영
마케팅 ｜ 정대균, 문무현
관리 ｜ 김태호, 이지현, 김주용

출판등록번호 ｜ 제1~568호
출판등록 ｜ 1987년 12월 01일
주소 ｜ 서울 마포구 서교동 395-163 (121-840)
대표전화 ｜ (02) 323-0421
팩스 ｜ (02) 337-0569
이메일 ｜ editor@hongikbooks.com
홈페이지 ｜ www.hongikbooks.com

이 도서의 국립중앙도서관 출판시도서목록(CIP)은 e~CIP 홈페이지(www.nl.go.kr/ecip)에서
이용하실 수 있습니다. (CIP제어번호 : 2010000637)